住房和城乡建设部"十四五"规划教材
教育部高等学校工程管理和工程造价专业教学指导分委员会规划推荐教材

# 智慧地产开发与管理

李德智　周晓熙　蒋　英　主　编
盛业旭　郑赛那　张芳怡　王君櫹　何厚全　副主编
姚玲珍　主　审

中国建筑工业出版社

图书在版编目（CIP）数据

智慧地产开发与管理 / 李德智，周晓熙，蒋英主编；盛业旭等副主编. -- 北京：中国建筑工业出版社，2024.6. -- （住房和城乡建设部"十四五"规划教材）（教育部高等学校工程管理和工程造价专业教学指导分委员会规划推荐教材）. -- ISBN 978-7-112-29930-0

Ⅰ．F293.3-39

中国国家版本馆 CIP 数据核字第 20243CR661 号

本教材以地产开发过程为主线，以数字化、信息化、智慧化技术应用为落脚点，实现智慧地产开发全过程、全领域的知识覆盖。本教材共分 9 章，包括绪论、智慧地产的定位策划、智慧地产的投资分析、智慧地产的项目建设、智慧地产的市场营销、智慧住区的物业管理、智慧商场的运营管理、智慧园区的运营管理和面向智慧的地产更新等内容。本教材各章节在兼顾理论和实践知识的同时，提供相关案例以促进学习者加深印象和理解，巩固学习效果。该教材以智慧化视角，完整呈现地产开发的知识图谱，具有很强的可读性和创新性。

本书可作为高等学校房地产开发与管理、工程管理等专业的教材使用，也可作为相关专业从业人员的参考用书。

为更好地支持相应课程的教学，我们向采用本书作为教材的教师提供教学课件，有需要者可与出版社联系，邮箱：jckj@cabp.com.cn，电话：（010）58337285，建工书院 https://edu.cabplink.com（PC 端）。

责任编辑：牟琳琳　张　晶
责任校对：芦欣甜

住房和城乡建设部"十四五"规划教材
教育部高等学校工程管理和工程造价专业教学指导分委员会规划推荐教材
### 智慧地产开发与管理
李德智　周晓熙　蒋　英　主　编
盛业旭　郑赛那　张芳怡　王君櫹　何厚全　副主编
姚玲珍　主　审
\*
中国建筑工业出版社出版、发行（北京海淀三里河路9号）
各地新华书店、建筑书店经销
北京建筑工业印刷有限公司制版
北京云浩印刷有限责任公司印刷
\*
开本：787 毫米 ×1092 毫米　1/16　印张：$13\frac{3}{4}$　字数：293 千字
2024 年 8 月第一版　　2024 年 8 月第一次印刷
定价：**49.00** 元（赠教师课件）
ISBN 978-7-112-29930-0
（42906）

**版权所有　翻印必究**
如有内容及印装质量问题，请联系本社读者服务中心退换
电话：（010）58337283　QQ：2885381756
（地址：北京海淀三里河路9号中国建筑工业出版社604室　邮政编码：100037）

# 出版说明

党和国家高度重视教材建设。2016年，中办国办印发了《关于加强和改进新形势下大中小学教材建设的意见》，提出要健全国家教材制度。2019年12月，教育部牵头制定了《普通高等学校教材管理办法》和《职业院校教材管理办法》，旨在全面加强党的领导，切实提高教材建设的科学化水平，打造精品教材。住房和城乡建设部历来重视土建类学科专业教材建设，从"九五"开始组织部级规划教材立项工作，经过近30年的不断建设，规划教材提升了住房和城乡建设行业教材质量和认可度，出版了一系列精品教材，有效促进了行业部门引导专业教育，推动了行业高质量发展。

为进一步加强高等教育、职业教育住房和城乡建设领域学科专业教材建设工作，提高住房和城乡建设行业人才培养质量，2020年12月，住房和城乡建设部办公厅印发《关于申报高等教育职业教育住房和城乡建设领域学科专业"十四五"规划教材的通知》（建办人函〔2020〕656号），开展了住房和城乡建设部"十四五"规划教材选题的申报工作。经过专家评审和部人事司审核，512项选题列入住房和城乡建设领域学科专业"十四五"规划教材（简称规划教材）。2021年9月，住房和城乡建设部印发了《高等教育职业教育住房和城乡建设领域学科专业"十四五"规划教材选题的通知》（建人函〔2021〕36号）。为做好"十四五"规划教材的编写、审核、出版等工作，《通知》要求：（1）规划教材的编著者应依据《住房和城乡建设领域学科专业"十四五"规划教材申请书》（简称《申请书》）中的立项目标、申报依据、工作安排及进度，按时编写出高质量的教材；（2）规划教材编著者所在单位应履行《申请书》中的学校保证计划实施的主要条件，支持编著者按计划完成书稿编写工作；（3）高等学校土建类专业课程教材与教学资源专家委员会、全国住房和城乡建设职业教育教学指导委员会、住房和城乡建设部中等职业教育专业指导委员会应做好规划教材的指导、协调和审稿等工作，保证编写质量；（4）规划教材出版单位应积极配合，做好编辑、出版、发行等工作；（5）规划教材封面和书脊应标注"住房和城乡建设部'十四五'规划教材"字样和统一标识；（6）规划教材应在"十四五"期间完成出版，逾期不能完成的，不再作为《住房和城乡建设领域学科专业"十四五"规划教材》。

住房和城乡建设领域学科专业"十四五"规划教材的特点，一是重点以修订教育部、住房和城乡建设部"十二五""十三五"规划教材为主；二是严格按照专业标准规范要求编写，体现新发展理念；三是系列教材具有明显特点，满足不同层次和类型的学校专业教学要求；四是配备了数字资源，适应现代化教学的要求。规划教材的出版凝聚了作者、主审及编辑的心血，得到了有关院校、出版单位的大力支持，教材建设管理过程有严格保障。希望广大院校及各专业师生在选用、使用过程中，对规划教材的编写、出版质量进行反馈，以促进规划教材建设质量不断提高。

住房和城乡建设部"十四五"规划教材办公室
2021年11月

# 序　言

教育部高等学校工程管理和工程造价专业教学指导分委员会（以下简称教指委），是由教育部组建和管理的专家组织。其主要职责是在教育部的领导下，对高等学校工程管理和工程造价专业的教学工作进行研究、咨询、指导、评估和服务。同时，指导好全国工程管理和工程造价专业人才培养，即培养创新型、复合型、应用型人才；开发高水平工程管理和工程造价通识性课程。在教育部的领导下，教指委根据新时代背景下新工科建设和人才培养的目标要求，从工程管理和工程造价专业建设的顶层设计入手，分阶段制定工作目标、进行工作部署，在工程管理和工程造价专业课程建设、人才培养方案及模式、教师能力培训等方面取得显著成效。

《教育部办公厅关于推荐2018—2022年教育部高等学校教学指导委员会委员的通知》（教高厅函〔2018〕13号）提出，教指委应就高等学校的专业建设、教材建设、课程建设和教学改革等工作向教育部提出咨询意见和建议。为贯彻落实相关指导精神，中国建筑出版传媒有限公司（中国建筑工业出版社）将住房和城乡建设部"十二五""十三五""十四五"规划教材以及原"高等学校工程管理专业教学指导委员会规划推荐教材"进行梳理、遴选，将其整理为67项，118种申请纳入"教育部高等学校工程管理和工程造价专业教学指导分委员会规划推荐教材"，以便教指委统一管理，更好地为广大高校相关专业师生提供服务。这些教材选题涵盖了工程管理、工程造价、房地产开发与管理和物业管理专业主要的基础和核心课程。

这批遴选的规划教材具有较强的专业性、系统性和权威性，教材编写密切结合建设领域发展实际，创新性、实践性和应用性强。教材的内容、结构和编排满足高等学校工程管理和工程造价专业相关课程要求，部分教材已经多次修订再版，得到了全国各地高校师生的好评。我们希望这批教材的出版，有助于进一步提高高等学校工程管理和工程造价本科专业的教学质量和人才培养成效，促进教学改革与创新。

教育部高等学校工程管理和工程造价专业教学指导分委员会
2023年7月

# 前　言

数字化、网络化、智能化，整体驱动着生产方式、生活方式和治理方式变革。根据《中华人民共和国国民经济和社会发展第十四个五年规划和2035年远景目标纲要》，在生产方式方面，我们要加快推动数字产业化、推进产业数字化转型，具体包括智能交通、智慧物流、智慧能源、智慧医疗、智慧农业等；在生活方式方面，我们要提供智慧便捷的公共服务、建设智慧城市和数字乡村、构筑美好数字生活新图景，包括在线课堂、互联网医院、智慧图书馆、智慧社区、智能小区，还要进行市政公用设施、建筑智能化改造以及建设智慧法院；在治理方式方面，要加强公共数据开放共享、推动政务信息化共建共用、提高数字化政务服务效能。智慧化已随着"数字经济""数字社会""智慧城市""新型基础设施建设（简称新基建）"等国家战略的推进实施，正在逐步渗透到我们生活工作的方方面面，并深刻改变未来的社会运行方式。房地产是国民经济的重要组成部分，是人们生产生活中的物资基础，因此，智慧地产在我国发展空间广阔，未来社会对智慧地产产品及其开发与管理方面的复合型高素质人才需求增大。

本教材主编人员已连续多年主讲房地产领域的本科生和研究生课程，在房地产市场调研、营销策划、物业管理等章节中均体现了智慧技术的使用前沿；主持过国家社科基金"智慧城市建设的市民获得感评价及提升路径研究"、国家社科重大子课题"数智化提高城市环境基础设施运行效率的评价体系及实现路径研究"等相关课题，发表智慧城市和地产相关论文70余篇；在主编的其他教材中也包含BIM技术和智慧社区技术等智慧技术的应用前景展望。

本教材弱化传统房地产开发与管理相关教材的常规知识点，突出受新一代信息技术影响较大的房地产开发与管理重点环节的智慧化应用。全书共分9章，其中，第1章为绪论，探究智慧地产开发与管理的相关概念、内涵，概述BIM、5G、人工智能等智慧技术。第2章~第5章为地产开发篇，包括智慧地产的定位策划、投资分析、项目建设、市场营销。第6章~第9章为地产管理篇，包括智慧住区的物业管理、智慧商场的运营管理、智慧园区的运营管理、面向智慧的地产更新。

本教材有4个方面的特点：① 思政化：充分挖掘房地产开发与管理相关思政资源，在教材中沉浸式融入法治意识、社会责任、文化自信、人文情怀等思政元素，实现教书与育人的同频共振；② 案例化：将国内外智慧地产开发与管理的典型案例隐去敏感信息后，提供于章后；③ 创新性：以地产开发过程为主线，以数字化、信息化、智慧化技术应用为落脚点，实现智慧地产开发全过程、全领域的知识覆盖，响应了国家"融基建""新基建"和"发展新质生产力"的战略规划要求，也对培育新时代建设者提供助力；④可读性：本教材在各章前都设有本章重点难点、本章导读和本章逻辑框架图，正文注重对核心词汇的概念讲解和内涵延伸，知识点具有结构性和系统性，配合大量的图形和数据，最后，还在必要的地方配有案例分析，有利于学习者对全局的了解和重点知识的深入学习。

本教材编写汇集了东南大学、华中农业大学、南京财经大学和江苏城乡建设职业学院的资深专家学者和优质资源，由李德智（统稿）、周晓熙（第4章、第8章、第9章）、蒋英（第7章）主编，盛业旭（第5章）、郑赛那（第6章）、张芳怡（第3章）、王君櫹（第2章）、何厚全（第1章）作为副主编，由姚玲珍主审。此外，研究生李玲丽、满心茹、王宇、孙雨倩、冯媛媛、朴锦珠、郑瑞馥等也做了很多书稿的资料整理和校对工作。

本书的出版得到了中国建筑工业出版社的大力支持，获批住房和城乡建设部"十四五"规划教材和东南大学校级规划教材立项，获得的资助为教材出版发行提供了基础条件。

由于作者水平有限，教材编写可能存在错误或不妥之处，请广大读者批评指正，帮助我们进一步完善本教材内容，更好地服务于读者。

# 目 录

## 1 绪论 /001

【本章重点难点】.................................................. 001
【本章导读】...................................................... 002
1.1 智慧地产的概念和内涵........................................ 003
1.2 智慧地产开发与管理的概念和内涵.............................. 009
1.3 智慧地产开发与管理的主要技术................................ 013
1.4 全书架构.................................................... 017
本章小结.......................................................... 018
思考题............................................................ 018

## 2 智慧地产的定位策划 /019

【本章重点难点】.................................................. 019
【本章导读】...................................................... 020
2.1 智慧地产市场定位的概念与方法................................ 020
2.2 智慧住宅的定位策划.......................................... 028
2.3 智慧商场市场定位的概念与方法................................ 033
2.4 智慧园区市场定位的概念与方法................................ 038
2.5 案例:某地产策划中的大数据分析.............................. 043
本章小结.......................................................... 044
思考题............................................................ 044

## 3 智慧地产的投资分析 /045

【本章重点难点】.................................................. 045
【本章导读】...................................................... 046
3.1 智慧地产投资分析概述........................................ 046
3.2 智慧住宅投资分析............................................ 050
3.3 智慧商场投资分析............................................ 054
3.4 智慧园区投资分析............................................ 055
3.5 案例:智慧房地产投资项目.................................... 058
本章小结.......................................................... 064

思考题..................................................................064

## 4 智慧地产的项目建设 /065

【本章重点难点】..................................................065
【本章导读】......................................................066
4.1 地产开发及建设............................................066
4.2 常规项目建设流程..........................................069
4.3 智慧技术与智慧地产项目建设................................078
4.4 案例：武汉某智慧园区建设方案设计..........................082
4.5 案例：BIM 技术在智慧地产项目管理中的运用..................084
本章小结........................................................093
思考题..........................................................093

## 5 智慧地产的市场营销 /095

【本章重点难点】..................................................095
【本章导读】......................................................096
5.1 地产营销的传统策略........................................096
5.2 智慧技术与渠道策略........................................104
5.3 智慧技术与广告策略........................................109
5.4 智慧技术与促销策略........................................113
本章小结........................................................118
思考题..........................................................119

## 6 智慧住区的物业管理 /121

【本章重点难点】..................................................121
【本章导读】......................................................122
6.1 物业管理的基本理论和方法..................................122
6.2 智慧住区物业管理的发展....................................125
6.3 智慧住区物业管理的系统设计................................134
6.4 案例：智慧住区物业管理的实践..............................142
本章小结........................................................145
思考题..........................................................146

## 7 智慧商场的运营管理 /147

【本章重点难点】..................................................147
【本章导读】......................................................148

7.1 智慧商场的发展历程 149
7.2 智慧商场的系统方案 153
7.3 智慧商场的建设模式与策略 158
7.4 智慧商场的应用场景 162
7.5 案例：某智慧商场运营管理的实践 164
本章小结 165
思考题 166

# 8 智慧园区的运营管理 /167

【本章重点难点】 167
【本章导读】 168
8.1 智慧园区的发展历程 168
8.2 智慧园区的系统架构 170
8.3 智慧园区的网格化平台运营管理 176
8.4 智慧园区企业服务平台运营管理 179
8.5 案例：武汉某人工智能园建设项目 182
本章小结 188
思考题 188

# 9 面向智慧的地产更新 /189

【本章重点难点】 189
【本章导读】 190
9.1 智慧技术、智慧城市及地产更新 190
9.2 智慧技术与地产更新 191
9.3 智慧城市的智慧内容 195
9.4 案例：深圳 AI 可视化全域物联网智慧社区的建设 198
本章小结 208
思考题 208

参考文献 209

# 1 绪 论

**【本章重点难点】**

理解智慧地产、智慧地产开发与管理的概念、流程、主要技术；了解智慧地产的分类和价值，以及智慧地产开发与管理的动力。

【本章导读】

　　智慧地产是房地产的一种特殊的开发方式,既在开发技术和理念上有巨大创新,也在开发各环节方式方法、价值逻辑、产品功能,甚至是业主生活方式上都与传统地产有显著区别。本章首先分析智慧地产的概念和内涵,让学习者了解智慧地产的概念、类型和价值。接着阐述智慧地产开发与管理的概念和内涵,让学习者了解智慧地产开发与管理的概念、流程和动力。随后,介绍了智慧技术在房地产开发中的应用。最后,全面介绍本教材的知识架构和编排逻辑,以增加学习者对基本概念和整本教材的全面认识。本章的逻辑框架如图1-1所示。

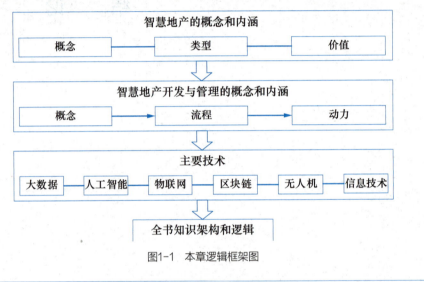

图1-1　本章逻辑框架图

　　数字化、网络化、智能化是新一轮科技革命的突出特征,也是新一代信息技术的聚焦点,在推动经济社会发展、促进国家治理体系和治理能力现代化、满足人民日益增长的美好生活需要方面发挥着越来越重要的作用。近年来,党中央、国务院高度重视"数字中国"和"智慧城市"建设,大力推进"新型基础设施建设"(简称新基建),明确鼓励5G、大数据、人工智能等智慧技术在传统基础设施行业的深度应用。住房和城乡建设部办公厅于2014年5月印发《智慧社区建设指南(试行)》,并于2020年7月发布国家标准《智慧社区建设规范(征求意见稿)》,用于指导智慧社区的设计、建设和运营。《中华人民共和国国民经济和社会发展第十四个五年规划和2035年远景目标纲要》(以下简称"十四五"规划纲要)中,也对充分应用大数据、云计算、人工智能等信息技术手段推进智慧社区建设提出了明确要求。许多房地产开发、经营或物业管理等企业纷纷响应,联合互联网厂商、硬件厂商、运营商等科技企业,积极开展"地产+智慧"的转型升级探索,大量开发和管理智慧社区、智慧商场、智慧园区等智慧地产。新冠肺炎疫情期间,许多智慧地产项目的非接触式人体测温、"社区云菜篮"等科技手段,在抗击疫情中发挥了积极作用。因此,智慧地产在我国应用前景广阔,发展空间巨大,挑战与机遇并存。那么,什么是智慧地产?它有哪些类型?具有哪些动力和价值?主要采用哪些技术?有无现实案例?本章将针对这些问题展开论述。

## 1.1 智慧地产的概念和内涵

### 1.1.1 智慧地产的概念

#### 1. 地产的概念和特征

地产是房地产的简称,是指覆盖土地并永久附着于土地的一类实物,比如建筑物、构筑物和场地等。地产可以有三种存在形态:即土地、建筑物、房地合一。在房地产拍卖中,其拍卖标的也可以有三种存在形态,即土地(或土地使用权)、建筑物和房地合一。不管是哪一种形态,由于房屋总是附着在土地上,土地又是不可移动的,所以地产又称为"不动产"(Real Estate或Real Property)。在行业内,人们一般不加区别地将地产和房地产混用,如地产开发和房地产开发,地产公司和房地产公司等,两种称呼通用。但在特定环节,两者在使用习惯上稍有差别,如具体公司称呼中一般用地产,主业中一般也表述为地产投资,实则是一种简称。作为对比,国家及各级政府部门出台的法规政策中就相对规范,一般用的是房地产,如《关于优化调整房地产市场调控措施的通知》。

把握房地产的概念要从房地产的两种属性和四个特征着手。

房地产的两种属性,即房地产的客观存在的物质属性和法律上的财产属性。

物质属性是指房地产以房屋、土地和附着在房屋土地上不可分离的部分,如水、暖、电、电梯设施、树木、草皮等看得见摸得着的物质存在于地球上,能为人类遮风避雨,供人们居住、工作、娱乐、储藏物品或进行其他活动。所以,房地产在设计建造上务必满足可用性、舒适性、安全性、环境友好和耐久性等全方位的要求,如公共配套齐全、指标(如容积率、楼间距和绿化率等)符合规划要求、排污管道接入城市污水管网等。在2016年,中央经济工作会议上首次提出坚持"房子是用来住的、不是用来炒的"的房地产定位,就是要在政策层面上明确住房具有资本品与消费品的双重属性,稀释住房的投资品属性,从而使住房回归到居住的基本功能上来。准确理解"房住不炒"的意义,建设受购房人欢迎的房产,是房地产开发从业者的首要任务。

财产属性是指法律上的房地产本质是一种财产,它是人们因为拥有房地产的物质形态进而拥有了蕴含于物质形态中的各种经济利益以及各种权利,如房屋所有权、土地使用权、房屋租赁权、管理权、使用权、抵押权、典当权等。《中华人民共和国民法典》第二百零九条规定:"不动产物权的设立、变更、转让和消灭,经依法登记,发生效力;未经登记,不发生效力,但是法律另有规定的除外。依法属于国家所有的自然资源,所有权可以不登记。"房地产作为一个重要的资产类别,无论是从居住需求还是投资角度来看,都是人们关注的焦点,对于社会经济的发展具有重要的影响力,房地产权需要国家通过立法来予以保障。

房地产的四个特征包括:① 位置的固定性,土地及附着的房屋基本是不可移动的,一块土地能开发的房产数量有限,所以,房地产的价值很大程度上由其所处的地段决定,这就不难理解为什么建设同样质量的一套别墅,在市区和郊区的价格相差几倍,一线城市市区的房价与二三线城市市区的房价也相差很大;② 地域的差别性,不同地域在资源禀赋、文化习俗、气候、经济发展水平等存在较大差异,对房地产的需求也自然有很大不同;③ 高值、耐久性,房地产属高价值商品,受众多因素的影响,其价格往往远大于建造成本,而房地产50~70年的设计寿命,一定程度上推高了房子的价格;④ 开发的限制性,房地产开发的过程有其自身的原则和规律需要遵循,同时,当地政府也会在土地规划、建筑设计、结构设计、施工、验收、交易、物业管理等环节依法施加管制,具体涉及的部门和事项见表1-1(政府部门的具体名称各地略有区别)。

我国房地产开发过程中涉及的主要监管部门及业务　　　　表1-1

| 政府部门 | 涉及业务 |
| --- | --- |
| 自然资源和规划局 | 土地出让合同、建设用地批准书、不动产权证(原土地证) |
| | 项目选址、规划方案、规划变更、建设用地规划许可证、建设工程规划许可证、规划竣工实测、竣工核实、竣工验收等 |
| 住房和城乡建设局 | 资质管理、建筑工程施工许可证、面积预测、预售证、合同备案、竣工验收、面积实测、产权登记、物业管理等 |
| 发展和改革委员会 | 项目立项 |
| 财政局 | 土地出让金、契税、土地出让金登记单等 |
| 消防支队/消防大队 | 规划方案审查、单体施工图审查、专项竣工审查等 |
| 生态环境局 | 规划方案审查、专项竣工审查等 |
| 人民防空办公室 | 规划方案审查、专项竣工审查等 |
| 卫生局 | 规划方案审查,酒店、餐饮、幼儿园、食堂等单体施工图审查及竣工验收等 |
| 公安局 | 安防验收等 |
| 民用航空局 | 建筑限高等 |
| 民政局 | 项目案名、社区用房验收等 |
| 物价局 | 预售物价备案等 |
| 地震局 | 抗震审核等 |
| 房屋征收部门 | 组织房屋征收与补偿工作 |
| 市容局 | 广告发布位置设置、建筑垃圾、工程渣土许可等 |

续表

| 政府部门 | 涉及业务 |
| --- | --- |
| 工商局 | 企业营业执照、广告发布许可等 |
| 供电局 | 供电方案、供电线路等 |
| 园林局 | 园林管理、树木砍伐移植、园林绿化验收 |
| 交警支队 | 项目指引牌等 |

智慧地产是房地产的智慧升级，是智慧理念在房地产开发过程和结果中的具体应用，所以智慧地产拥有房地产的所有特征，但同时又有自己的独有特点。

2. 智慧地产的概念和特征

智慧地产是指应用物联网、人工智能、大数据等技术手段和智能化的解决方案，来改善房地产行业的各个方面。地产的智慧化转型旨在提高建筑物的管理与运营的效率、节约能源、改善居住者的生活质量，并提供更安全、便捷和环保的房地产环境。智慧地产只是人类智慧生产生活场景的中间一环，它上接智慧城市和智慧社区，下接智慧建筑和智慧家居，共同构成与人类生活密切相关的智慧地球（Smarter Planet）。

智慧地产是未来房地产发展的必然趋势，是传统地产的技术升级和人们需求不断提高的必然方向。与传统的房地产相比，智慧地产具有如下七个特点：

（1）信息化程度高。传统地产依靠人工操作和传统管理方式，信息化程度较低；智慧地产借助先进的技术和数字化平台，以房地产各要素的数字化为基础，为实现信息的集成、共享和管理创造条件。

（2）数据驱动。传统地产依赖主观经验和直觉进行决策，取决于原来决策者的素质；智慧地产可采用大数据和分析技术，基于数据驱动决策，进行精细化管理和动态优化。

（3）自动化和智能化高。传统地产的设施和系统操作依靠手动且相互孤立；智慧地产一般大面积采用自动化和智能化技术，实现设备联动、自动化和智能化控制和操作。

（4）用户体验更好。传统地产的服务和体验较差或有限；智慧地产可提供个性化、便捷化、智能化的服务，提升用户的舒适度和满意度。

（5）数据安全。传统地产的数据安全存在隐患；智慧地产会采用严格的数据安全和隐私保护措施，有效防止数据的滥用和泄露。

（6）倡导合作共赢。传统地产相对封闭，合作范围和空间有限；智慧地产提倡开放互联和合作共赢。

（7）倡导可持续发展。传统地产往往受条件限制，在资源利用和环境保护方面难有作为；智慧地产以数字化为基础，运用先进技术，能对环境问题作出敏捷反应，不断推动节能减排和环境友好。

## 1.1.2 智慧地产的类型

智慧地产是对房地产的智慧升级,所以,智慧地产的类型与房地产的类型相对应,一般都是按地产的用途进行划分。智慧地产是在传统地产的基础上的进一步拓展,目的是以科技为支撑,让传统地产的功能变得更多样、更方便、更经济、更安全、更环保,所以,如果按用途划分,智慧地产与传统地产是一致的,主要类型有:

### 1. 智慧住宅地产

智慧住宅是以一套先进、可靠的网络系统为基础,将住户和公共设施建成网络并实现住户、社区的生活设施、服务设施的计算机化管理的居住场所。该系统把社区的保安、物业、服务及公共设施连接起来,实现智能化和最优化管理;把室内家居和相关运营单位连接起来,实现居家生活的智能化;把社区的生活设施、服务设施连接起来,实现交通出行、养老、娱乐、健康等生活便利化。

我们来看一个智慧住宅地产的案例。2016年,深圳市龙华区曾出让了一块商住用地,作为该市首宗商品房现售试点地块,也是全国首个现房销售试点。"现售"对开发商资金实力提出很高要求,所以,压缩开发进度,降低开发成本,适当提高销售价格,成为项目开发的重要策略。销售价格需要项目的品质支撑,缩减开发成本和进度需要相应的技术和管理手段,综合分析后,开发团队决定以"智慧化科技住宅"作为项目的主打概念。

开发团队从"温度、湿度、空气、阳光、噪声、水"六大基本生命元素出发,因地制宜地推出十二大科技系统(防辐射隔热系统、新风系统、温湿平衡VRV空调系统、高性能门窗静音系统、排水降噪系统、四重净水系统、热水系统、厨房系统、智能卫浴系统、智能家具系统、八重盾级安防系统、智能社区服务系统),营造出舒温、舒湿、舒氧、舒静、舒净的健康家居空间,满足不同人群对于智慧科技住宅的极致体验。

以项目配备的"温湿平衡VRV空调系统"为例,该系统能保证全年舒适,除湿不降温,符合南方潮湿气候下对身体健康有益的调节功能,并根据房间的温湿环境探测,实现分区的智能调控,保持人体恒温恒湿环境,性能优于市场常规新风系统。

除了十二大科技系统,项目在分析大量用户习惯后,在大数据下进行AI交互、物联、场景体系的全新设计,开发了人脸识别系统、智能呼叫电梯系统、智慧及语音控制系统、AI智慧物联管理系统、八大智慧场景控制系统、老幼监控系统、社区活动召集系统七大智慧系统,融入社区与业主家庭中,满足客户定制化需求,为业主提供更美好舒适的生活。以项目八大智慧场景控制系统的车库智慧解决方案为例,其车库铝合金顶棚缝板中间安装有灯带,业主的汽车进入地下车库时,车牌自动识别系统会识别车辆所属业主及居住的楼栋信息,通过灯带指引业主到离该楼栋最近的空车位停车。

### 2. 智慧商业地产

商业地产指作为商业用途的物业形式，区别于以居住功能为主的住宅房地产，包括百货超市、购物中心、商业广场、商业街区、商业办公、产业园区等物业。智慧商业指运用智慧化技术，为商业地产的运营提供的智慧化服务，包含智慧建筑、智慧楼宇、智慧运营、智慧办公、智慧园区、智慧停车、楼宇经济、数字经济、行政服务、物业管理、施工管理、设施管理、咨询代理等。

我们来看一个智慧商业地产的案例。2022年底，中国商务部公布的首批全国示范智慧商圈、全国示范智慧商店名单中，上海市豫园商圈入选全国示范智慧商圈，外滩金融中心（简称BFC）入选全国示范智慧商店。从2020年开始，豫园商城与BFC外滩金融中心联动，打造智慧化"大豫园文化片区"，推出了"乐游豫园"导游导览导购平台，通过5G+AR技术，建设"园庙市一体化"数字服务台，整合了商圈内70多个文旅点位和消费场景，为游客提供"城市微旅行"线上新体验。在为消费者提供方便和全面体验的同时，智能服务平台也惠及更多商户。智慧豫园数字系统为商户提供智慧门店服务，包含云巡店、AI客流分析等功能，帮助门店管理人员实现门店实时情况查看、远程门店巡检等，大大提升了商户的运营效率。BFC持续推进设施、服务、场景和管理的智慧化升级，极大地促进了消费的持续增长。BFC围绕"人、货、场"，以自主研发产品为核心结合第三方系统，建立包含智慧物业、数字商业、AI智能三大体系的数字商业智能服务平台，提供囊括智慧停车、线上、线下产品系统、人脸识别、VR及AR等多项技术产品革新，满足消费端、企业端、管理端业务需求，服务商业与用户。在物业管理方面，BFC提升写字楼租户的AI和数字化服务体验，包括配备领先的自动人脸识别访客系统、写字楼人脸识别自动派梯、写字楼访客自助预约系统等，为租户提供更高效更便捷的服务。为了及时发掘顾客需求，BFC构建了智能用户满意度调查系统——"星探店"，收集访客反馈信息；以数据分析把控服务质量，为消费者持续升级服务体验；通过BFC官方自媒体账号、BFC CLUB、企业微信号等多平台与消费者双向沟通，将商品、服务、活动、通知等内容精准送达用户。

### 3. 智慧文旅地产

智慧文旅是以新型信息技术为支撑，以数字化、网络化、智能化为特征，通过打破传统文旅的时空限制，利用大数据、云计算、人工智能等技术手段，为游客提供更加智能、个性化、便捷、安全、舒适以及更具沉浸感的休闲游玩体验，智慧景区的概念也已在很多景区落地实施，"虚拟现实""智能导览""智能机器人""数据监测"成为各大旅游企业和景区智慧旅游建设的基本要求，甚至一些沉浸式文旅项目本身就是智慧化的产品。

以青城山-都江堰智慧景区建设为例，该景区以大数据应用为核心，结合云计算、物联网、人工智能等新技术，构建了30多个智慧景区服务场景，如智能化游客流量预测体系、全方位态势数据监测体系、多平台旅游信息传播体系、可视化应急指挥响应体系、全天候游客在线服务体系。该智慧平台大大提高了景区管理的效率、科学性和应急能力，游客体验和商家经营效益也一同得到提升。

#### 4. 智慧工业和仓储地产

工业和仓储地产是指所有工业类土地使用性质的毛地、熟地，以及该类土地上的建筑物和附属物，包括工业制造厂房、物流仓库及工业研发楼宇等。智慧工业和仓储是指采用先进的信息和智能技术对工业生产和仓储过程进行优化和技术升级，以提升整体运行效率和管理能力，降低成本和提高服务质量。

以上海某园区智慧化改造为例，该地曾是"国民钢笔"英雄金笔厂旧址，现已发展成为集科技研发、创新孵化、知识产权保护、科技成果转化于一体的创新服务平台。为了应对园区和建筑复杂的运营管理需求，该项目运用BIM、GIS、IoT、AI等技术，打造了集成节能智控、立体安防、智慧运维、交通优化、敏捷服务等一专多能的数字孪生运营平台。平台融通视频监控、智慧消防、电梯系统、智能门禁、智能停车、能耗监测、环境监测、空调系统、智能照明、智能配电等子系统，各子系统既可闭环运营，又能互联融通，形成完整BIM孪生运维体系。

以立体安防为例，平台通过融入数字孪生时空大数据，结合AI图像分析，在三维空间基础上叠加物联感知数据、运营业务数据，通过数据解析和语义推导、基于机器视觉和行为分析，实现对人群聚集、人员徘徊、火灾识别、遗留/遗失物、重点区域布防、人员跨镜跟踪、三维视频融合、模糊比对、轨迹追溯、视频浓缩等安防应用，实现重点场域的关键安全要素管控。

#### 5. 智慧特殊用途地产

特殊用途地产包括汽车站、火车站、机场、码头、医院、学校、博物馆、教堂、寺庙、墓地等。这些地产经常人流密集，流程复杂，对安全性和效率要求高，因而需要借助智慧技术来提高地产的使用体验和效率，智慧火车站、智慧码头、智慧机场等已成为人们经常提及和体验的地产类型。以智慧医院为例，将互联网技术、数字孪生技术以及人工智能等技术应用在医疗服务领域，实现面向医务人员的"智慧医疗"、面向患者的"智慧服务"、面向医院管理的"智慧管理"，可大幅提升医院治疗效率、就医体验和运营效率。

### 1.1.3 智慧地产的价值

智慧地产除了在使用功能上有跨越式跃升以外，还在经济价值、社会价值、生态价值等多个方面有潜在贡献。其中，带给智慧地产使用人的使用价值是智慧地产的核心价值，而经济价值是智慧地产生存和发展的关键，至于生态、社会、科技和文化价值则是间接的和外溢的价值，值得政府等公共机构关注。

（1）对业主来说，智慧地产给业主带来智慧、便捷和人性化的生活方式，提升了居住体验和房产的价值，具有较高的使用价值和经济价值。

（2）对开发商来说，智慧地产可以帮助地产开发企业提升公司品牌影响力，树立高端地产形象，增加楼盘核心竞争优势，与周边项目形成差异化竞争，帮助地产企业楼盘项目提升增值空间，提升楼盘定价议价的能力，促进客户成交转化率。此外，智慧地产还可以提升房地产行业的质量和功能，加速行业转型升级，为信息化在地产行业的应用提供广阔空间，具有较高的经济价值。

（3）对地产开发产业链上的商家来说，智慧地产能给产业链上的其他企业带来新的投资机会，如设计单位、社区商家、智慧家居厂家等，其经济价值甚至远超开发商获得的价值。

（4）对生态环境来说，智慧地产有利于提高资源的利用率，降低能源消耗和碳排放量，保护环境，促进人与自然和谐发展，具有较高的生态价值。

（5）对社会来说，智慧地产有助于促进人与人之间的交流合作，符合社会更加和谐、智慧、安全、低碳、高水平发展的潮流，能帮助政府、企业、社团和个人更好践行公益责任，如智慧养老、智慧教育等。

此外，智慧地产还具有一定的科技价值和文化价值，如智慧技术创新、智慧图书馆、智慧博物馆等。

## 1.2 智慧地产开发与管理的概念和内涵

### 1.2.1 智慧地产开发与管理概述

#### 1. 房地产开发与管理的概念和分类

房地产开发与管理是房地产技术、经济、管理及法律结合的产物，涉及土地、施工、造价等多个领域，主要研究房地产投资、房地产开发、房地产营销、房地产评估以及建筑学、城市规划和物业管理等问题。房地产开发与管理包含房地产开发和房地产管理两个方面。

根据《中华人民共和国城市房地产管理法》第二条规定："房地产开发，是指在依据本法取得国有土地使用权的土地上进行基础设施、房屋建设的行为。"

房地产开发包括：

按房地产用途分类：居住、商业、工业、农业、办公、仓储、旅游等；

按开发项目所在位置分类：新区开发和旧区再开发；

按房地产开发的不同阶段分类：土地开发和房屋开发；

按房地产开发程度分类：生地、熟地、毛地、净地、在建工程；

按经营模式分类：自主开发、合作开发、委托代理开发等；

按房地产开发的规模分类：单项开发（如美术馆、图书馆、体育馆）和成片开发（如住宅社区或城市综合体等）。

房地产管理一般是指房地产开发完成后的经营和管理阶段。从管理内容上看，房地产管理的主要内容包括：资产评估、物业管理、设施管理、资产经营、投资组合管理等。房地产管理以资产评估为主线，以物业管理和设施管理为基础，资产经营和投资组合管理是重点。其中，资产评估是衡量管理绩效的必要工作，评估结果可作为评价管理方案有效性的依据；物业管理和设施管理为客户提供多种经营管理服务，满足客户的多样化服务需求，能保证房地产资产可用性和运行效率；资产经营和投资组合管理则是实现房地产资产效益的主要手段，是房地产管理的重中之重。

### 2. 智慧地产开发与管理的概念

智慧地产开发与管理是指在房地产开发过程中，利用物联网、大数据、人工智能等技术手段，对房地产开发和运营管理过程进行数字化升级，提高房地产行业的运行质量和效率，加速行业转型升级，为信息化在地产行业的应用提供广阔空间。智慧化技术在房地产开发运营全过程中都有丰富的应用场景，常见的有房地产智慧策划、智慧营销、智慧建造、智慧物业管理、智慧设施运营等，当然，消费者能直接体验到的还是具有先进科技含量的智慧房地产带来的居住体验。

把握智慧地产开发与管理的概念，要注意以下三个特点：

（1）智慧地产是智慧地产开发与管理的目的和成果，智慧地产开发与管理是建设智慧地产的手段和必要条件。

（2）智慧地产开发与管理强调多主体间的互联互通和合作共赢。除了应用物联网等先进技术外，在房地产开发管理过程中，开发商、施工单位、策划单位、设计单位、材料设备供应商、消费者、政府主管部门等在万物互联和信息共享的基础上，协同工作，对市场的变化作出敏捷的反应。

（3）本质上，智慧地产开发与管理是为解决传统房地产开发与管理过程中的问题而提出的，两者在工作范围和目标上没有大的区别。

## 1.2.2 智慧地产开发与管理的流程

### 1. 传统地产开发与管理流程

房地产开发程序是房地产投资长期实践活动对各个工作环节的必要性和先后次序的科学总结。一般说来，房地产开发通常要经历下列九个步骤：提出投资设想及机会寻找、投资机会筛选、可行性研究、获取土地使用权、规划设计与方案报批、签署有关合作协议、施工建设与竣工验收、租售市场营销、物业管理和资产运营。也可以按照图1-2整合成房地产开发的五大程序：① 投资机会选择与决策分析；② 前期工作；③ 项目建设；④ 租售阶段；⑤ 项目运营。

投资机会选择与决策分析阶段是整个房地产开发程序中最基本、最关键的一步，通过一系列的调查研究和分析，为开发企业选择一个最佳的、可行的项目开发方案或者为放弃项目提供依据。这一程序的主要内容是提出投资设想及机会寻找、投资机会筛选和可行性研究三个步骤，以确定具体的开发地点和开发项目。

前期工作阶段是在开发企业做出投资决策之后，进行获取土地使用权、规划设计与方案报批、各种证书的获取、工程建设招标、租售价格确定等，该阶段始于土地获取，终于现场开工之前。

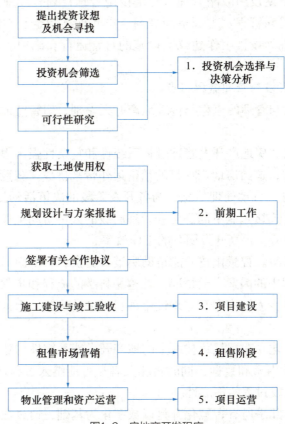

图1-2　房地产开发程序

项目建设阶段即工程的施工建设与竣工验收阶段。这一阶段的主要工作内容包括施工组织、建设监理、市政和公建配套、竣工验收。该阶段以办理预售许可证条件和交房日期为施工进度目标，最终保质保量地实现规划设计的要求，顺利通过竣工验收，提供可在市场上销售的地产商品。

租售阶段就是通过房屋租售使房屋的价值得到实现的过程。房地产的租售策略一般与市场需求情况、开发商对资金回收的迫切程度及开发物业的类型有关。实际上，房屋的销售工作并非在房屋竣工验收后进行。从选择地块开始，开发企业已开始寻找购房者或承租人。在可行性研究阶段需要研究房屋的租售计划。在建设过程中，通过各种广告媒介做好项目的销售广告和宣传工作。当项目施工进行到一定程度时，取得预售许可证，方可进行开发项目的预售工作。竣工验收后可申请办理房屋权属登记手续。

项目运营阶段也称项目运营管理阶段，是房地产项目交付后到项目报废拆除之间很长的一段地产使用时期。项目运营阶段是地产价值的实现阶段，而优秀的管理和服务能最大限度发挥项目的使用功能，促进项目保值增值，带给项目使用者极佳的居住使用体验，所以，该阶段的运营管理工作非常重要。该阶段的主要管理内容可参照国际设施管理协会（IFMA）的观点，其认为设施管理的职能包括：长期设施战略管理、短期设施管理计划、设施融资分析及财务管理、不动产处置和管理、内部空间规划、空间标准制定及空间管理、新建或改建项目的建筑规划设计工作建议、设施的日常运行和维护、通信安保等支持服务。

  **2. 智慧地产开发与管理流程特点**

  智慧地产开发与管理的流程与传统地产并无差别，但智慧地产的开发有其特点，主要表现在：

  （1）效率更高。房地产开发管理过程系统性和复杂性强，很多决策影响因素处在动态变化之中，这给房地产项目的精密运作带来挑战。智慧地产开发技术能全面收集市场信息，自动处理信息，为各开发阶段的决策活动提供及时的数据。同时，智慧技术能连接企业不同部门和管理层级的人员协同工作，对开发过程中的变动及时作出反应，提高开发团队的工作效率。

  （2）决策更科学。智慧化技术能帮助决策者更快、更全面、更准确地感知地产开发与管理过程中的因素变动情况，并遵循科学的流程和步骤，对决策过程作出恰当的选择，减少人因失误和非理性给项目带来的风险，保证了开发过程的科学性。

  （3）集成性。建立在智慧化技术上的地产开发能系统性构建开发管理全过程的决策框架、影响因素和数据，同时将相关者尽可能纳入过程之中，协同工作，从而保证了项目开发过程的集成性。

  （4）数字化。几乎所有智慧化都是以数字化为基础，通过数字孪生、大数据分析等，让数字成为产品和开发管理的依据和抓手，提高房地产开发管理的效率和效益，进而作为数据资产，成为企业无形资产的重要内容。

## 1.2.3 智慧地产开发与管理的动力

  在日趋严峻的市场环境中，智能化早已变成许多地产公司在转型发展过程中一个关键的发展方向，这不但是地产企业战略转型的需求，也是社会经济发展的必然趋势。

  （1）产品技术迭代，为房地产市场注入新的动能。智慧地产能带给消费者前所未有的空间体验，进而带动房地产市场的技术迭代升级，为产业发展提供不竭动力。随着全屋智能、智慧服务圈、智慧社区、智慧养老、数字家庭、数字政府等技术和商业应用的不断成熟，智慧地产已成为行业最为重要的趋势之一。智慧城市、数字经济、数字社会的发展也为智慧地产的发展提供了外在动力和良好环境。开发企业应主动适应和积极引导市场的需求发展动向，推动房地产产品供需的高水平发展。

（2）政府推动，鼓励智慧地产的发展。智慧地产提高人的居住体验，促进消费升级，为经济和科技发展提供动力，具有很高的经济、社会、文化和生态价值，符合政府重点发展产业方向，所以，未来国家会出台越来越多的扶持政策，扩大智慧地产的建设规模，促进智慧地产的发展。那些启动早、研发投入多的企业有机会扩大自己的社会影响和市场占有率，树立良好的企业品牌形象，为未来的发展拓展空间。

（3）效益驱动，构成智慧地产发展的内在动力。智慧地产在产品品质提升的同时，还能在建设过程和后期管理经营上为开发企业和业主创造更好的经济效益、物业服务和增值服务，有利于物业的营销和保值增值，为业主、物业、开发商和商家提供多方共赢的机会。

（4）惠民政策。中国的地产开发惠民政策多种多样，包括经济适用房、限价房、共有产权房、廉租房等项目。这些项目的目标是让中低收入家庭也能够拥有适合的居住环境。中国的商业银行和政策性银行提供了一系列的住房贷款优惠政策，包括首次购房贷款利率优惠、公积金贷款等，旨在降低购房者的经济压力。中国政府也会针对某些特定的群体或者项目给予税收优惠，比如对购买保障性住房的消费者给予一定的税收减免。一些城市会为引进的人才提供购房补贴或者住房优惠政策，以吸引更多的人才来该城市工作和生活。这些政策的提出和实施无疑会为智慧地产的发展提供新的机会与活力。

## 1.3　智慧地产开发与管理的主要技术

除了应用传统的规划学、经济学、管理学、建筑学、土木工程、房地产基本法规和政策等方面的基本知识和技能外，智慧地产开发与管理还要用到很多智能技术，主要包括大数据、人工智能、物联网、区块链等。中国的房地产领域已经开始广泛应用各种智能技术，以提高效率、降低成本，提供更好的用户体验。

### 1.3.1　大数据

"大数据"（Big Data）是一种规模大到在获取、存储、管理、分析方面大大超出了传统数据库软件工具能力范围的数据集合。对这些海量数据的处理能使人具有更强的决策力、洞察发现力和流程优化能力。在房地产行业，大数据已经成为一种趋势，通过有效利用数据，可以帮助企业更好地了解市场需求、优化销售策略、提高运营效率，从而提升市场竞争力。以下是大数据技术在房地产开发管理中的几个典型应用场景。

#### 1．市场调研和分析

市场研究和开发商通过大数据技术收集和整合各种房地产市场信息，包括城市人口流动、消费能力、购房意愿、人口结构等，从而构建精准的市场调研模型。此外，大数据技术可以通过从不同渠道进行数据采集，并利用机器学习技术来预测未来的房地产市场趋势和客户需求。

**2．房屋销售**

随着消费者对于个性化需求的增加，大数据技术也让开发商能够根据个体差异为客户提供个性化服务。例如，在产业链上引入3D沙盘技术，利用计算机技术和虚拟现实技术创建的沙盘模型，能够以三维形式展示房地产项目的各个方面，包括建筑结构、景观设计、室内布局等。通过使用特殊的眼镜或显示设备，购房者可以身临其境地探索整个项目，感受其实际尺寸、布局和环境，以便于客户能够更加快捷有效地获得自己所需的房屋信息，并加快交易速度。同时，大数据技术也为开发商提供了实时反馈和定制销售策略的技术手段。

**3．楼盘规划和设计**

利用大数据可以帮助开发商确定新楼盘规划位置、楼盘规模等决策点。同时，利用大数据对客户偏好进行分析，也可以保障楼盘进一步适应市场需求与趋势。在设计方面，大数据还可为建筑设计师提供参考依据、促进设计流程优化及智能化控制。

**4．投资风险控制**

利用大数据技术可帮助投资者更好地理解特定区域房价情况，同时从历史交易中获取相关信息并预测未来交易趋势，使投资者能够更加全面评估风险和可靠性等方面。

## 1.3.2 人工智能

人工智能（Artificial Intelligence，AI），是研究、开发用于模拟、延伸和扩展人的智能的理论、方法、技术及应用系统的一门新的技术科学。目前，AI已经在交通、金融、物流、医疗、安防、智能家具和教育等领域都有广泛的应用和发展前景。AI在房地产行业的应用也越来越广泛，这主要是因为人工智能技术具有处理大量数据、提高效率、优化决策等方面的优势。以下是几个AI技术在房地产行业中的典型应用场景：

（1）数据分析。人工智能可以帮助房地产公司对市场进行数据分析，找到最有价值的市场。通过分析历史销售数据、交通、教育、医疗等方面的数据，可以预测未来的趋势和市场需求，并作出相应的决策。

（2）房屋估价。人工智能可以通过计算机视觉技术自动分析房屋图片，从而判断房屋的面积和装修程度等信息，并将这些信息与其他类似房屋的数据进行比较，从而给出一个更加准确的房屋估价。

（3）金融交易。人工智能可以帮助银行和贷款机构进行风险评估和信用评分以及根据客户需求建立合适的投资组合。

（4）客户服务。人工智能可以帮助房地产公司实现自动客服，从而提高客户满意度并节省人力成本。

（5）建筑设计。人工智能可以通过机器学习来设计和优化建筑结构，从而提高建筑质量和降低成本。人工智能对房地产行业的应用可以大大提高效率、减少成本，并且更加精准地满足客户需求，同时也引领了房地产行业的数字化转型。

### 1.3.3 物联网

物联网（Internet of Things，IoT）是指通过传感器、射频识别技术、全球定位系统、红外感应器、激光扫描器等各种装置与技术，实时采集所需要监控、连接、互动的物体或过程，采集其光、热、声、电、位置、力学、化学、生物等各种需要的信息，通过各类可能的网络接入，实现物与物、物与人的泛在连接，最终实现对物品和过程的智能化感知、识别和管理。以下是物联网技术在房地产开发管理中的几个典型应用场景。

#### 1. 改善购房体验

寻找客户是一项耗时、昂贵且压力巨大的任务。但是，借助技术援助，可以减轻这项工作的压力，而物联网最适合这种情况。安装在关键位置的信标可以在潜在客户经过时向他们发送促销信息来吸引他们。这不仅会提高客户参与度，而且会改善房屋整体销售体验。

#### 2. 让家庭更节能

随着人们对自然资源枯竭的担忧日益加剧，实现可持续性现在已经变得更加重要。房地产企业应该考虑为客户提供可持续和环保的房屋，而物联网在这里可以提供帮助。配备智能解决方案的房屋可以帮助客户跟踪他们的家庭能源消耗模式，例如，当自然光线足够时，配备传感器的照明灯将关闭，或者，当一个人进入房间时，灯会自动打开。同样，智能热水器将允许使用者安排时间、设置水温，还可以远程跟踪能耗水平。

#### 3. 预测性维护

购房者必须经常处理不可避免的维护问题和维修费用，而物联网也可以帮助消除这个问题。增加维护费用的最常见原因是屋顶老化、白蚁或电线问题。通过物联网和预测分析，房屋内传感器和摄像头将收集房屋状况的数据，任何不正常或缺陷都将自动通知业主。房主因此能够事先得到问题提醒和建议，这将有助于房主采取预防措施并确保节省费用。或者，可以迅速采取补救措施，降低维修费用。

### 1.3.4 区块链

区块链（Blockchain）是一种信息处理技术，将数据以区块为单位产生和存储，并按照一定顺序首尾相连，形成链式结构的一种存储方式。所以，相比于传统的网络，区块链具有两大核心特点：一是数据难以篡改，二是去中心化。基于这两个特点，区块链所记录的信息更加真实可靠，可以帮助解决人们互不信任的问题。因此，我们可以将区块链理解为一种数字化的、去中心化的账本系统。

在房地产行业中，区块链技术可以解决房产交易过程中的一些问题，主要包括以下四个方面：

（1）提高交易效率。由于区块链技术的去中心化特性，交易的效率可以大幅提高。因为区块链技术可以消除中间人，减少交易费用，同时也可以加快交易速度，提高交易的透明度。

（2）增加透明度。区块链技术可以将所有的房地产信息都记录在一个分布式账本中，这使得所有人都可以查看房地产的交易记录，从而增加了整个行业的透明度和公正性。

（3）减少欺诈和不诚信。区块链技术可以确保交易的可追溯性和真实性。这种技术可以使每一个交易都得到验证，从而减少了欺诈和不诚信的可能性。

（4）加速房地产证书的传输。区块链技术可以实现房地产证书的快速传输，从而大大减少了传统手续的复杂度和时间成本。

### 1.3.5 无人机

无人机（Unmanned Aerial Vehicle，缩写UAV），也可以称为无人驾驶飞行器，是利用无线电遥控设备和自备的程序控制装置操纵的不载人飞行器。无人机用途广泛，成本低，效率较高，机动性能好，使用方便，在房地产行业的应用具有巨大潜力。

在项目规划和勘测阶段，无人机可提高测绘的效率和精确性。在施工过程中，在质量安全巡查和监测工作中，无人机可以快速准确地获取建筑测量数据，包括建筑物的高度、面积和形状等信息，帮助管理人员及时高效地处理质量安全隐患。通过无人机的视角，建筑师和房地产开发者也可以更好地了解项目的实际情况，及时调整和优化设计方案。此外，无人机还可以用于房地产项目的市场调研、宣传和推广。通过航拍高清视频和照片，无人机可以将房地产项目的美景全方位展示给潜在买家和投资者，提高项目的知名度和市场竞争力。

在房产使用过程中，随着人们对即时配送和高效服务的需求越来越高，智慧地产可积极探索无人机配送服务，以满足社区商业和消费者的需求。想象一下，你在网上购物后，无人机能够在短时间内将商品送到你的门口或阳台上，极大提高顾客的满意度。进一步说，使用无人机进行配送可以避免交通堵塞和延误，让商品能够按时送达，减少了顾客等待的时间。此外，无人机配送还能有效降低物流和配送成本，从而为社区商业提供更大的利润空间。

无人机技术正处于快速发展的阶段，未来的发展趋势将更加多样化和创新。随着无人机技术的进一步成熟，其性能和功能将不断提升。未来的无人机可能具备更强大的载荷能力、更长的续航时间和更高的飞行速度，使其能够应对更复杂和多样化的商业和物流需求。

### 1.3.6 信息技术

信息技术（Information Technology，缩写IT），是主要用于管理和处理信息所采用的各种技术的总称，也常被称为信息和通信技术（Information and Communications Technology，ICT），主要包括传感技术、计算机与智能技术、通信技术和控制技术。

我国自2019年发放5G商用牌照以来，各省市纷纷发布5G发展规划，智慧城市、智慧地产成为重点垂直应用领域。房地产开发企业通过与5G运营商的深入合作，将加速我国智慧社区的建设，将地产和科技领域的需求与应用紧密融合，让科技在不同的房地产领域，为各种场景全面赋能，进一步满足消费者对美好生活的需求。在具体合作形式上，一般可以采取深入协同做好新建项目通信配套基础设施与主体工程建设"四同步"方案（同步规划、同步设计、同步施工和同步验收），以避免重复施工，提升项目品质及用户满意度。以5G为代表的新一代信息技术和房地产行业的有机融合，重新构造了智能科技地产新生态。数字化、网络化、智能化产品及技术方案全面赋能传统房地产行业，共同开创房地产开发企业开启智慧地产发展的新模式。

一般来说，技术创新会产生巨大的价值，然而，并不是所有的创新都是这样，或者说并不是创新带来的所有价值都是正向的。技术的更新迭代是一把双刃剑，既蕴含着巨大的积极因素，也暗藏着不可忽视的伦理风险。在智慧地产领域，新时代科技伦理治理也要在党的领导下，坚持"以人民为中心"，有效防范科技伦理风险、推动科学技术向着更好满足人民美好生活需要、助力我国改革发展稳定、形成全面建设社会主义现代化国家战略支撑的正确方向发展，既有世界科技伦理治理的共同特征，又有基于本国国情的中国特色。

## 1.4 全书架构

本教材共分9章，其中，第1章为绪论。第2章～第5章为地产开发篇，包括第2章智慧地产的定位策划、第3章智慧地产的投资分析、第4章智慧地产的项目建设、第5章智慧地产的市场营销，该部分共同组成地产项目开发的四个主要环节，彼此是顺序衔接关系。第6章～第9章为地产管理篇，包括第6章智慧住区的物业管理、第7章智慧商场的运营管理、第8章智慧园区的运营管理、第9章面向智慧的地产更新，这4章分别阐述的是不同性质地产的原因或管理问题，相互间是并列关系。全书知识框架如图1-3所示。

```
绪论 ──── 第1章  绪论

      ┌── 第2章  智慧地产的定位策划
      │
地产   ├── 第3章  智慧地产的投资分析
开发篇 │
      ├── 第4章  智慧地产的项目建设
      │
      └── 第5章  智慧地产的市场营销

地产   ┌─ 第6章    第7章    第8章    第9章
管理篇 │  智慧     智慧     智慧     面向
       │  住区     商场     园区     智慧
       │  的物     的运     的运     的地
       │  业管     营管     营管     产更
       └─ 理      理       理       新
```

图1-3　全书架构图

## 本章小结

本章为全书的绪论部分，详细介绍了智慧地产及智慧地产开发与管理的概念和内涵，全面阐述了智慧地产的类型和价值，并分别以案例的方式直观呈现了各类型地产的实践应用。分析了智慧地产开发与管理的流程特点和驱动力，介绍了大数据、人工智能等智慧地产六大主要技术及在地产开发管理过程中的应用范围，最后对全书的架构作了简要介绍，帮助学习者简要了解教材的章节结构。

> **思考题**
>
> 1. 房地产开发的基本过程包含哪些步骤？这些步骤的主要工作有哪些？
> 2. 与传统房地产开发与管理相比，智慧地产开发与管理有哪些特点？
> 3. 请详细陈述一个智慧地产的开发与管理的案例。

思考题
解题思路

# 智慧地产的定位策划

【本章重点难点】

了解智慧地产市场定位的概念与方法;掌握住宅、商场和园区市场定位工作流程的共同和差异之处;能够完成简单的智慧住宅定位策划,熟悉容积率配置、公共设施配置和用户定位等内容。

【本章导读】

在房地产开发与经营的发展过程中，经过房地产业从业人员不断地实践和总结，定位策划开始逐渐形成，并体现出了房地产策划定位的一些基本规律。根据房地产项目的具体情况灵活运用这些策划定位，可以创造出项目典范和营销经典，提高房地产策划的科学性和规范性。在大数据和人工智能的不断发展背景下，定位策划也逐步向智能化、智慧化转变。本章首先介绍智慧地产市场定位的概念与方法，包括市场细分、目标市场的选择和市场定位。其次分别从住宅、商场和园区三种类型阐述智能、智慧算法在定位策划中的概念和应用。本章的逻辑框架如图2-1所示。

图2-1 本章框架逻辑图

## 2.1 智慧地产市场定位的概念与方法

### 2.1.1 智慧地产的市场细分

智慧地产是指利用物联网、云计算、人工智能等技术，对房地产的建设、运营、管理进行智能化改造，实现房地产的智慧化、高效化、绿色化。智慧地产的市场细分具有非常广阔的空间。

只有通过专业的市场调查，充分了解了客户的购房需求，才能把握市场需求；只有在项目建设之初准确地进行市场细分，按照选定的目标客户群去设计产品、营销产品，才能取得项目的成功。

**1. 智慧地产市场细分的含义**

所谓智慧地产的市场细分，是指营销者通过线上线下结合的大数据调研方式，依据消费者的需要、欲望、购买行为和购买习惯等方面的差异，把某一产品的市场动态化地划分为若干消费群的市场分类过程。每一个消费者群就是一个细分市场，每一个细分市场都是具有类似需求倾向的消费者构成的群体。

## 2. 智慧地产市场细分的标准

市场细分理论首先明确的是某单一的消费者群，选择的往往不仅是产品的单一特性，而且是产品特性的组合。对于地产企业而言，特定的产品不是仅满足某单一消费者，而是满足某一范围的消费者群。作为个体，消费者的需求层次主要是由其社会和经济背景决定的，因此对消费者的智慧细分，也即是对其社会和经济背景所牵涉的因素进行智慧细分。常用的细分标准见表2-1。

智慧地产市场细分标准　　　　　表2-1

| 细分标准 | | | 细分市场 |
| --- | --- | --- | --- |
| 地理因素 | 城市规模 | | 特大城市、大城市、中等城市、小城市 |
| | 区位地段 | | 市中心、次中心、城郊、卫星城区 |
| 产品用途 | 居住 | 档次 | 低档、中档、高档、别墅 |
| | | 房型 | ×房×厅×卫×阳台 |
| | | 层数 | 多层、小高层、高层 |
| | 商用 | | 商场、酒店、宾馆 |
| | 写字楼 | | 甲级、乙级、丙级 |
| | 厂房 | | 单层、多层 |
| 购房动机 | | | 求名、求新、求美、求廉、求实、求便等 |
| 购房群体 | 经济地位 | | 高收入、中等收入、低收入 |
| | 年龄周期 | | 青年、中年、老年 |
| | 家庭结构 | | 单身、三口之家、大家庭等 |

## 3. 智慧地产市场细分的步骤

地产市场属于消费品市场，但又不同于一般日常的消费品，它具有投资额大、使用期长的特点，因此市场细分具备自身特点和方式。基于美国市场学家麦卡锡提出的细分市场的一整套程序，智慧地产的市场细分，一般包含7个步骤，具体如图2-2所示。

图2-2　智慧市场细分的一般程序

（1）选定产品市场范围。智慧地产是指利用信息技术和物联网技术，将建筑物、设施、设备、人员等各种资源进行智能化管理和服务的一种新型地产模式。智慧地产的产品市场范围可以根据建筑物的类型、功能、生命周期等维度进行划分。

（2）列举潜在顾客的基本需求。智慧地产的潜在顾客包括建筑物的开发商、投资者、运营商、租赁者、使用者等。他们的基本需求可以归纳为提高建筑物的品质和价值、降低建筑物的运营成本和维护费用、增强建筑物的安全性和可靠性、优化建筑物的舒适度和便利性、实现建筑物的节能减排和环保等。

（3）了解不同潜在用户的不同要求。智慧地产的不同潜在用户可能对智慧地产的产品和服务有不同的要求和偏好，例如建筑物的开发商和投资者可能更关注智慧地产的投资回报率、市场占有率、品牌形象等，建筑物的运营商可能更关注智慧地产的运营效率、运营收入、运营风险等，建筑物的租赁者可能更关注智慧地产的租金水平、租赁合同、租赁服务等，建筑物的使用者可能更关注智慧地产的使用体验、使用功能、使用安全等。

（4）归纳潜在顾客的共同要求。智慧地产的不同潜在用户虽然有不同的要求和偏好，但也有一些共同的要求和期望，例如智慧地产的产品和服务要具有高质量和高性能、高可用性和高兼容性、高灵活性和高可定制性、高安全性和高保密性等。

（5）挖掘潜在顾客市场。智慧地产的潜在顾客市场是一个庞大而复杂的市场，需要通过市场调研和分析、产品创新和优化、营销推广和宣传、客户关系和服务等方式和渠道进行挖掘和开发。

（6）进一步分析细分市场的需求。智慧地产的潜在顾客市场可以根据不同的维度进行细分，例如按照建筑物的类型、功能、生命周期等。每一个细分市场都有其特定的需求和特点，需要进行进一步的分析和研究。

（7）估计每一细分市场的规模。在记载调查的基础上，智慧地产的每一个细分市场的规模可以根据建筑物的数量、面积、价值等，智慧地产的产品和服务的单价、销量、市场份额等，智慧地产的产品和服务的成本、利润、投资回报率等指标和方法进行估计。

#### 4. 市场细分的方式

按不同的方式，可将地产细分为不同的市场，具体见表2-2。

智慧地产市场细分的方式　　　　　　　表2-2

| 序号 | 细分方式 | 具体说明 |
| --- | --- | --- |
| 1 | 按地域细分 | 最常见的是按城市划分，还可按城市内的某一个具体区域划分，也可按省或自治区所辖的地域划分。市场所包含的地域范围越大，其研究的深度就越浅，研究成果对房地产投资者的实际意义也就越小 |
| 2 | 按用途细分 | 居住物业市场（含普通住宅、别墅、公寓市场等）、商业物业市场（写字楼、零售商场或店铺、休闲旅游设施、酒店市场等）、工业物业市场（标准工业厂房、高新技术产业用房、研究与发展用房、工业写字楼、仓储用房等市场）、特殊物业市场、土地市场等 |

续表

| 序号 | 细分方式 | 具体说明 |
|---|---|---|
| 3 | 按存量增量细分 | 一级市场（出让市场）、二级市场（土地使用权转让、新建商品房租售市场） |
| 4 | 按交易形式细分 | 房地产买卖、房地产租赁、房地产抵押市场 |
| 5 | 按目标市场细分 | 可将某种物业类型按其建造标准或价格水平，细分为低档、中低档、中档、中高档和高档物业市场；也可以按照目标市场的群体特征进行细分 |

### 2.1.2 智慧地产目标市场的选择

市场细分的最终目的是选择和确定目标市场。房地产企业的一切市场营销活动，都是围绕目标市场进行的。

#### 1. 目标市场选择的意义

目标市场是指在市场细分的基础上，房地产企业要进入并准备为之服务的最佳细分市场。目标市场选择的是否准确关系到房地产企业经营的成败，对企业参与市场竞争具有重要的意义。

#### 2. 确定目标市场的原则

目标市场就是房地产企业决定进入的那个市场，即企业经过市场细分，以及对细分市场评估以后，决定以相应的商品和服务去满足那种特定需要和服务的顾客群。确定目标市场应遵循如下原则：

（1）产品、市场和技术的相关性原则。智慧地产的产品、市场和技术是相互影响和制约的三个要素，确定目标市场时，需要考虑它们之间的相关性和匹配度，确保产品能够满足市场的需求，技术能够支持产品的功能，市场能够接受技术的应用。

（2）发挥企业的竞争优势。智慧地产是一个高度竞争和快速变化的行业，确定目标市场时，需要发挥企业的竞争优势，形成差异化和特色化的产品和服务，提升企业的核心竞争力和市场地位，利用企业的资源、能力、创新等优势，打造智慧地产的品牌和影响力。

（3）与原有业务相乘相长的效应。智慧地产的企业往往不是单一地从事智慧地产的业务，而是涉及多个领域和行业的业务，确定目标市场时，需要考虑与原有业务的关系和影响，实现相乘相长的效应，增强企业的综合实力和市场影响力，通过业务的协同、差异、协调等关系，实现业务的整合、创新、和谐等目标。

#### 3. 目标市场选择的条件

房地产企业是在市场细分的基础上决定要进入的市场，在选择目标市场时要符合图2-3所示的条件。

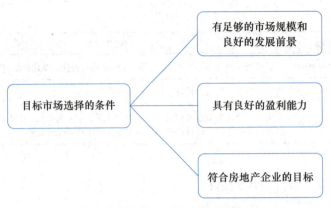

图2-3 目标市场选择的条件

#### 4. 确定目标市场的策略

在市场细分的基础上，房地产企业无论采取什么策略，也无论选择几个细分市场，所确定、选择的目标市场必须具有最大潜力，能为自己带来最大利润。因此，在确定目标市场时，可按以下三种策略进行：

（1）无差异市场营销策略。无差异市场营销策略是指将整个市场视为一个整体，不对市场进行细分，而是采用统一的产品和服务，以满足市场的平均需求。这种策略的优点是可以节省成本，扩大市场，提高效率，增加知名度。这种策略的缺点是忽视了市场的多样性，容易受到竞争者的挑战，难以满足个性化的需求。

（2）差异市场营销策略。差异市场营销策略是指将市场分为几个不同的细分市场，针对每一个细分市场，设计不同的产品和服务，以满足不同的需求和偏好。这种策略的优点是可以充分利用市场的差异，提高顾客的满意度，增加市场的份额，形成差异化的优势。这种策略的缺点是增加了成本，降低了效率，增加了管理的复杂性。

（3）集中市场营销策略。集中市场营销策略是指将市场分为几个不同的细分市场，但只选择其中一个或几个细分市场，专注于提供特定的产品和服务，以满足特定的需求和偏好。这种策略的优点是可以专注于目标市场，提高市场的忠诚度，增加市场的利润，避免与竞争者的正面冲突。这种策略的缺点是限制了市场的规模，增加了市场的风险，难以适应市场的变化。

综上所述，采用集中市场营销策略的企业，要随时密切关注市场动向，充分考虑企业对未来可能意外情况下的各种对策和应急措施。

#### 5. 目标市场选择的模式

开发商要对选择进入哪些目标市场或为多少个目标市场服务作出决策。常见的可供房地产开发商选择的目标市场模式如图2-4所示。

（1）单一市场模式。此模式是指房地产开发企业选择一个目标市场集中营销。

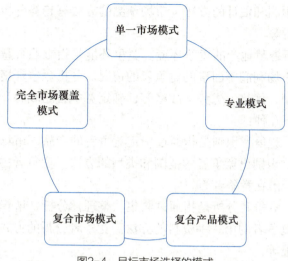

图2-4 目标市场选择的模式

（2）专业模式。此模式是指房地产开发企业选择若干个目标市场，其中每个目标市场在客观上都具有吸引力，而且符合开发商的目标和资源。

（3）复合产品模式。此模式是指开发商集中开发一种类型的物业产品，并向多个目标市场的客户群体销售这种产品。

（4）复合市场模式。此模式是指开发商专门为了满足某个目标客户群体的各种主要需求而开发物业。

（5）完全市场覆盖模式。此模式是指开发商通过投资开发各种类型的物业来满足各种目标市场的需求。只有大型的房地产公司才会采用完全市场覆盖模式。

## 2.1.3　智慧地产市场定位

智慧地产市场定位是指在智慧地产的市场环境中，根据企业的目标和能力，选择合适的目标市场，并确定产品和服务的特征和价值，以区别于竞争者，赢得顾客的认可和偏好。智慧地产市场定位的过程包括以下几个步骤：

第一步，分析智慧地产的市场环境。市场环境是指影响智慧地产的市场需求、市场供给、市场竞争、市场机会等因素的外部条件。分析市场环境的目的是了解市场的规模、结构、趋势、机会、挑战等，确定市场的目标和定位。分析市场环境的方法有以下几种：

市场调研。市场调研是指通过收集、整理、分析、解释市场的相关数据和信息，获取市场的第一手资料的方法。市场调研的方式有问卷调查、访谈访问、观察研究、实验研究等。

市场分析。市场分析是指通过运用市场的相关理论和模型，对市场的相关数据和信息进行系统的分析和解释的方法。市场分析的模型有波特五力模型、波士顿矩阵、产品生命周期模型、SWOT分析等。

市场预测。市场预测是指通过运用市场的相关方法和技术，对市场的未来的发展和变化进行预测和估计的方法。市场预测的方法有趋势分析、回归分析、因子分析、情景分析等。

第二步,分析智慧地产的竞争环境。竞争环境是指影响智慧地产的市场竞争力、市场份额、市场利润等因素的竞争者的情况。分析竞争环境的目的是了解竞争者的数量、类型、优势、劣势、战略等,确定竞争者的威胁和机会。分析竞争环境的方法有以下几种:

竞争者识别。竞争者识别是指通过确定竞争者的产品、市场、技术等方面的相似性和差异性,识别出竞争者的范围和类型的方法。竞争者的类型有直接竞争者、间接竞争者、潜在竞争者等。

竞争者分析。竞争者分析是指通过收集、整理、分析、解释竞争者的相关数据和信息,获取竞争者的第一手资料的方法。竞争者分析的方式有公开资料、隐秘资料、竞争情报等。

竞争者评估。竞争者评估是指通过运用竞争者的相关理论和模型,对竞争者的相关数据和信息进行系统的评估和比较的方法。竞争者评估的模型有竞争优势矩阵、竞争地图、竞争策略矩阵等。

第三步,分析智慧地产的顾客环境。顾客环境是指影响智慧地产的市场需求、市场满意、市场忠诚等因素的顾客的情况。分析顾客环境的目的是了解顾客的需求、偏好、行为、满意度、忠诚度等,确定顾客的价值和期望。分析顾客环境的方法有以下几种:

顾客细分。顾客细分是指将整个市场的顾客按照一定的标准分为几个不同的群体,每个群体具有相似的需求和特征的方法。顾客细分的标准有地理、人口、心理、行为等。

顾客定位。顾客定位是指在每个细分市场中,选择一个或几个具有潜力和吸引力的目标市场,作为企业的重点服务对象的方法。顾客定位的依据有市场的规模、增长、竞争、利润等。

顾客定制。顾客定制是指根据每个目标市场的顾客的具体需求和偏好,设计和提供个性化的产品和服务的方法。顾客定制的方式有定制产品、定制价格、定制渠道、定制促销等。

第四步,分析智慧地产的企业环境。企业环境是指影响智慧地产的市场供给、市场能力、市场创新等因素的企业的情况。分析企业环境的目的是了解企业的资源、能力、创新、优势、劣势、目标等,确定企业的定位和策略。分析企业环境的方法有以下几种:

企业资源分析。企业资源分析是指通过评估企业的内部资源,如资金、人才、技术、品牌、渠道等,确定企业的资源优势和劣势的方法。企业资源分析的指标有资源的数量、质量、稀缺性、可替代性、可持续性等。

企业能力分析。企业能力分析是指通过评估企业的内部能力,如研发、生产、销售、服务、管理等,确定企业的能力优势和劣势的方法。企业能力分析的指标有能力的水平、效率、效果、创新、协调等。

企业创新分析。企业创新分析是指通过评估企业的内部创新，如理念、模式、产品、技术、市场等，确定企业的创新优势和劣势的方法。企业创新分析的指标有创新的类型、范围、程度、速度、影响等。

第五步，确定智慧地产的市场定位。市场定位是指在智慧地产的市场环境中，根据企业的目标和能力，选择合适的目标市场，并确定产品和服务的特征和价值，以区别于竞争者，赢得顾客的认可和偏好的过程。确定市场定位的方法有以下几种：

市场定位的策略。市场定位的策略是指根据市场的细分和选择，确定产品和服务的差异化和特色化的方向和方式的方法。市场定位的策略有无差异市场营销策略、差异市场营销策略、集中市场营销策略等。

市场定位的方案。市场定位的方案是指根据市场定位的策略，确定产品和服务的具体的特征和价值，以区别于竞争者，赢得顾客的认可和偏好的方法。市场定位的方案有产品定位、价格定位、渠道定位、促销定位等。

市场定位的评估。市场定位的评估是指通过运用市场定位的相关理论和模型，对市场定位的效果和影响进行评估和检验的方法。市场定位的评估的模型有定位地图、定位矩阵、定位平衡计分卡等。

智慧地产市场定位的目的是实现企业的市场目标，提升企业的市场竞争力，增加企业的市场收入和利润，建立企业的市场品牌和影响力，促进企业的市场发展和创新。智慧地产市场定位的原则和策略是根据市场的相关性、竞争优势、相乘相长等因素进行选择和确定的。智慧地产市场定位的过程和方法是通过市场环境、竞争环境、顾客环境、企业环境的分析，以及市场定位的策略、方案、评估的制定和实施完成的。智慧地产市场定位是智慧地产市场营销的重要环节，也是智慧地产市场成功的关键因素。

### 2.1.4 智慧市场定位需注意的问题

项目定位最主要的是要根据自身条件建出适销对路的产品，定位不是唯一的，可行性很多，必须充分考虑多方因素才能作出最优选择。

（1）开发商的实力。智慧市场定位的前提是开发商有足够的实力和信誉，能够提供高质量和高性能的智慧产品和服务，能够承担市场的风险和挑战，能够赢得市场的信任和支持。开发商的实力包括资金实力、技术实力、管理实力、品牌实力等，这些实力的高低直接影响了开发商的市场定位的可行性和有效性。

（2）土地条件及规划条件。智慧市场定位的基础是土地条件和规划条件，这些条件决定了智慧产品和服务的类型、规模、功能、范围等，也影响了智慧产品和服务的成本、效益、竞争力等。土地条件和规划条件包括土地的位置、面积、形状、价格、权属等，规划的目标、内容、要求、限制等，这些条件的优劣直接影响了开发商的市场定位的合理性和优势性。

（3）大项目。智慧市场定位的重点是大项目的分析，大项目是指规模大、投资大、影响大的智慧项目，这些项目对市场的需求和供给有重要的作用和影响，也对开发商的收入和利润有重要的贡献和影响。大项目的分析包括项目的目标、内容、进度、预算、风险等，这些分析的准确性和全面性直接影响了开发商市场定位的可靠性和有效性。

（4）客群调查。智慧市场定位的核心是客群调查，客群是指对智慧产品和服务有需求和偏好的潜在或现实的顾客，这些顾客是市场的主体和动力，也是开发商的目标和对象。客群调查包括客群的需求、偏好、行为、满意度、忠诚度等，这些调查的深入性和广泛性直接影响了开发商的市场定位的针对性和吸引性。

（5）利润率与风险。智慧市场定位的目的是利润率与风险的平衡，利润率是指开发商从智慧产品和服务中获得的收入与成本的比率，风险是指开发商在智慧产品和服务中面临的不确定性和损失的可能性。利润率与风险的平衡包括利润率的最大化和风险的最小化，这些平衡的实现和维持直接影响了开发商的市场定位的持续性和发展性。

## 2.2　智慧住宅的定位策划

### 2.2.1　智慧住宅的市场细分

住宅小区也称"居住小区"，是由城市道路以及自然支线（如河流）划分，并不为交通干道所穿越的完整居住地段。住宅小区一般设置一整套可满足居民日常生活需要的基层专业服务设施和管理机构。智慧住宅小区就其个性而言有以下特点：

（1）规划建设集中化，使用功能多样化；
（2）楼宇结构整体化，公共设施智能化；
（3）产权多元化，管理复杂化。

### 2.2.2　智慧住宅的容积率配置

智慧住宅的容积率配置，需要考虑以下几方面的问题：

（1）建筑安全：容积率过高，会增加建筑的高度和面积，从而增加建筑的安全风险。因此，在配置容积率时，需要考虑建筑的抗震、防火等安全性能。

（2）建筑节能：容积率过高，会增加建筑的体积，从而增加建筑的能耗。因此，在配置容积率时，需要考虑建筑的节能性能。

（3）建筑舒适性：容积率过高，会降低建筑的采光、通风等舒适性。因此，在配置容积率时，需要考虑建筑的舒适性。

(4)建筑成本：容积率过高，会增加建筑的建设成本。因此，在配置容积率时，需要考虑建筑的成本。

(5)建筑功能：容积率会影响建筑的功能布局。因此，在配置容积率时，需要考虑建筑的功能需求。

具体来说，智慧住宅的容积率配置可以参考以下原则：

(1)容积率应与建筑的功能相适应：对于功能复杂、需要大量公共空间的建筑，容积率可以适当提高；对于功能简单、需要大量私人空间的建筑，容积率可以适当降低。

(2)容积率应与建筑的安全性相协调：容积率过高，会增加建筑的安全风险，因此需要采取相应的措施来降低安全风险。例如，可以增加建筑的抗震、防火等措施。

(3)容积率应与建筑的节能性相匹配：容积率过高，会增加建筑的能耗，因此需要采取相应的措施来提高建筑的节能性。例如，可以采用节能型建筑材料、设备等。

此外，在配置智慧住宅的容积率时，还需要考虑以下因素：

(1)当地的土地政策：当地的土地政策会对容积率有一定的限制。

(2)周边环境：周边环境的建筑容积率也会对智慧住宅的容积率产生影响。

总之，智慧住宅的容积率配置是一个综合考虑的问题，需要综合考虑建筑安全、节能、舒适性、成本、功能等多方面因素。

### 2.2.3 智慧住宅的公共设施配置

住宅中的智慧设施是指利用物联网、云计算、人工智能等技术，对住宅的建设、运营、管理进行智能化改造，实现住宅的智慧化、高效化、绿色化。住宅中的智慧设施主要包括以下几个方面：

(1)智能家居：智能家居是智慧住宅的基础，是指通过物联网技术将家居设备连接起来，实现远程控制、智能化管理等功能。智能家居的常见设备包括智能门锁、智能灯光、智能空调、智能电视、智能安防等。

(2)智慧建筑：智慧建筑是智慧住宅的延伸，是指将物联网、云计算、人工智能等技术应用到建筑的建设、运营、管理等方面，实现建筑的智能化、高效化、绿色化。智慧建筑的常见应用包括智能安防、智能停车、智能能源管理等。

(3)智慧社区：智慧社区是智慧住宅的外延，是指将物联网、云计算、人工智能等技术应用到社区的安全、管理、服务等方面，实现社区的智能化、安全化、便捷化。智慧社区的常见应用包括智能门禁、智能监控、智能垃圾处理等。

住宅中的智慧设施可以为用户带来以下几个方面的便利：

(1)提升生活品质：智慧家居可以为用户提供更加舒适、便利、安全的生活体验。例如，智能灯光可以根据用户的喜好自动调节亮度和色温，智能空调可以根据用户的使用习惯自动调节温度，智能安防可以为用户提供24h的安全保障。

（2）提高生活效率：智慧建筑和智慧社区可以为用户提供更加高效、便捷的生活服务。例如，智能停车可以帮助用户快速找到停车位，智能能源管理可以帮助用户节省能源成本，智能垃圾处理可以为用户提供更加卫生、便捷的垃圾处理服务。

（3）降低生活成本：智慧住宅可以帮助用户降低生活成本。例如，智能照明可以帮助用户节省电费，智能空调可以帮助用户节省能源成本，智能安防可以帮助用户减少财产损失。

随着物联网、云计算、人工智能等技术的不断发展，住宅中的智慧设施将会更加普及，为人们的生活带来更加美好的未来。

### 2.2.4　智慧住宅的用户定位

房地产市场主要是买方市场。当一个人或家庭对某个特定区域的房子感兴趣，他们会开始接触该区域的经纪人。但是，大数据分析可以在潜在买家刚开始寻找房子时就定位到他们。

"大数据是强大的预测工具"，借助大数据，可以对买家的行为进行了解和跟进，经纪人不用再盲目寻找目标。行业企业已经开始运用大数据，通过标记对买家或房主需求进行预测，从而提高房地产经纪人寻找并进入目标市场的效率。

这种策略特别适用于豪宅，因为买家关注的并不是某个特定区域，而是想要寻找一个全面体现高端性的房产。大数据分析可以直接定位这些精英买家，提供完全符合他们口味的潜在房产。

一些深度学习和大数据公司，正在利用其分析能力来改变终端用户了解房产的方式。当潜在的公寓或房屋投放到市场时，有的公司会使用大数据来进行全方位分析，寻找那些没有被提及的因素，例如某个房间的光线如何或者租户每天会听到多少噪声。

因为找房子是一个费时费力的过程，这些大数据公司可以通过确保房屋空置信息的真实，来减少时间投入。反过来，也可以利用其他大数据算法来了解市场上房产的真实价值。

尽管房地产是世界上最古老的行业之一，但科技公司正在革新这个市场进程的每一步。一些新兴房地产科技公司已经认识到，人们越来越重视互联网发布的房地产信息的正确性。其他公司也认识到，有更有效的方法将房子卖给合适的买家，并正在开发针对性的解决方案，以将在售房屋交付给这些未来的房主。

### 2.2.5　智慧住宅的功能定位与POI

智慧住宅是指利用信息技术和物联网技术，将住宅的各种设备、设施、环境等进行智能化管理和服务的一种新型住宅模式。智慧住宅的功能定位是指根据市场的需求和预期，确定智慧住宅的功能特征和价值主张，以区别于传统住宅，赢得市场的认可和偏好。POI是"Point of Interest"的缩写，中文可以翻译为"兴趣点"。在地理信息系统中，一个POI可以是一栋房子、一个商铺、一个邮筒、一个公交站等。POI数据是基于位置服务的最核心数据，应用场景广泛，如查看周边的餐馆，公交站点等。POI数据可以有效反映城市区域的功能特征，为智慧住宅的功能定位提供参考和依据。智慧住宅的功能定位的过程包括以下几个步骤：

第一步，分析智慧住宅的市场环境。市场环境是指影响智慧住宅的市场需求、市场供给、市场竞争、市场机会等因素的外部条件。分析市场环境的目的是了解市场的规模、结构、趋势、机会、挑战等，确定市场的目标和定位。分析市场环境的方法有以下几种：

市场调研。市场调研是指通过收集、整理、分析、解释市场的相关数据和信息，获取市场的第一手资料的方法。市场调研的方式有问卷调查、访谈访问、观察研究、实验研究等。

市场分析。市场分析是指通过运用市场的相关理论和模型，对市场的相关数据和信息进行系统的分析和解释的方法。市场分析的模型有波特五力模型、波士顿矩阵、产品生命周期模型、SWOT分析等。

市场预测。市场预测是指通过运用市场的相关方法和技术，对市场的未来的发展和变化进行预测和估计的方法。市场预测的方法有趋势分析、回归分析、因子分析、情景分析等。

第二步，分析智慧住宅的竞争环境。竞争环境是指影响智慧住宅的市场竞争力、市场份额、市场利润等因素的竞争者的情况。分析竞争环境的目的是了解竞争者的数量、类型、优势、劣势、战略等，确定竞争者的威胁和机会。分析竞争环境的方法有以下几种：

竞争者识别。竞争者识别是指通过确定竞争者的产品、市场、技术等方面的相似性和差异性，识别出竞争者的范围和类型的方法。竞争者的类型有直接竞争者、间接竞争者、潜在竞争者等。

竞争者分析。竞争者分析是指通过收集、整理、分析、解释竞争者的相关数据和信息，获取竞争者的第一手资料的方法。竞争者分析的方式有公开资料、隐秘资料、竞争情报等。

竞争者评估。竞争者评估是指通过运用竞争者的相关理论和模型，对竞争者的相关数据和信息进行系统的评估和比较的方法。竞争者评估的模型有竞争优势矩阵、竞争地图、竞争策略矩阵等。

第三步，分析智慧住宅的顾客环境。顾客环境是指影响智慧住宅的市场需求、市场满意、市场忠诚等因素的顾客的情况。分析顾客环境的目的是了解顾客的需求、偏好、行为、满意度、忠诚度等，确定顾客的价值和期望。分析顾客环境的方法有以下几种：

顾客细分。顾客细分是指将整个市场的顾客按照一定的标准分为几个不同的群体，每个群体具有相似的需求和特征的方法。顾客细分的标准有地理、人口、心理、行为等。

顾客定位。顾客定位是指在每个细分市场中，选择一个或几个具有潜力和吸引力的目标市场，作为企业的重点服务对象的方法。顾客定位的依据有市场的规模、增长、竞争、利润等。

顾客定制。顾客定制是指根据每个目标市场的顾客的具体需求和偏好，设计和提供个性化的产品和服务的方法。顾客定制的方式有定制产品、定制价格、定制渠道、定制促销等。

第四步，分析智慧住宅的POI数据。POI数据是指描述地理实体的名称、类别、地址、经纬度坐标等信息的数据，可以有效反映城市区域的功能特征，为智慧住宅的功能定位提供参考和依据。分析智慧住宅的POI数据的方法有以下几种：

POI数据获取。POI数据获取是指通过不同的渠道和方式，获取POI数据的方法。POI数据获取的渠道有政府部门、商业机构、社会组织、个人贡献等。POI数据获取的方式有网络爬虫、API接口、地图编辑、用户反馈等。

POI数据清洗。POI数据清洗是指通过不同的技术和工具，对POI数据进行去重、去噪、补全、规范等操作，提高POI数据的质量和可用性的方法。POI数据清洗的技术有文本处理、空间分析、数据挖掘等。POI数据清洗的工具有Excel、ArcGIS、Python等。

POI数据分类。POI数据分类是指通过不同的标准和方法，对POI数据进行分类和分组，提高POI数据的结构化和可读性的方法。POI数据分类的标准有功能、行业、主题等。POI数据分类的方法有人工分类、机器学习、知识图谱等。

第五步，确定智慧住宅的功能定位。功能定位是指根据市场的需求和预期，确定智慧住宅的功能特征和价值主张，以区别于传统住宅，赢得市场的认可和偏好的过程。确定功能定位的方法有以下几种：

功能定位的策略。功能定位的策略是指根据市场的细分和选择，确定智慧住宅的差异化和特色化的方向和方式的方法。功能定位的策略有无差异功能定位、差异功能定位、集中功能定位等。

功能定位的方案。功能定位的方案是指根据功能定位的策略，确定智慧住宅的具体的功能特征和价值主张，以区别于竞争者，赢得顾客的认可和偏好的方法。功能定位的方案有功能层次分析、功能价值分析、功能需求分析等。

功能定位的评估。功能定位的评估是指通过运用功能定位的相关理论和模型，对功能定位的效果和影响进行评估和检验的方法。功能定位的评估的模型有功能满意度模型、功能忠诚度模型、功能竞争力模型等。

智慧住宅的功能定位与POI数据有密切的关系，POI数据可以有效反映城市区域的功能特征，为智慧住宅的功能定位提供参考和依据。通过分析POI数据，可以了解城市区域的功能需求、功能供给、功能竞争、功能机会等，确定智慧住宅的功能目标和定位。通过利用POI数据，可以设计和提供个性化的功能产品和服务，以满足不同的功能需求和偏好，形成功能差异化和特色化的优势。

## 2.3 智慧商场市场定位的概念与方法

### 2.3.1 智慧商场的特点

智慧商场是指利用物联网、云计算、人工智能等技术，对商场的建设、运营、管理进行智能化改造，实现商场的智慧化、高效化、绿色化。智慧商场的特点主要体现在以下几个方面：

（1）智慧化：智慧商场通过物联网、云计算、人工智能等技术，实现商场的智能化管理，包括智能停车、智能导航、智能安防、智能营销等。

（2）高效化：智慧商场通过智能化管理，提高商场的运营效率，包括提高客流量、提升销售额、降低成本等。

（3）绿色化：智慧商场通过智能化管理，降低商场的能耗，提高环境效益。

智慧商场可以为消费者带来以下几个方面的便利：

（1）提升购物体验：智慧商场可以为消费者提供更加便利、舒适、安全的购物体验。例如，智能导航可以帮助消费者快速找到商品，智能支付可以让消费者快速完成支付，智能推荐可以为消费者提供个性化的购物建议。

（2）提高购物效率：智慧商场可以为消费者提供更加高效的购物体验。例如，智能停车可以帮助消费者快速找到停车位，智能导航可以帮助消费者快速找到商品，智能支付可以让消费者快速完成支付。

（3）节约购物成本：智慧商场可以帮助消费者节约购物成本。例如，智能推荐可以帮助消费者找到性价比更高的商品，智能支付可以帮助消费者获得优惠折扣。

随着物联网、云计算、人工智能等技术的不断发展，智慧商场将会更加普及，为消费者带来更加美好的购物体验。

### 2.3.2 智慧商场的规划定位

在商场规划中，可通过用户智能手机的APP列表和其活跃程度，大数据可以对周围居民进行分析和画像。用户画像包括客户的生活爱好、年龄层次、消费特点等信息。

房地产商依据周围用户的特点和数量，规划教育、娱乐、健康、户外运动、美容等商铺的配置比例，确保有足够的商铺来满足客户需求，同时也确保相同类型商铺比例合适，最大化商铺的经济利益，也为商业地产增值提供基础。

房地产商利用移动互联网侧客户行为数据和消费爱好数据，在开发商铺时依据客户需求规划商铺，提高商铺客流量和消费总额，帮助房地产商提高商铺价值和潜在的租金。

商户也可以利用用户画像数据深度了解客户，为商品采购和服务提供数据支持，为客户提供更加优质的商品和服务。最大化商铺的利用率和客流量，合理配置商铺资源。

商场项目一般要位于城市的黄金区域，投资成本巨大，对于现在任何一个商场项目，如何在保持利润的同时，吸引更多的租户已变得更为困难。因此，对于需求与供给的分析尤为重要，商场市场分析的准确性将直接影响投资项目的回报。

1. 商场项目定位

近年来，市场对办公产品的要求更注重生态、环保、节能及舒适等特征，因此综合化、生态化、智能化等成为商场的发展趋势。可以看出，实行差异化定位才是新兴商务区域市场开发的根本。房地产企业可从以下几个方面对写字楼项目进行差异化定位。

（1）项目功能定位流行全面一体式购物；

（2）项目经营主题特色定位，主题突出、结构合理；

（3）项目经营方式定位，因时制宜、因时而变；

（4）项目经营业态定位，最优化业态布置原则。

2. 目标客户定位

智慧商场目标客户定位方法见表2-3。

智慧商场目标客户定位表　　　　　　　　表2-3

| 项目 | 核心客户（集团客户） | 辅助客户（自用散户） | 辅助客户（投资客户） |
|---|---|---|---|
| 所占比例 | 约25% | 约50% | 约25% |
| 企业属性 | 以国内民营企业为主，其次为国有大型企业 | 项目周边熟悉本区域的现代服务型企业，需要升级办公空间的小型企业，它们主要服务于CBD，完成了一定的资本和客户积累，需要提升企业形象 | 项目主城区及周边邻近县市 |
| 需求特征 | ①注重物业产品内在品质；<br>②处于市中心（内环），交通便捷、配套齐全；<br>③提供良好的商务服务；<br>④品牌物业管理；<br>⑤大面积的办公空间；<br>⑥追求物业形象和售价之间的均好性 | ①注重物业外在形象；<br>②处于市中心（内环），交通便捷、配套齐全；<br>③较高的实用率；<br>④现代办公配套；<br>⑤多在项目处于准现房后购买 | ①注重所处区域的升值潜力和产品的抗跌性；<br>②有较高的、稳定投资回报率；<br>③良好的经营管理；<br>④注重开发商品牌和信誉；<br>⑤一般会在期房段购买 |

续表

| 项目 | 核心客户（集团客户） | 辅助客户（自用散户） | 辅助客户（投资客户） |
| --- | --- | --- | --- |
| 需求面积 | 800～1500m$^2$ | 150～300m$^2$ | 100～300m$^2$ |
| 总价范围 | 2000万～4000万元 | 375万～750万元 | 250万～750万元 |

#### 3. 商场项目市场分析

商场项目市场分析包含以下几个方面的内容：

（1）研究宏观的趋势对商场、写字楼的使用者和产品的设计所产生的影响；

（2）预测项目所在点对市场的长期吸引力；

（3）预测未来的供需是否平衡；

（4）进行需求细分化和供应差异化，这将有助于更好地分辨出相关的细分市场和竞争项目，从而更有效地确定相应的目标市场占有率；

（5）对项目现金流量表中的关键因素进行敏感性分析。

#### 4. 智慧商场项目市场需求分析

智慧商场项目市场需求分析的方法如下：

方法一：利用城市总人口占有的商场楼面状况推算当前对商场的需求。

方法二：利用城市就业人口平均占有的商场面积大小，推算当前市场对商场的需求。

方法三：从对产业结构、经济发展分析中预测城市商场的需求。

### 2.3.3 智慧商场的档次定位

住宅市场不断强调"以人为本"的同时，智慧商场也正极力倡导"人性化、人情化、生态化办公"。智慧商场是指利用信息技术和物联网技术，将商场的各种设备、设施、环境等进行智能化管理和服务的一种新型商业模式。智慧商场的档次定位是指根据市场的需求和预期，确定智慧商场的档次特征和价值主张，以区别于传统商场，赢得市场的认可和偏好。智慧商场的档次定位的过程包括以下几个步骤：

第一步，分析智慧商场的市场环境。市场环境是指影响智慧商场的市场需求、市场供给、市场竞争、市场机会等因素的外部条件。分析市场环境的目的是了解市场的规模、结构、趋势、机会、挑战等，确定市场的目标和定位。分析市场环境的方法有以下几种：

市场调研。市场调研是指通过收集、整理、分析、解释市场的相关数据和信息，获取市场的第一手资料的方法。市场调研的方式有问卷调查、访谈访问、观察研究、实验研究等。

市场分析。市场分析是指通过运用市场的相关理论和模型，对市场的相关数据和信息进行系统的分析和解释的方法。市场分析的模型有波特五力模型、波士顿矩阵、产品生命周期模型、SWOT分析等。

市场预测。市场预测是指通过运用市场的相关方法和技术，对市场的未来的发展和变化进行预测和估计的方法。市场预测的方法有趋势分析、回归分析、因子分析、情景分析等。

第二步，分析智慧商场的竞争环境。竞争环境是指影响智慧商场的市场竞争力、市场份额、市场利润等因素的竞争者的情况。分析竞争环境的目的是了解竞争者的数量、类型、优势、劣势、战略等，确定竞争者的威胁和机会。分析竞争环境的方法有以下几种：

竞争者识别。竞争者识别是指通过确定竞争者的产品、市场、技术等方面的相似性和差异性，识别出竞争者的范围和类型的方法。竞争者的类型有直接竞争者、间接竞争者、潜在竞争者等。

竞争者分析。竞争者分析是指通过收集、整理、分析、解释竞争者的相关数据和信息，获取竞争者的第一手资料的方法。竞争者分析的方式有公开资料、隐秘资料、竞争情报等。

竞争者评估。竞争者评估是指通过运用竞争者的相关理论和模型，对竞争者的相关数据和信息进行系统的评估和比较的方法。竞争者评估的模型有竞争优势矩阵、竞争地图、竞争策略矩阵等。

第三步，分析智慧商场的顾客环境。顾客环境是指影响智慧商场的市场需求、市场满意、市场忠诚等因素的顾客的情况。分析顾客环境的目的是了解顾客的需求、偏好、行为、满意度、忠诚度等，确定顾客的价值和期望。分析顾客环境的方法有以下几种：

顾客细分。顾客细分是指将整个市场的顾客按照一定的标准分为几个不同的群体，每个群体具有相似的需求和特征的方法。顾客细分的标准有地理、人口、心理、行为等。

顾客定位。顾客定位是指在每个细分市场中，选择一个或几个具有潜力和吸引力的目标市场，作为企业的重点服务对象的方法。顾客定位的依据有市场的规模、增长、竞争、利润等。

顾客定制。顾客定制是指根据每个目标市场的顾客的具体需求和偏好，设计和提供个性化的产品和服务的方法。顾客定制的方式有定制产品、定制价格、定制渠道、定制促销等。

第四步，确定智慧商场的档次定位。档次定位是指根据市场的需求和预期，确定智慧商场的档次特征和价值主张，以区别于传统商场，赢得市场的认可和偏好的过程。确定档次定位的方法有以下几种：

档次定位的策略。档次定位的策略是指根据市场的细分和选择，确定智慧商场的差异化和特色化的方向和方式的方法。档次定位的策略有高档定位、中档定位、低档定位等。

档次定位的方案。档次定位的方案是指根据档次定位的策略，确定智慧商场的具体的档次特征和价值主张，以区别于竞争者，赢得顾客的认可和偏好的方法。档次定位的方案有档次层次分析、档次价值分析、档次需求分析等。

档次定位的评估。档次定位的评估是指通过运用档次定位的相关理论和模型，对档次定位的效果和影响进行评估和检验的方法。档次定位的评估的模型有档次满意度模型、档次忠诚度模型、档次竞争力模型等。

智慧商场的档次定位是智慧商场市场营销的重要环节，也是智慧商场市场成功的关键因素。智慧商场的档次定位的原则和策略是根据市场的相关性、竞争优势、相乘相长等因素进行选择和确定的。档次定位的策略、方案、评估的制定和实施进行完成的。智慧商场的档次定位要求开发商有清晰的市场目标和定位，有充分的市场调研和分析，有合理的档次策略和方案，有有效的档次评估和检验，以及有及时的档次调整和改进。

### 2.3.4 智慧商场的开发策略

影响智慧商场开发成功的因素很多，如区域经济、客户群、商业圈半径、新旧写字楼格局、商务繁荣程度及其影响力、商场所处区域环境、竞争对手实力与策略等。因此，房地产企业开发商场项目，应讲究一定的策略。

#### 1. 差异化开发

差异化开发是指在智慧商场的开发过程中，根据市场的需求和预期，确定智慧商场的差异化和特色化的方向和方式，以区别于传统商场和竞争者，赢得市场的认可和偏好的一种开发策略。差异化开发的目的是提高智慧商场的市场竞争力和市场份额，增加智慧商场的市场收入和利润，建立智慧商场的市场品牌和影响力，促进智慧商场的市场发展和创新。差异化开发的原则和策略是根据市场的相关性、竞争优势、相乘相长等因素进行选择和确定的。差异化开发的过程和方法是通过市场环境、竞争环境、顾客环境的分析，以及差异化定位的策略、方案、评估的制定和实施进行完成的。

差异化开发的内容包括以下几个方面：

差异化产品开发。差异化产品开发是指根据市场的需求和预期，设计和提供不同于传统商场和竞争者的智慧产品的方法。智慧产品是指利用信息技术和物联网技术，具有智能化功能和特性的商品和服务。差异化产品开发的方式有功能差异化、品质差异化、设计差异化、服务差异化等。

差异化价格开发。差异化价格开发是指根据市场的需求和预期，制定和执行不同于传统商场和竞争者的智慧价格的方法。智慧价格是指利用信息技术和物联网技术，具有智能化特征和价值的价格。差异化价格开发的方式有价格分层、价格弹性、价格动态、价格定制等。

差异化渠道开发。差异化渠道开发是指根据市场的需求和预期，建立和运营不同于传统商场和竞争者的智慧渠道的方法。智慧渠道是指利用信息技术和物联网技术，具有智能化功能和效果的渠道。差异化渠道开发的方式有渠道多元化、渠道整合化、渠道互动化、渠道个性化等。

差异化促销开发。差异化促销开发是指根据市场的需求和预期，实施和执行不同于传统商场和竞争者的智慧促销的方法。智慧促销是指利用信息技术和物联网技术，具有智能化效果和价值的促销。差异化促销开发的方式有促销创新化、促销定向化、促销互动化、促销定制化等。

#### 2. 突出项目品质

据调查，有八成多的投资者非常关心所投资的物业今后的出租率。而这批客商往往是有过在商场、写字楼办公经验的人士，他们更关心大楼的电梯等待时间；是否配置了健身馆、休闲吧；有无高级商务洽谈区等，而这些正是一幢大楼的租售率高或低的直接因素。

随着消费市场理性成熟，客户的需求不仅仅满足于地段的好坏、价格的高低，而更多地关注商场内部品质。今后的商业地产发展格局是多元化的，但更为激烈的竞争将是体现在大楼的真正"品质"上。

一些商场广告除在宣传地理位置方便、价格如何优惠的同时也极力宣传内部配套设施如何完善、如何高档。有些甚至介绍该大楼用何种名牌空调、某某品牌电梯，告诉消费者如何做到电能节省，电梯内手机信号无盲区等，很多投资者也正是认可这一系列品质后决然下单的。

## 2.4 智慧园区市场定位的概念与方法

### 2.4.1 智慧园区的基本特征

智慧园区建设是指在特定地段内通过项目投资、建筑规划、项目可行性研究与决策分析、施工建设、建成后的招商与物业管理、合资合作管理、企业集群管理等的综合性的经济活动。

#### 1. 功能特征

智慧园区通常具有一定的产业主题，在某一产业领域具有突出的竞争力，例如硅谷的IT、筑波的科学研究等，智慧园区的发展关键是其创新体系的建立，这个创新体系通常是由园内相互分工又相互关联的生产企业、研究机构和高等教育机构、政府机构、中介机构等构成的区域性组织系统。这个系统支持并产生创新力，提升该园区内的综合竞争力，高等教育、研发、生产企业三者构成智慧园区的功能核心，这三者间的良性互动与集合关系成为园区发展的内在动力：

在功能核心外围，生活以及服务功能形成配套功能体系，其中，服务功能包括行政管理、社会服务、市政配套等主要方面；生活功能则包含了居住和商业金融服务等，同时，大量的绿化、四通八达的交通基础设施将三者有机地组织在一起，形成综合性的功能区域。在智慧园区的实际建设和规划中，由于各地情况不同，功能构成核心要素和配套功能体系可以增加或缺失，智慧园区内功能构成可以是网状结构,也可以是链状结构。

#### 2. 类型特征

世界各国各种类别的智慧园区可以归纳为"园、区、带"三种类型,分别对应不同的发展规模和功能结构。具体如图2-5所示。

| 园 | 区 | 带 |
|---|---|---|
| • 以高等学校和科研机构为依托,通过建立企业孵化器来进行技术和产品的研发与开发活动,目的在于促进科技成果转化为商品 | • 建立在智力资源丰富和工业技术基础雄厚的地域,主要从事研究、开发、生产、销售、服务一体化活动,目的在于加速科技成果商品化、发展高技术产业 | • 一般是以中心城市密集地区、高技术企业聚集地区和交通发展地区为依托,主要进行生产制造、营销服务活动,目的在于发展高技术产业,振兴区域经济 |

图2-5 园、区、带类型特征

#### 3. 布局特征

智慧园区的布局特征见表2-4。

智慧园区的布局特征　　　　表2-4

| 序号 | 布局特征 | 具体说明 |
|---|---|---|
| 1 | 选址 | 选址通常位于工业发达与文化发达的大城市郊区,工业历史较好的地区,或自然科学研究水平很高的大学区附近,拥有便利交通,接近空港、高铁等对外联系门户 |
| 2 | 规模 | 用地规模因其所处发展阶段和各个国家国情不同而呈现出动态变化的特点。自发型高科技园区(城)在初期阶段占地较小,约十到几十公顷,随着园区的不断发展,占地面积可以发展到几百至几千平方千米 |
| 3 | 空间环境 | 良好生态、自然环境是科学新城选址布局的首要考虑因素,多变的地形更有利于景观环境的塑造。园区内的空间环境规划中大多布置大面积的绿地、大片草地,或依山傍水,顺势形成宜人的空间环境,为创新活动提供良好的环境、丰富的交流空间 |
| 4 | 支撑条件 | 良好的基础设施,便利的交通系统,高效的通信网络;充足、熟练的劳动力资源,完善的人才培养及使用机制;中介、风险投资等相关生产服务业的发展,便利、快捷的生活性服务业;龙头企业的带动作用,加强产业链的培育及延伸等 |

#### 4. 阶段特征

智慧园区的发展与国家发展阶段密切相关,国家所处发展阶段的不同,会赋予科学产业园不同的发展内涵,一般可以分为四个发展阶段。

(1)初期发展阶段。国家的经济实力无法实现高科技园(城)全面发展,园区的选址主要集中在区位、基础设施、人力、科研等优势集中的经济引领地区,随着经济增长对空间、交通、环境带来的负面影响,园区的发展需要更大的空间和更好的环境,在这种情况下的权衡之计就是在城市边缘地区环境较好,而且能更便利地与空港、高速公路相连接的地方发展高科技产业园。

(2)成长发展阶段。随着经济的发展,政府开始致力于调整区域间的发展差异,在经济引领地区高科技产业园的消极因素逐渐受到更多的关注,重新整合各种生产要素,形成稳定的主导产业和具有上、中、下游结构特征的产业链,提供较好的产业支撑与配套条件,在经济引领都市区外围的近郊区扶植内生型研发机构或落户研发型大学,发展真正意义的科技园或者是一些成熟的科技城是这一阶段的主要任务。

（3）成熟发展阶段。当国家的经济成熟时,区域差异逐渐变小,高速公路、现代化铁路、空港等基础设施会广泛地分布在全国经济空间里。高质量的服务会广泛地分布在各地方城市里,这个阶段科学产业园的选址与升级开始从更精确的产业、国家经济地理角度进行考虑,这时也就更容易将科技园提升为地方的科技创新极。

（4）拓展发展阶段。经济成熟国家开始拓展科技产业园的选址和空间发展内涵,在全球范围进行革新移植。将低端制造业通过离岸放到别的国家、地区,但仍将高端研发、高端制造业留在本土。这种现象即通过使用别国廉价劳动力、原材料,接近消费市场,或利用管理、政策上的差异来减少生产成本,从而将更多的资金投入基于本国的上游创新发展。

## 2.4.2 智慧园区的选址

智慧园区与传统产业区域有很大不同,对区位因素有比较高的特殊要求。这就要求在智慧园区的选址和布局上必须充分考虑到区位因素。

### 1. 选址的区位因素

智慧园区的选址是指在智慧园区的规划和建设过程中,根据智慧园区的目标和特征,选择合适的地理位置和空间范围的过程。智慧园区的选址的区位因素是指影响智慧园区的选址的地理、经济、社会、环境等方面的因素。区位因素的分析和评估是智慧园区选址的重要依据和方法。区位因素的内容包括以下几个方面:

（1）地理因素。地理因素是指影响智慧园区的选址的自然地理和人文地理的因素。地理因素的分析和评估的目的是了解智慧园区的选址的可行性和优势性。地理因素的分析和评估的方法有地形分析、地质分析、气候分析、水文分析、交通分析、资源分析等。

（2）经济因素。经济因素是指影响智慧园区的选址的区域经济和产业经济的因素。经济因素的分析和评估的目的是了解智慧园区的选址的合理性和效益性。经济因素的分析和评估的方法有区域经济分析、产业经济分析、市场经济分析、成本效益分析等。

（3）社会因素。社会因素是指影响智慧园区的选址的人口社会和文化社会的因素。社会因素的分析和评估的目的是了解智慧园区的选址的适应性和影响性。社会因素的分析和评估的方法有人口社会分析、文化社会分析、政治法律分析、公共服务分析等。

（4）环境因素。环境因素是指影响智慧园区的选址的生态环境和人居环境的因素。环境因素的分析和评估的目的是了解智慧园区的选址的可持续性和和谐性。环境因素的分析和评估的方法有生态环境分析、人居环境分析、环境影响分析、环境保护分析等。

智慧园区的选址的区位因素是智慧园区选址的重要内容，也是智慧园区选址的关键因素。智慧园区的选址的区位因素要求开发商有清晰的选址目标和定位，有充分的区位因素的分析和评估，有合理的区位因素的选择和确定，以及及时的区位因素的调整和改进。

### 2. 智慧园区的区位要求

依靠产学研一体化，培育和发展技术创新产业是智慧园区选址的重要策略。一般来说，智慧园区对区位条件的要求可归纳如下：

（1）拥有便利的交通运输与通信设施条件，信息获取及时；

（2）便于与关键人员接触；

（3）以地理位置非常邻近的一所以上的名牌大学和科研院所为依托，即接近于研究与开发中心、科研机构或高等学校，便于获取科技支持；

（4）拥有丰富而低廉的高素质劳动力，以便智慧园区创新活动对人才的需求；

（5）与市场或贸易组织邻近，便于收集市场信息；

（6）有一片具备必要基础设施的园区场地，且位于区域内环境优美。

### 3. 智慧园区的区位特征

智慧园区的区位具有如下的主要特征：

（1）集中于科技实力雄厚区域。高新技术产业的发展必须要有雄厚的科技实力和丰富的科技资源为基础，世界上著名高科技园区发展的成功经验表明：没有高水平的领先科技平台，高科技园区的发展将举步维艰。绝大多数高科技园区位于科技实力雄厚、科教文化发达的区域中心城市，有一所或多所高水平研究型综合型大学或科研机构为支撑。

（2）集聚于区域中心城市。世界绝大多数成功的高科技园区集聚于其所在国家地区的经济中心、政治中心、科技文教中心或交通中心。要求所在城市一方面具有雄厚的经济实力和科研实力，另一方面也具有便捷的交通通信设施。从国外的情况来看，美国的硅谷、日本的硅岛等世界著名高科技园区也无不位于拥有便捷交通、通信和良好基础设施的区域中心城市。

## 2.4.3 智慧园区功能结构规划

智慧园区的功能结构规划首先是以产业平台构建为核心导向，而不是以用地性质和规模设定为主要目标。园区规划的宗旨是围绕建设一个产业平台或者产业服务平台为核心的，这就要求在规划的初始，就着重分析和判定这些平台构建的实际需求和发展途径。智慧园区的功能结构组成一般如图2-6所示。

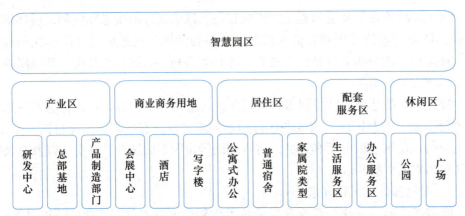

图2-6 智慧园区功能结构组成

智慧园区基本建筑模块主要包括如下几个部分：

### 1. 库房的规划

（1）适应仓储生产的作业流程。库房、货棚、货场等储放场所的数量和比例要与储存物料的数量和保管要求相适应，要保证库内物料流动方向合理、运输距离最短、作业环节和次数最少、仓库面积利用率最高，并能做到运输通畅、方便保管。

（2）有利于提高仓库的经济效率。总体布置时要考虑地形、工程地质条件等，因地制宜，使之既能满足物料运输和存放的要求，又能避免大挖大掘，减少土方工程量。平面布置应该与竖向布置相适应，既满足仓储生产上的要求，有利于排水，又要充分利用原有地形。总平面布置应能充分合理地利用库内的一些固定设备，以充分发挥设备的效能，合理利用空间。

（3）符合安全、卫生要求。库内各区域间、各建筑物间应该留有一定的防火间距，同时要设有各种防火、防盗等安全保护设施。此外，库内布置要符合卫生要求，考虑通风、照明、绿化等情况。

### 2. 研发办公楼的规划

（1）基地覆盖率。办公建筑基地覆盖率一般应为25%～40%，低层、多层办公建筑基地容积率一般为1～2，高层、超高层建筑基地容积率为3～5。

（2）停车指标。停车场建筑面积，一类地区，按照建筑面积计算，每100m²的机动车停车位配置指标为0.45个，二类地区为0.45～0.6个，非机动车位一般按照每100m² 0.4个车位进行规划，见表2-5。

停车指标　　　　表2-5

| 项目 | 停车车位（车位/100m²建筑面积） | |
| --- | --- | --- |
|  | 机动车 | 自行车 |
| 一类 | 0.45 | 0.4 |
| 二类 | 0.45～0.6 | 0.4 |

注：机动车停车场车位指标，以小型汽车为计算当量。设计时，应将其他类型车辆按表中所列换算系数换算成当量车型，以当量车型核算车位总指标。

### 3. 配套服务类的规划

安排社会性专业化科研服务设施、会议旅馆和居住及配套服务设施，主要包括政府职能性机构和非政府职能性机构、技术咨询和中介服务机构、信息集成服务机构、创新人才服务机构、金融类服务机构、公共性市场中介服务机构和综合性公益类事业单位等。

## 2.5 案例：某地产策划中的大数据分析

上海某地产公司与多家高校及城市数据团队合作搭建的专属于该公司的大数据分析平台已正式上线。这一平台以清晰易用的可视化交互方式，将复杂的大数据技术应用于房地产行业的实际业务中，满足公司员工各业务端口的需求。

通过『动态监测』、『信息查询』和『数据分析』三个不同层级，该平台能够更全面地了解城市土地的真实情况和价值潜能，分析市场走向，追踪一、二手房的成交情况，洞察人群通勤方向、潜在需求和购买行为。

该大数据平台整合了多家先进的数据源，通过建立先进的分析模型，验证已知客观事实，并对未知的市场和客群进行研究。这些优质数据资源方包括城市级大数据（人口、经济、交通、基础设施等）、人口移动数据（地铁通勤、专车和出租车通勤）以及线上线下实时监测获得的活跃购房客户特征数据（消费习惯、行为特征等），如图2-7所示。

图2-7　大数据来源与类型

该地产公司的初衷是颠覆传统开发商的分析方式，通过先进的模型整合分析复杂抽象的数据，反映本质事实，揭示内部规律，辅助决策。

具体分析模型包括：

（1）核密度分析：用于人口密度、基础设施密度、客流密度等要素的分析。该模型通过采集待分析要素的信息，设置分析半径范围，计算要素在周围邻域中的密度。

（2）空间插值分析：用于某要素分布空间范围的分析和预测。通过自然邻域插值法，找到距查询点最近的输入样本子集，并基于区域大小按比例对这些样本应用权重进行插值，进而对区域所有位置进行预测。

（3）OD/PA分析模型：用于分析城市或区域人口通勤方向和发展趋势。该模型基于千万级的智能移动设备大数据，拟合计算全市人口出行情况，了解要素流动。

## 本章小结

现阶段传统式地产商的形象在向服务和经营变化，地产逻辑已经发生重大转变。当今的房地产市场从增量变为存量，地产商已经积极地寻找转型发展道路。尤其是伴随着以人工智能技术、物联网技术、5G等电子信息技术的推进发展，房地产行业也迎来了新的机遇和挑战，加快电子信息技术与地产业务流程的结合，促进地产企业战略转型，在日趋严峻的市场环境中呈现本身的竞争能力。以往几十年间在我国修建的高楼大厦数不胜数，在总数迅速发展之后，怎样在品质上寻求转变，这里所述的"品质"，并不是传统定义上品质，而是房屋的质量，及其他可以给予顾客的生活质量。智能化早已变成许多地产公司在转型发展过程中一个关键的发展前景，这不但是地产企业战略转型的需求，也是社会经济发展的需求。

> **思考题**
>
> 1. 智慧地产有哪几种市场细分方式？
> 2. 智慧住宅的容积率配置，需要考虑哪几方面的问题？
> 3. 智慧园区的智慧性体现在哪里？
>
>
>
> 思考题
> 解题思路

# 智慧地产的投资分析

【本章重点难点】

　　熟悉智慧地产投资的概念、分类及特点；熟悉智慧地产投资分析的内容；理解智慧地产投资分析的必要性；熟悉智慧住宅、智慧商场、智慧园区等相关概念；理解智慧住宅、智慧商场、智慧园区的智慧成本构成及增值收入；了解智慧地产投资项目案例。

【本章导读】

地产"智慧"增加了房地产投资的复杂性，以数据驱动的建筑物允许投资者作出更加明智的决策，更密切地监控物业状况，创造与数据有关的新的收益流。本章旨在通过对不同类型智慧地产投资过程中涉及的智慧成本投入与增值收入来源的梳理，以明晰智慧地产投资分析的重要内容。首先，在介绍房地产投资概念、分类及特点等基本理论的基础上，明确了房地产投资分析的一般内容。其次，按照投资用途类型，分别对智慧住宅、智慧商场、智慧园区相关概念进行梳理，明确了不同类型智慧地产投资的智慧成本构成及增值收入来源。最后，介绍了不同类型智慧地产投资项目案例。本章的逻辑框架如图3-1所示。

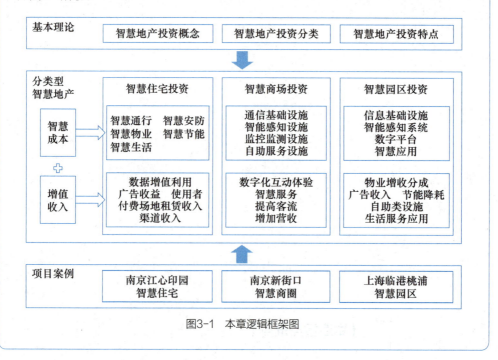

图3-1 本章逻辑框架图

## 3.1 智慧地产投资分析概述

### 3.1.1 智慧地产投资的概念、分类及特点

#### 1. 智慧地产投资的概念

在全球智慧城市发展趋势下，我国也步入智慧城市时代，当前我国智慧城市发展数量已超过500个，这是我国探索"集约、智能、绿色、低碳"新型城镇化道路的必然发展过程。智慧地产作为智慧城市建设的重点内容之一，是其得以运行发展的物质载体和实现形态。通过将智能信息化与房地产进行深度融合形成房

地产发展的新模式，涉及智慧社区、智慧小区、智慧家居等重要领域，以提升社区、家庭、物业等信息基础设施、综合服务平台的智慧化水平。

智慧地产投资是指经济主体以获得未来的房地产资产增值或收益为目的，通过投入资金、土地、人力、技术、管理经验或其他资源等，直接或间接地从事或参与智慧地产项目开发与经营活动的经济行为。随着全球信息通信业规模的持续增长，房地产企业融合5G、大数据、云计算、人工智能等新型科技手段，将加速传统房地产向数字化、智慧化转型。房地产投资由传统房地产转向智慧地产，在智慧地产项目开发建设过程中，通过建筑工程与智能基础设施、信息化平台建设同步规划、设计、建设施工，实现地产项目全周期各种场景的智慧化。

### 2. 智慧地产投资的分类

从投资房地产的形式来看，智慧地产投资分为直接投资和间接投资，前者投资者拥有的是实物资产，如房地产开发投资和置业投资，后者投资者拥有的是权益资产，如购买房地产企业发行的股票、债券等。从投资房地产的用途来看，智慧地产投资分为智慧住宅地产投资、智慧商业地产投资、智慧工业地产投资等。从投资房地产的经营方式来看，智慧地产投资分为出售型房地产项目投资、出租型房地产项目投资以及混合型房地产项目投资。此外，智慧地产投资还可以按照投资主体分为国家投资、企业投资、个人投资和外商投资等。上述各种分类，应结合研究内容需要进行运用。

### 3. 智慧地产投资的特点

由于投资对象房地产本身的特性，如不可移动性、异质性、使用耐久性等，房地产投资具有不同于其他投资类型的特点。认识和掌握这些特点，对于房地产投资决策分析具有重要的作用。其特点主要表现为：

（1）投资区位的选择非常重要。房地产的不可移动性决定了房地产投资的收益和风险不仅受地区经济社会发展水平的影响，还受到所处位置及周边市场环境的影响。因此，房地产投资者在对房地产项目区位进行选择时，一是要考虑当前区位的吸引力，即通过项目开发建设使投资者能获取合理、稳定的收益；二是要考虑区位的未来增值潜力，房地产投资价值的高低很大程度上取决于其所处地区的升值潜力；三是考虑区位的动态性，房地产周边环境发生正向或负向变化时，表现为其区位条件的变化，进而影响该区域范围内房地产投资收益水平，因此，通过深入了解和分析地区相关规划，可以发现未来该地区交通、环境等区位因素的可能变化，有预见性地选择投资区位。

（2）适宜长期投资。与其他商品相比，房地产商品的使用期限长。一方面，根据《中华人民共和国土地管理法》相关规定，住宅用地、商业、旅游、娱乐用地以及工业用地的最高出让年限分别为70年、40年、50年，因此，房地产所占用土地的使用期限一般都在40年以上。另一方面，地上建筑物及其附属设施的使用也具有耐久性。总体而言，房地产投资很适合作为一项长期投资。

（3）房地产的异质性导致其投资价值难以判断。由于房地产的不可移动性，决定了不同位置的房地产不可能完全相同，也就是房地产的异质性。房地产的这种特性使得每一宗房地产在市场中的价值具有差异，这种差异导致房地产投资价值判断的难度很大。因此，房地产投资者不仅需要借助专业评估机构进行价值判断外，还要结合自身的经验、条件和能力进行房地产投资价值判断。

（4）房地产投资额大、风险高。房地产投资需要大量资金投入，一个房地产项目少则几百万元，多则需要上千万甚至数亿元。同时，房地产项目的开发建设周期比较长，导致资金回收和回报周期也比较长。资金投入房地产项目后，需要经过获取土地、前期准备、施工建设、竣工验收到房产交易等阶段，才能回收资金获得利润。大量资金被长时间占用，对于房地产投资者的资金实力要求很高，也增加了房地产投资的风险。此外，在房地产开发经营的每一个时期和环节都存在不确定性，这使得投资过程复杂多变，增加投资结果的不确定性，这些都体现出了房地产投资高风险的特点。

（5）房地产投资的变现性差。所谓变现性是指能够随时、迅速转换为现金且没有损失或损失较小的能力。变现性与资产流动性特征密切相关，而房地产资产的流动性弱，因此，房地产投资在短期内无损变现的能力差。房地产投资变现性差主要受到房地产本身和房地产市场特性的影响。一方面，由于房地产价值量大、不可移动性、异质性等特点，以及交易手续复杂、交易成本较高等，使得同一宗房地产的交易不会频繁发生，导致其流动性差。另一方面，由于房地产市场交易分散、信息不充分等特点，导致交易过程持续时间较长，如投资者或卖家想将房地产资产快速变现，只有以一定幅度降价为代价。因此，房地产投资变现性差的特点，使得房地产投资者所面临的风险增加。

（6）房地产投资具有保值与增值性。由于土地资源的不可再生性和稀缺性，相较于人们对于房地产的需求，房地产的供给是有限的，使得较长时间范围内房地产市场表现为供不应求，所以从长期来看房地产投资具有保值增值性。房地产的保值增值特性是从房地产价格变化的总体趋势来看，是对一个正常的房地产市场而言的。在非正常的市场状况下，房地产投资的增值性可能会被夸大，且需要注意这种投资增值能维持多久，是否保持在一个合理的水平。

（7）房地产投资需要树立正确的投资价值理念。房地产投资者应承担社会责任，关注社会公益事业，积极参与社会公益活动；应关注可持续发展，注重环境保护，采用绿色建筑、节能环保等技术，实现经济、社会和环境的协调发展；应注重人文关怀，关注人民群众的生活需求，提供高品质的住房产品和服务，为人民群众创造更加美好的生活环境；应具备法律意识，遵守国家法律法规，不进行违法违规的房地产投资行为，维护国家法律的尊严和权威；应注重道德风险，不进行不良的商业行为，尊重和保护消费者的权益，提高企业的社会形象和信誉度；应注重社会公平，维护市场公平竞争的环境，促进社会公正和稳定。

### 3.1.2 智慧地产投资分析的必要性

投资本质上是通过牺牲即期的、确定性的某些利益来换取预期的、不确定的最大收益。当同时面临多种投资机会，而可利用的资源又是有限的，这就涉及投资决策的问题。这就需要对各种投资方案进行评估，以帮助投资者在各种限制条件下获得最大的投资收益。然而，未来收益数量、获得时间以及获得收益的可能性均难以精确预测，因此，我们必须要通过专门的房地产投资分析，才能为投资合理决策提供科学依据。

### 3.1.3 智慧地产投资分析的内容

智慧地产投资分析是指在房地产投资活动的前期，投资者运用自己及投资分析人员的知识与能力，全面地调查投资项目的各方制约因素，对所有可能的投资方案进行比较论证，从中选择最佳方案并保证投资有较高收益水平的分析活动。具体而言，智慧地产投资分析的主要内容包括以下几个方面：

#### 1. 市场分析

市场分析是智慧地产投资分析的一项基础性工作，准确的房地产市场分析是项目成功运作的保障。智慧地产投资项目的市场分析是在投资决策之前，调查市场情况、了解项目背景资料、辨识投资风险、筛选投资机会的过程。市场分析包括房地产市场调查与市场预测，具体分为房地产投资环境和房地产市场状况两部分。其中，房地产投资环境的调查与预测包括政治环境、法律政策环境、经济环境、自然环境、规划环境、基础设施环境、生活设施环境等方面；房地产市场状况调查与预测主要从市场供需两方面展开分析，包括房地产商品供给量、消费者对房地产商品的需求、房地产商品销售价格和租金水平、各类房地产投资收益率等。

#### 2. 成本与收入估算分析

通过各种财务指标估算房地产投资项目的经济效益情况，进而判断其是否值得投资，对房地产投资项目的总投资、成本费用、经营收入等进行估算，这是财务评价所需要的基础数据。房地产投资项目的成本、收入等数据资料主要通过市场调查分析与预测获取，据此填列项目总投资估算表、各项成本费用估算表、经营收入与增值税和税金及附加估算表、土地增值税估算表等一系列辅助性报表。

#### 3. 财务分析

财务分析是房地产投资分析的核心内容。结合投资项目成本、收入等基础数据估算结果，计算投资利润率、财务净现值、投资回收期等多种财务指标，对项目的盈利能力、清偿能力、资金平衡能力等进行分析，以确定投资项目在财务上的可行性。

#### 4. 决策分析

决策分析又称投资方案比选分析。受到资源条件的限制，房地产投资者要在从众多可行的项目方案中选择一个或几个项目方案，就需要对这些可行的项目方案进行比选，从而作出合理的投资决策。决策分析就是探讨运用项目方案比选的方法，选择最佳方案以取得最好的投资效益，最佳方案可以是一个项目方案，也可以是多个项目方案的组合。

#### 5. 风险分析

房地产投资项目财务评价所采用的基础数据（如总投资、成本费用、租售价格等）都是对未来状况的预测与估算，因而具有不确定性。这些不确定性因素的变化可能会引起房地产投资项目的经济效益指标的变化，而风险分析就是要对这些不确定因素发生变化的方向、大小和概率进行估计，进而推断房地产投资项目在风险条件下盈利的可能性大小。通过定性或定量分析对房地产投资项目在不同收益状态下的风险程度进行界定，为项目投资决策提供依据，同时也为房地产投资风险的规避与控制提供依据。在房地产开发过程中，土地购买价格过高、项目现金流过低、风险释放不及时等问题也不容忽视。

## 3.2 智慧住宅投资分析

### 3.2.1 智慧住宅的相关概念

随着物联网、云计算、移动互联网等信息化技术的发展，以及居民多样化、个性化对便利、健康生活方式的追求，住宅小区的智慧化成为发展的必然趋势。建设智慧小区，可为小区住户提供高效、便捷的智慧生活条件，更好地服务小区居民，提升小区住户的生活品质。

#### 1. 智慧社区

智慧社区是智慧城市的重要组成部分，利用物联网、云计算、大数据、人工智能等新一代信息技术，融合社区场景下的人、事、地、物、情、组织等多种数据资源，提供面向政府、物业、居民和企业的社区管理与服务类应用，提升社区管理与服务的科学化、智能化、精细化水平，实现共建、共治、共享管理模式的一种社区。智慧社区包含智慧小区，还包括社区政务服务、市政基础设施等内容，具有行政属性。

#### 2. 智慧小区

智慧小区是智慧城市面向民生的最基本单元，采用新一代信息与通信技术，集成小区内公共信息应用和业主家庭智能应用等，实现对小区内的建筑物、小区基础设施、各类居住人员等进行事务管理和行政管理，为小区居民提供智慧化服务的宜居环境。

### 3. 智能家居

智慧家居是以住宅为平台，利用综合布线技术、网络通信技术、安全防范技术、自动控制技术、音视频技术将家居生活有关的设施集成，构建高效的住宅设施与家庭日程事务的管理系统，提升家居安全性、便利性、舒适性、艺术性，并实现环保节能的居住环境。

### 3.2.2 智慧住宅建设的智慧成本构成

按年龄结构特征，结合居民对生活品质的追求，以及对适老、适儿、无障碍设施的使用需求，因地制宜开展住宅小区的智慧化场景建设和改造，住宅小区智慧成本投入可包括智慧通行、智慧安防、智慧物业、智慧节能、智慧生活五大类建设内容。

#### 1. 智慧通行

（1）人行门禁系统。实现智能授权、便捷出入的功能。应用密码、远程控制、刷卡、二维码、指纹识别、人脸识别等技术手段，在小区出入口、单元楼出入口、地下车库梯口等出入闸口设置兼有防盗报警联动功能的门禁系统，对住户、访客进行身份认证。

（2）机动车出入管理系统。实现机动车智能识牌、自助缴费等功能。在小区车行道出入口设置"智能闸口"，应用车牌识别高清摄像等技术，对内部车辆和临时车辆自动识别。车主通过自助缴费机或手机支付停车费，出口摄像机识牌比对缴费记录后自动放行。

（3）停车引导系统。实现诱导停车、智能寻车、快速出场等停车引导功能。通过超声波或摄像机探测器、指示灯、视频车位引导系统等技术手段，在小区停车场实现智能化泊车。智能停车引导系统及LED指示屏引导车主快速寻找停泊位，准确找到出入场行车方向，反向寻车功能可有效缩短车主寻找车辆时间。

智慧通行除上述应建场景，还可以根据住宅小区的智慧场景能级需求，包括电动自行车停放充电设施、电动汽车充电车位、智能乘梯系统、联动呼梯系统等选建场景。

#### 2. 智慧安防

（1）小区出入口、应急疏散通道视频监控。在小区出入口、应急疏散通道设置支持图像切换、显示、记录、回放、检索分析及智能识别等功能的视频监控系统。通过拍摄、记录进出人员及车辆，监控可疑对象并自动告警。

（2）公共区域监控系统。在小区出入口、室内车库及出入口、电梯轿厢、单元楼及建筑平台出入口、公共活动区、围墙周界等室内外公共区域安装视频监控设备，实时监控人车，识别重点人员，抓拍预警，分析追踪老幼群体轨迹，有效增强公共区域安全防范与保障能力。

（3）逃生救助指引。在疏散通道、安全出口等重点位置设置公共广播、求助按钮、可视对讲、紧急呼叫、逃生指示等系统、设备，如遇火灾、地震等紧急事件，迅速发出声、光预警信号，自动发送求助信息，启动逃生指引、协助逃生。

（4）IP网络楼宇可视对讲系统。使用CCD摄像技术、红外线补光摄像技术，音频视频处理及传输技术，在居民家中、物业中心、保安中心、小区出入口设置可视化对讲与控制系统，实现居民与物业、访客与居民可视对讲、远程开锁、远程电话报警等功能。

（5）电梯运行监管、五方通话。通过电梯监测传感器采集电梯运行数据；通过平台实时监测、分析，掌握电梯安全状况。电梯五方通话系统可实现安全管理中心、电梯轿厢、电梯机房、电梯顶部、电梯井道底部五方通话，遭遇紧急情况可及时与外界联系开展救援工作。

（6）电动车进电梯报警。在电梯轿厢安装搭载AI图像识别技术的摄像机，自动识别进入轿厢内的电动车，发出声光警报，同时下达电梯暂停运行的指令，并通知管理中心，管理人员可语音通话劝阻。

（7）高空抛物监控系统。基于计算机视觉AI识别技术，在楼栋四周安装高空抛物（坠物）高清摄像机，对楼栋外墙和窗户进行视频监控，识别高空抛物并分析抽取抛物视频关键信息，自动报警，记录抛物路径，定位源头，实现高空抛物可查看、可追溯。

智慧安防除上述应建场景，还可以根据住宅小区的智慧场景能级需求，包括周界防范系统、紧急报警求助、巡检机器人等选建场景。

3. 智慧物业

（1）物业服务系统。包括住户报修、住户投诉、住户跟进、自动抄表、费用催缴、巡更计划、巡更跟进、内部创建、租赁创建等应用场景。

（2）地面层公共广播系统。结合小区实际，按照草坪、公共活动场地、地下车库、物业办公、儿童游乐区等为公共广播系统智能分区，既可统一播放背景音乐、通知公告、紧急寻呼、应急信息等，也可针对具体分区，单独播放符合受众群体需求的广播内容。

智慧物业除上述应建场景，还可以根据住宅小区的智慧场景能级需求，包括视频信息发布系统、环境监测设施、智能垃圾收集分类、快递外卖无人配送车等选建场景。

4. 智慧节能

（1）公共区域节能灯光系统。结合居民活动习惯，按照不同区域、不同时段的功能需求和节能目标，通过利用声音、光线照度、预设时间多重控制的无触点开关，实现对室外、停车场、楼道等公共区域灯光系统的开关和亮度智能化控制。

（2）智慧路灯。可集成智能视频监控和光伏发储电设备，监控识别附近车流、人流及辅助交通执法等活动，可根据人车通行情况自动调节亮度。通过扩展充电接口可提供新能源汽车充电、移动终端充电等多种供备电服务，与地面停车位同步配置。

智慧节能除上述应建场景，还可以根据住宅小区的智慧场景能级需求，包括设备运行监管与能耗、雨水回用系统、中水回用系统、自动喷淋灌溉系统、可再生能源应用等选建场景。

### 5．智慧生活

（1）24h智能快递柜。智能快递柜24h自助收发快递，短信通知业主取件码或二维码取件，解决快递员和消费者时间节点不对称的问题，既为快递员和消费者节省时间，又可同步对接物流快递，告别手动输入。

（2）24h自助服务终端。通过自助服务终端或自助服务一体机，链接各类市政公用服务平台，实现住户对水电气自助缴费、电视通信、交通医疗等在线咨询、查询费用、办理业务等功能。无人售货机提供24h自助购物服务，提供零食饮品、果蔬生鲜、日用杂货等全品类销售，满足居民快捷、高效的购物需求。

智慧生活除上述应建场景，还可以根据住宅小区的智慧场景能级需求，包括邻里社交、智慧家居、智慧看护、智慧健康等选建场景。

总体而言，我国当前智慧住宅小区建设工作尚处于起步阶段，碎片化应用多、系统性应用少。相比传统住宅小区，按照场景应用能级差异，成本增加约40~170元/$m^2$不等。

### 3.2.3 智慧住宅的增值收入

智慧住宅的增值收入包括以下几个方面：一是数据增值利用。在合法合规的范围内，利用运营过程中获得的各类数据，通过数据输出、数据分析等方式为政府部门、科研机构、专业数据公司、市场调查公司等提供数据增值服务获得相应收益。二是广告收益。面向政府部门、社会企业等，通过线下在智能设备上投放社区户外广告、视频广告等方式，或通过线上在小程序、网页端投放网络广告等方式获得相应收益。三是使用者付费。居民是智慧住宅小区的主要服务对象和受益者，由使用者来承担智慧住宅小区建设运营费用，符合"谁投资、谁受益"的原则，也是智慧小区长周期运营的发展方向。例如，智慧停车、智慧充电桩和健康、家政等场景，由最终消费用户直接付费购买公共产品和服务。四是场地租赁收入。物业公司、开发商或者场地所有者，通过向服务商、团体、个人等使用者提供空间租赁服务并获取相应收益。例如，将小区公共空间租给创业团体。五是渠道收入。向入驻小区或入驻平台的商户收取费用获得收益，包括根据流量或用户数进行渠道分成、有偿提供技术支撑和配套服务、收取支付渠道手续费等。例如，数字便民生活圈、社区综合服务APP等。

## 3.3 智慧商场投资分析

### 3.3.1 智慧商场的相关概念

商场和商圈是城市商业体系的重要内容，也是促进流通创新、培育新兴消费的载体，而智慧化是商场转型的主要方向，创新是智慧商场建设的重要动力。随着消费不断升级，对商场提出了更高要求。顺应实体零售转型升级和数字化发展趋势，2023年1月商务部公布了全国首批12个全国示范智慧商圈和16个全国示范智慧商店，为智慧商店建设提供了经验模板。同时，商务部办公厅印发了《智慧商店建设技术指南（试行）》《智慧商圈建设指南（试行）》，对智慧商店和智慧商圈等相关概念进行界定。

首批全国示范智慧商圈、全国示范智慧商店名单

1. 智慧商店

智慧商店是指运用现代信息技术（互联网、物联网、5G、大数据、人工智能、云计算等），对门店商品展示、促销、结算、管理、服务、客流、设施等场景及采购、物流、供应链等中后台支撑，实现全渠道、全场景的系统感知、数据分析、智能决策、及时处理等功能，推动线上线下融合、流通渠道重构优化，以更优商品、更高效率和更好体验满足顾客便利消费、品质消费、服务消费需求的商店。

2. 智慧商圈

智慧商圈是指以智慧商圈大数据平台为核心，运用现代信息技术，建立面向消费者、商业企业、运营机构和政府部门的智慧应用服务体系，具备数据获取、消费服务、交通引导、信息推送、移动支付、物流配送、公共服务、运营管理等功能，实现设施智能高效、业态融合互补、功能便利完备的商圈。

### 3.3.2 智慧商场建设的智慧成本构成

智慧商场建设的智慧成本是指为实现商场数字营销、智能导购、电子会员、即时配送、智慧支付、精准推送、智能停车、线上线下一体化服务等服务与应用场景所必须的信息基础设施建设投入。智慧商场信息基础设施建设内容包括通信基础设施、智能感知设施、监控监测设施、自助服务设施等。

（1）通信基础设施。建设和应用4G以上的网络通信基础设施，布局有线网络、无线网络，在核心公共区域内铺设无线访问接入点设备，支持商场无线宽带

（Wi-Fi）全覆盖，为商户和消费者提供免费Wi-Fi接入服务。

（2）智能感知设施。在商场主要出入口、车库等区域铺设智能传感器、高清摄像头等具有网络接入功能的感知设备，能自动感知、识别和采集商场不同来源的数据，铺设标准为每100m²内布置1个感知设备。

（3）监控监测设施。在商场核心公共区域内铺设人脸识别、视频监控、能耗管理、空气监测、电气设备运行管理等监测设备，具备智能监控商场信息（包括人流量、车流量等）以及环境设备信息（包括空气质量、设备运行等）等功能。

（4）自助服务设施。在商场主要出入口配置24h不间断提供便利服务的自助服务设施，提供商场导览、广告发布、商户搜索展示、车位查询、公共服务信息查询等服务。

### 3.3.3　智慧商场的增值收入

一方面，全新数字化体验拉动消费，提高了客流，进而增加营业收入。例如，在南京市某商场，从基础设施、销售模式、场景体验等方面对传统零售店进行升级，融入了数字化系统以及科技、时尚元素的全新互动体验模式，提升消费者"进店-逛店-离店"的全流程场景化、数字化、智能化体验。相关数据显示，相比智慧化改造前，月均到店客流量增长110%。另一方面，全面创新应用现代大数据技术，拓展智慧服务，形成了商旅生态互联互通、线上线下无界融合、商业体验跨界穿越、商业数智赋能实体的大数智格局，商圈发展动能更加强劲。例如，杭州市通过"湖滨智慧商圈应用""大武林商圈"公共服务平台，湖滨商圈2022年在客流量同比下降25.3%的情况下，实现营业额143亿元，同比增长15.9%；武林商圈2022年在客流量同比下降12.8%的情况下，实现零售额220亿元，同比增长2.1%。

## 3.4　智慧园区投资分析

### 3.4.1　智慧园区的相关概念

随着云计算、物联网、大数据、人工智能、5G等新一代信息技术的迅速发展和新基建的深入应用，"智慧园区"建设已成为国家园区发展的新趋势以及城市规划和社会发展的新焦点。从党的十八大首次提出"智慧园区"概念至今，国家高度重视智慧园区的建设与发展，相继出台多项政策推动国内园区的智慧化建设，并推动各地编制智慧园区建设的相关地方标准等。2013年，上海市编制发布首部智慧园区建设与管理的地方标准《智慧园区建设与管理通用规范》DB31/T 747—2013，随后四川省成都市、广东省、福建省福州市等地相继出台了《成都市智慧园区建设与管理通用规范》DB5101/T 29—2018、《智慧园区设计、建设与验收技术规范》DB44/T 2228—2020、《智慧园区规划、建设与管理通用规范》DB3501/T 010—

2022等地方标准。

　　随着对智慧园区及相关信息技术认知水平的提高，各地规范文件对智慧园区的定义也在不断更新和深化。2013年的上海市《智慧园区建设与管理通用规范》将智慧园区定义为："园区信息化、智能化，通过物联网、云计算等新一代信息技术，实现园区基础设施优化、运营管理精细化、功能服务信息化和产业发展智慧化。"2018年的《成都市智慧园区建设与管理通用规范》将智慧园区依托的信息技术进行了拓展，将智慧园区定义为："充分运用云计算、物联网、大数据、人工智能、移动互联网等新一代信息技术，推动园区技术融合、业务融合、数据融合及服务融合，实现园区基础设施信息化、运营管理精细化、功能服务便利化和产业发展高端化的产业园区。"此外，《重庆市智慧园区建设导则（试行）》《广西壮族自治区智慧园区建设指南》等对智慧园区的概念有不同的表述。尽管当前关于智慧园区的概念尚未形成统一的表述，但均体现了以信息技术为支撑，实现园区在基础设施、管理服务、产业发展等方面智慧化的建设要求。

### 3.4.2　智慧园区投资的类型

　　园区的分类方式众多，常见的有按园区主导产业分类和按园区内主要建筑的类型和功能分类，其中按园区主导产业可分为软件园、物流园、化工产业园、文化创意产业园、高新技术产业园、影视产业园、医疗产业园和动漫产业园等；按园区内主要建筑的类型和功能分，主要分为生产制造型园区、物流仓储型园区、商办型园区以及综合园区等。

　　根据园区功能定位及其所承载的业态不同，智慧园区投资可划分为产业经济类、公共服务类园区、楼宇办公类园区、综合类四种类型。其中，产业经济类园区是以生产和经营活动为主，承担如工农业生产、仓储物流等特定功能的园区。公共服务类园区是以为大众提供文化体育服务、教育服务、旅游娱乐服务、居民日常服务等服务活动提供场所和保障为主功能的园区，如景区、校园等。

　　不同类型园区的智慧建设内容各有侧重，从典型园区智慧建设来看，工业园区侧重工业互联网平台建设，以有效提升工业智能制造和智能服务水平；化工园区重视环保和安监领域的数字化，以推进化工园区安全生产和绿色生产转型；科技园区更加注重新型基础设施建设，为企业研发创新和企业经营效率提升提供数字化基础保障。

### 3.4.3　智慧园区建设的智慧成本构成

　　根据赛迪顾问（CCID）数据显示，2021年我国园区智慧化建设投资规模达到1394亿元，但总体投资规模仍偏低，以国家高新区为例，智慧园区占比约为35%。从智慧成本项目类型来看，园区综合治理市场占比最高达32%，园区综合服务、工业互联网、新型基础设施市场相对较大，市场占比超10%，分别为19%、13%、11%。智慧环保、智慧安防、政务服务、园区大脑市场占比不足5%（图3-2）。

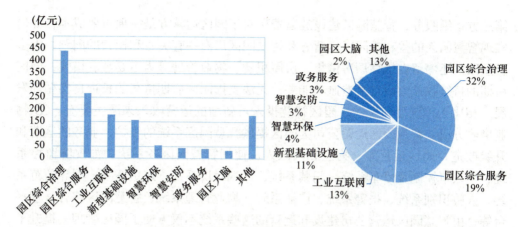

图3-2 2021年中国智慧园区投资规模与结构

归纳起来,智慧园区建设的智慧成本主要由信息基础设施、智能感知、数字平台和智慧应用四个方面构成。

**1. 信息基础设施**

智慧园区的信息基础设施包括园区驻地网、园区移动通信网和无线局域网、园区机房、园区监控中心、园区感知设备和园区物联网等。

**2. 智能感知系统**

智慧园区的智能感知系统包括环境监控系统、智能交通系统、智能抄表系统、能源管理系统、智慧管网系统、信息发布系统、应急广播系统、安防控制系统、智能充电桩系统、智能照明系统等基本配置项目,以及楼宇自控系统、会议系统、智能微电网、智能机器人系统、5G+AR智慧巡检系统、无人机智能巡检系统等可选配置项目。

**3. 数字平台**

智慧园区的数字平台包括云端基础服务、大数据平台、物联网平台、数据使能、业务使能、集成使能、安全保护等基本配置项目,以及地理信息系统、建筑信息管理平台、城市信息模型、定位系统、融合通信、开发使能等可选配置项目。

**4. 智慧应用**

智慧园区按照数字平台的接口标准,预留与数字平台的接口,实现智慧应用场景,包括环境监控管理、智能交通管理、智能能源管理、公共信息服务、规划建设管理、智慧消防管理、智慧安防管理、办公自动化管理、应急事件管理、设备管理等基本配置项目,以及智慧能耗管理、工程项目监管系统、智慧物流服务、智慧政务服务、招商管理、综合物业管理等可选配置项目。

### 3.4.4 智慧园区的增值收入

园区信息化、智慧化建设运营的传统模式是园区运营方出资建设,然后购买第三方运维服务，智慧园区建设运营费用对于园区运营方是一项重要成本，如何实现智慧园区的盈利是园区运营方和智慧园区厂商一直关心和探索的问题。大多智慧园区还停留在依靠厂房销售、房屋租赁、物业管理等为主要盈利模式，园区后期的持续收益方面自身造血功能差，无法支撑园区后期持久的长远良性循环发展。相比于传统盈利模式，园区智慧投入可新增的运营收入来源主要有：① 物业增收分成。智慧园区运营公司为园区提供智慧园区系统的维护、业务的运营和升级改造，园区运营方、物业和园区人员使用智慧园区各系统，如安防监控系统、出入口控制及停车系统、门禁系统、可视对讲系统、巡更系统、周界防范系统、人脸识别系统、报警系统、广播系统、物业管理系统、智慧园区综合管理平台等，由智慧园区运营公司建设和运营的这些系统不仅方便了园区管理，提升了业主体验，扩大了园区宣传，同时提高了载体出租率，增加了租金和物业费，公司可从租金和物业费增收中收取一定比例的费用。② 广告收入。广告收入是智慧园区盈利方式中最常见的一种模式，通过信息化方式投放电子广告以获取广告收入，常见的电子广告方式有电子屏广告和移动应用（APP）/网页广告。发布电子屏广告需要占用园区场地和广告位置资源，而广告位被园区运营方或物业掌控，可与对方进行电子广告分成。在智慧园区移动应用及Web网页上发布广告，以点击量为计费依据。③ 节能降耗。根据合同能源管理形式，通过无偿为园区建设能源监测管理及节能系统，为园区降低能耗，公司从园区节能收益中按一定比例分成。④ 自助类设施。通过自助类设施，如自助售货机、自助健身房、自助快递柜、自助充电桩、自助换电站等，向消费者提供商品和自助服务。公司需向园区物业支付场地占用费或收益分成。⑤ 生活服务应用。通过生活服务应用APP，向园区内生活、工作和游客人员提供衣、食、住、行、游、购、娱等各方面服务，打通线上线下，激活园区经济，收取商家的平台交易佣金。

## 3.5 案例：智慧房地产投资项目

### 3.5.1 智慧住宅：南京江心印园

#### 1. 项目概况

南京江心印园位于江苏省南京市江心洲梅子洲路以东、文泰街以北，用地面积为44750$m^2$（图3-3）。该项目地处江心洲的岛南，距离隧道口和上桥口非常近，过江通道优势明显。地块南面是青奥森林公园以及仁恒文化旅游度假区，东南侧为河西地标建筑南京眼步行桥，具有景观资源优势。本项目地块以总价37.9亿元竞得，成交楼面价30247元/$m^2$，毛坯限价40783元/$m^2$。项目规划总建筑面积约16.88万$m^2$，其中地上建筑面积约12.53万$m^2$，地下建筑面积约4.35万$m^2$。根据规划，项目共包含11幢住宅楼以及物业管理用房、快递服务用房、养老用房等配套设施。

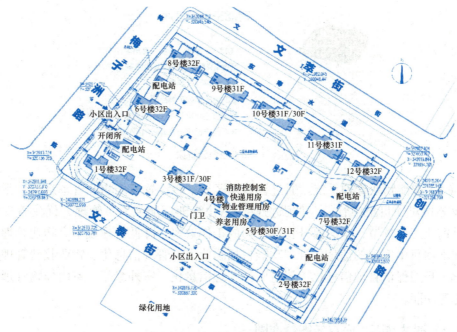

图3-3 江心印园规划总平面图示意

## 2. 智慧化建设

南京江心印园的建设充分融入了智能化技术,实现了全面智能化管理。通过智能感知、自动控制和数据分析等技术手段,建筑能够自动调节温度、照明和空气质量等参数,同时实现了能源节约和环境保护的目标,为居民带来更加舒适、智能化、绿色可持续的生活体验。

（1）信息基础设施（智慧物联网）。在现场部署边缘服务器,接入物业管理智慧社区云平台,部分智能化系统可通过自身的本地服务器或云端设备与智慧社区云平台连接,支撑端到端的智慧社区服务和管理应用。

（2）安全管理平台。通过智慧社区云平台集成实现,集成包括周界报警系统、视频监控系统、可视对讲与门禁系统、电梯控制系统、电子巡更系统、停车场管理系统、家居报警系统等多种功能。通过自动联动和多端管理的协调工作流程,实现全面的安全管理。

（3）空调系统智能控制。采用家用多联机空调,户内空调采暖接入智能家居系统实现监控,通过面板、手机APP、智能语音等方式进行监控。空调、地暖、新风系统采用多功能二合一面板控制,面板有线连接至空调网关,空调网关通过对空调、地暖、新风设备的策略控制,实现舒适与节能的最佳效果。

（4）智能空气云管家。智能家居系统提供智能环境监控和新风的智能联动控制,实现对空气品质的保障。通过智能空气云管家内置的高精度传感器,对 PM2.5、甲醛、$CO_2$ 等自动采样,实时监测室内空气质量,准确分析和报警（图3-4）。

图3-4 智能空气云管家

（5）智能物业管理系统。通过智慧社区云平台设置智能物业管理系统，帮助物业公司对项目集中管控，加强物业信息化管理，加强人员管理，优化管理流程，简化工作环节，全面提升物业公司的工作效率，降低管理成本。物业管理系统在本项目中实现的信息化管理功能包括物业人员管理信息化、物业收费管理信息化、环卫保洁管理信息化、建筑资产管理信息化、室外绿化、室内植物管理信息化等功能。

### 3.5.2 智慧商圈：南京新街口商圈

#### 1. 项目概况

2016年南京新街口商圈联合多家商圈企业共建"智慧新街口"，实现商圈Wi-Fi网络全覆盖，推动商圈移动营销服务应用；2018年联合多家互联网企业推动商圈企业开展O2O新零售场景的构建；2020年南京市商务局商业信息数据平台赋能新街口商圈数据平台建设，开启了数据中心、多方接入、服务四方的总体架构；2021年构建了商圈地图、商圈企业精准服务、商圈区域监测与治理等多项数字化应用；2022年联合商圈金融、科技企业及数据运营商等，以实现"互通、整合、共享"为目标开展智慧商圈、智慧商场示范应用建设。

#### 2. 智慧化建设

（1）平台数据多方贯通。新街口智慧商圈数据平台（图3-5）目前部署于政务云服务中心，通过与南京市商业数据平台的对接，可共享全市商业主数据；通过与南京市政务大数据平台实现互通，共享来自规划、公安、交通等政府管理部门的相关数据。通过与中国移动、银联商务的合作，分别汇集商圈客流数据、商圈实体企业消费数据。同时，面向重点流通企业提供手机及PC多端便利化消费数据上报应用，方便企业与政府之间的数据共享，帮助政务及时洞察市场运营情况，迅速决策。

（2）商圈智慧设施完备。新街口是南京市重要的商业商务核心区，全市各部门智慧化成果大多率先在新街口地区落地应用，结合近期市政府推动"一网通办""一网统管"的建设目标，各系统逐步贯通，智慧银行、智能警务机器人等率先亮相新街口。2021年，新街口管委会建立智慧安防系统，对商圈关键区域部署智能感知系统，实时掌握动态（图3-6）。

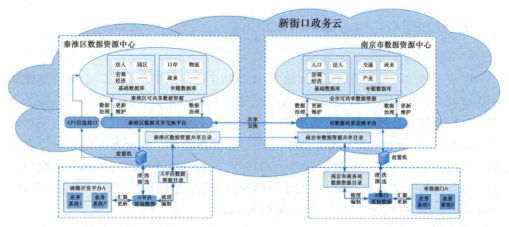

图3-5　新街口商圈平台

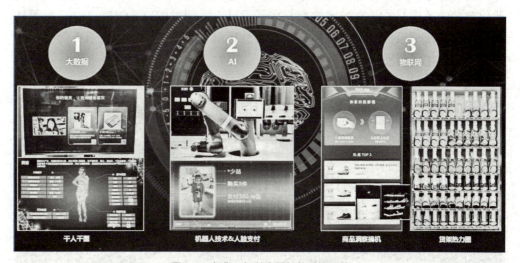

图3-6　新街口智慧商圈智能感知系统

**3. 智慧商圈运营效益**

南京新街口商圈的苏宁易购新街口店、金鹰国际南京购物中心两家商场入选全国示范智慧商店。苏宁易购新街口店采用全新互动体验模式,实现门店全方位、全流程智能化升级,提升消费者"进店-逛店-离店"全流程场景化、数字化、智能化体验。智慧化改造后的苏宁易购新街口智慧商店月均到店客流量和月均营业额分别同比增长110%和30.31%。金鹰国际南京购物中心通过"掌上金鹰、移动POS、微信、电子会员卡、EDM"五个重点项目,整合新兴媒体优势资源,借助全渠道平台,进行营销受众的触达、影响和覆盖,智慧化改造后的金鹰国际南京购物中心,月均到店客流量和月均营业额分别同比增长15.52%和8.9%。总体而言,相比于智慧化改造前,新街口商圈智慧化改造后日均客流量和年度营业额分别同比增长10%和9%,消费者满意度和经营者满意度分别提升6%和5%。

### 3.5.3　智慧园区：上海临港桃浦智慧园区

#### 1. 项目概况

作为上海建设具有全球影响力的科技创新中心的重要承载区，上海临港桃浦园区依托大数据与人工智能技术，基于先进的物联网平台，打造集约、高效的智慧园区管理体系，推进相关战略性新兴产业发展以及城市数字化建设。本项目宗地总面积3.3万m²，总建筑面积14.6万m²，东祁连山路，西至方渠路，南至真南路，北至永登路。本项目园区建设于2019年1月初开工，至2019年10月底交付使用，12月底整体完工，2019~2022年分期建设桃浦智慧园区信息化新基建与应用，并于运营期间持续迭代平台能力与园区应用场景。

#### 2. 智慧化改造

本项目是在具有标志性历史意义的英雄金笔厂原U形厂房建筑基础上进行商业化改造的（图3-7）。在技术选型与场景设计上，通过BIM、GIS、IoT、AI等技术，打造了集成节能智控、立体安防、智慧运维、交通优化、敏捷服务等一专多能的数字孪生运营平台。

图3-7　上海临港桃浦园区英雄金笔厂智慧化改造

本项目总体架构包含感知层、平台层及应用层，着重打造平台层园区数字孪生操作系统及应用层智慧运营、智慧管理、智慧服务。

（1）感知层所包含的各项硬件设备，例如控制器、传感装置、工控机等可实现基础边缘运算的智能硬件，以及照明、摄像机、出入口闸机、停车场栅栏机等终端设备，通过网络直连或闸道器、网关集成等方式上报数据至物联网平台。

（2）平台层基于生态开放协议支持接入各种硬件、传感器等设备，能对接网页应用、小程序、公众号、APP等各形式的应用和系统。

（3）应用层基于平台层中构建的园区数字化公共基础建设与技术能力，打造面向智慧运营的能耗精细管理及节能智控；面向智慧管理的园区综合管理及数字孪生应用、机器视觉及全域安全风险分析；面向智慧服务的立体交通服务及友善出行、一站式生态平台及企业服务（图3-8、图3-9）。

图3-8　园区安防系统

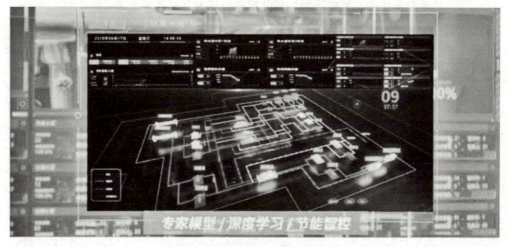

图3-9　能源数字孪生精细管理系统

### 3. 智慧运营效益

本项目通过智慧化建设和运营，可实现多层面的增效提质效益。一是有效节约人力成本约20%，例如减少保安巡逻岗位约50%的人员；二是通过高效的能源管理系统，可以有效节省能耗约10%～20%，每平方米节省20元/年，例如通过门禁-人行闸机-梯控-自动派梯联动智能控制，可综合降低电梯能耗30%，通过提高与优化暖通与空调的舒适度与工作效率，暖通空调的综合能效整体节约10%～15%的支出；三是提升园区管理方实施应急响应效率200%。

## 本章小结

传统房地产转向智慧地产增加了房地产投资的复杂性,其成本构成和收入来源具有显著差异,数字化驱动催生新的收益流。智慧住宅投资的智慧成本包括智慧通行、智慧安防、智慧物业、智慧节能、智慧生活等,增值收入包括数据增值利用、广告收益、使用者付费、场地租赁收入、渠道收入等。智慧商场投资的智慧成本包括通信基础设施、智能感知设施、监控监测设施、自助服务设施等,增值收入来源于数字化互动体验和智慧服务提高了客流,进而增加营业收入。智慧园区投资的智慧成本包括信息基础设施、智能感知、数字平台、智慧应用等,增值收入包括物业增收分成、广告收入、节能降耗、自助类设施、生活服务应用等。

### 思考题

1. 试述智慧地产投资与传统房地产投资的区别。
2. 从投资主体来看,智慧住宅资金投入模式有哪些?各自特点是什么?
3. 试述智慧住宅、智慧商场、智慧园区投资智慧成本的差异。

思考题
解题思路

# 智慧地产的项目建设

【 本章重点难点 】

了解地产建设和常规项目建设的基本流程和主要环节；掌握BIM技术、5G技术和人工智能在智慧地产中的运用；熟悉智慧地产项目的主要内容、建设方式和服务优点等，充分理解智慧地产项目建设的相关流程环节及其作为未来发展趋势的重要意义。

【本章导读】

　　智慧地产项目的开发及建设对于强化土地资源整合、优化和提高人们的社会生活、促进社会经济的可持续发展具有积极意义。本章首先介绍了传统的地产开发及项目建设流程，其次介绍了BIM技术、5G技术和人工智能在地产行业的运用发展，最后结合案例展示当前地产开发及项目建设中引入智慧技术如何开展相应的工作。本章的框架逻辑如图4-1所示。

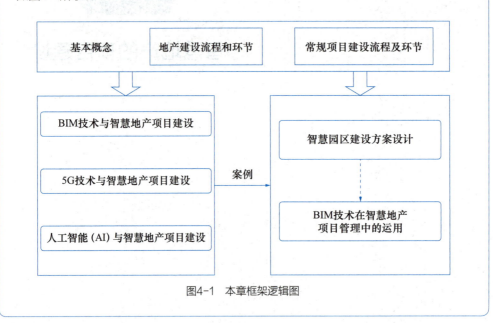

图4-1　本章框架逻辑图

## 4.1　地产开发及建设

　　地产开发（Real Estate Development）是指开发商（发包方）依法在取得土地使用权的土地上按照使用性质的要求进行基础设施、房屋建筑的活动。地产建设（Real Estate Construction）指建筑商（承包方）对地产进行具体的勘察、设计、施工、安装及装修等生产过程，它的生产结果是建筑物或构筑物。这两者从主体到内容有本质的不同，具体如下：

### 4.1.1　地产开发环节

#### 1. 地产项目可行性分析和项目决策阶段

　　决策层对地产开发项目批准初步立项后，开发企业成立小组开始进行可行性分析。可行性分析的根本目的是提高项目开发建设的经济、社会和环境效应，减少或避免投资决策的失误，从而实现项目决策的科学和民主化。可行性分析分为四个工作阶段：

（1）投资机会分析。这一阶段首先是对投资项目所在的土地进行初步摸底和意向性谈判，其次对投资项目或投资方向提出建议，基于上述分析寻找最有利的投资机会。

（2）初步可行性分析。在对投资机会进行研究的基础上，论证分析项目建设成功的可能性与产生的潜在效益。

（3）详细可行性分析。这是开发建设项目投资决策的基础，是决策的关键步骤。分析的主要目的是在对项目的技术、财务、经济进行可行性分析后作出是否投资的决策。

（4）项目的评估和决策。根据国家相关规定，大中型和限额以上的项目及重要的小型项目必须进行可行性研究评估论证，这一论证须经有权审批单位委托有资格的咨询评估单位进行。未经评估论证的建设项目，任何单位不准审批和组织建设。

### 2. 建设前期准备阶段

（1）获取土地使用权。开发商首先须通过招标、拍卖、挂牌出让程序取得经营性开发用地的《成交确认书》，之后办理土地使用权出让手续，随后才能对建设用地使用权进行登记，最终获得《不动产权证》。

（2）征地拆迁。城市房屋拆迁是对城市规划区内已不适应经济、社会发展的国有土地上原有的房屋及其附属物等进行拆除重建，目的是改善和提高城市的整体功能。这一过程须申办并取得《房屋拆迁许可证》。

（3）规划设计。规划设计中规划要点是重点要素，它是计划立项或建设工程可行性研究的规划基本依据。计划部门可以要求开发单位的初始规划部门对开发项目提出意见，然后根据意见决定对可行性研究报告的批复。

（4）建设项目报建登记，申请招标，办理招标投标手续，确定勘察、设计、监理、施工队伍。

（5）申办《建设工程施工许可证》。

### 3. 工程建设阶段

这一阶段包括工程建设阶段的基本流程及工程建设阶段的工期控制分析，主要围绕项目的成本、工期、质量标准展开，从这几个方面评价项目是否成功，另外还须考虑合同管理和安全性相关的标准。

### 4. 租售阶段

租售阶段发生在房地产开发施工阶段后期，是房地产开发企业收回投资并赚取利润的重要环节。该阶段主要围绕项目是否能够使企业获利从而判定开发项目是否成功这一角度展开。

### 5. 交付使用阶段

首先，这一阶段房地产开发企业和购买人双方签订书面合同，合同中需要载明建筑面积、使用面积、价格、交付日期、质量要求、物业管理方式及双方违约责任等。其次，开发企业需在商品房交付使用时，向购买人提供住宅使用说明书及住宅质量保证书，规定必须按照住宅质量保证书的约定承担商品房保修责任。最后，开发企业应当协助商品房购买人办理土地使用权和房屋所有权登记手续，并提供必要的证明文件。

## 4.1.2 项目建设环节

项目的建设是建筑商（承包方）在接受开发商（发包方）任务之后，对地产进行各种建设操作，它是地产开发中硬件实现的一个关键环节，具体环节如下：

### 1. 项目的立项

项目的立项即取得立项批文（发改部门核准或备案）。其要件包括有资质的中介机构编制完成的项目申请报告；自然资源部门出具的土地预审意见或建设用地批准书；规划部门批复的选址意见书或城市规划条件通知书；环保部门出具的经有资质的中介机构编制的环境影响报告书或环境影响审批表，并经有资质的评估单位论证通过的意见。

### 2. 项目的规划及施工图设计

首先，开发企业对拟开发项目进行规划和施工图设计（按照规划部门出具的规划条件，开发企业一般选择符合开发意愿、有相应资质的规划设计单位进行）。其次，取得《建设工程规划许可证》（需经规划部门审查通过）。第三，获得施工图审查合格证（经有资质的图纸审查中介机构或建设主管部门下设的图纸审查中心审查）。最后，及时向消防和气象主管部门报审项目施工图，确保消防及避雷系统符合有关要求。

### 3. 项目的招标

项目的招标主要是指房地产开发企业委托招标代理公司对规划设计、地质勘察、施工和监理公司进行招标，也可以自行组织确定规划设计、地质勘察和监理公司。但是工程施工招标一般在建设主管部门指定的交易厅中由招标代理公司组织，最后向中标单位发出由建设主管部门、招标代理公司和房地产开发企业三方签章的中标通知书，中标的施工企业需及时与房地产开发企业签订施工合同。

### 4. 项目的管理

项目取得施工合同就具备了基本的开工条件，就进入项目管理阶段，项目管理的目标是做到目标明确、措施得力、统筹兼顾、全面推进的施工。因此管理重点包括"四控"，即做好安全控制、质量控制、进度控制和成本控制；"两管"，即管理好合同和信息；"一协调"，即协调好监理公司、施工企业、设计单位和质量监督、安全文明施工等相关方的关系。

### 5. 项目的竣工

首先，房地产开发企业提出竣工验收申请（提出申请部门一般为项目所在地的县级以上地方政府房地产开发主管部门）。其次，企业接受各项验收（包括涉及公共安全内容，各工程质量监督、规划、消防、人防等部门及单位的验收，落实规划设计条件、城市规划要求配套的基础设施和公共设施、单项工程质量验收、拆迁安置方案及物业管理等执行情况的验收），验收合格可交付使用。最后，进行项目竣工备案（竣工验收后开发企业须及时向建设主管部门报备）。

## 4.2 常规项目建设流程

### 4.2.1 工作流程组织及工作流程图

工作流程组织主要包括三个方面：
（1）管理工作流程组织，如投资控制、进度控制、合同管理、付款和设计变更等工作流程；
（2）信息处理工作流程组织，如与生成月度进度报告有关的数据处理工作流程；
（3）物质流程组织，如钢结构深化设计工作流程、弱电工程物资采购工作流程、外立面施工工作流程等。

每一个工程项目应根据其特点，从多个可能的工作流程方案中确定以下几个主要的工作流程组织：
（1）设计准备工作的流程；
（2）设计工作的流程；
（3）施工招标工作的流程；
（4）物资采购工作的流程；
（5）施工作业的流程；
（6）各项管理工作投资控制、进度控制、质量控制、合同管理和信息管理等的流程；
（7）与工程管理有关的信息处理的工作流程等。

工作流程视需要应逐层细化，如投资控制工作流程可细化为初步设计阶段投资控制工作流程、施工图设计阶段投资控制工作流程和施工阶段投资控制工作流程等。业主方和项目各参与方，如工程管理咨询单位、设计单位、施工单位和供货单位等都有着各自的工作流程组织的任务。

工作流程图用图的形式反映出一个组织系统中各项工作之间的逻辑关系，它可以用来描述工作流程组织。工作流程图是一个重要的组织工具，如图4-2所示。工作流程图中用矩形框表示工作（图4-2a），箭线表示工作之间的逻辑关系，菱形框表示判别条件。也可以用两个矩形框分别表示工作和工作的执行者（图4-2b）。

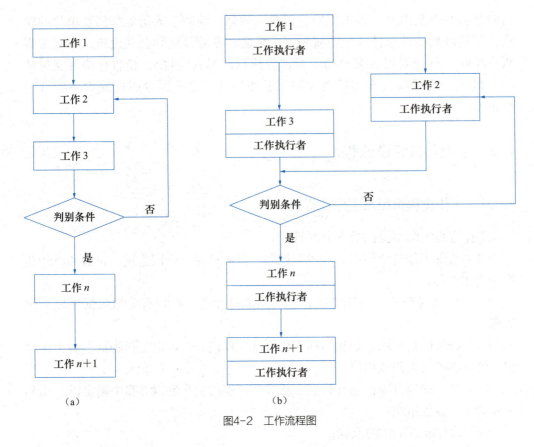

图4-2 工作流程图

组织因素作为工程项目是决定性的因素，关系着工程项目的建设，学习中应把握关键，明确工作程序，提高管理效能。

## 4.2.2 工作流程组织示例

以下以几个工作流程组织为例，进一步解释工作流程图的含义及其表达方式。

### 1. 设计变更工作流程图示例

设计变更在工程实施过程中时有发生，设计变更可能由业主方提出，也可能由施工方或设计方提出。图4-3是某工程设计变更的工作流程图，反映了上述的工作顺序关系。

### 2. 策划工作流程图示例

某软件园的策划工作由策划方承担，规划工作由规划设计方承担，开发方对策划和规划的阶段性成果将表达其意见，政府对规划的阶段性成果要履行审批职能。策划方、规划设计方、开发方和政府有关部门的工作按一定的顺序进行，相互之间也有一定的交叉。用工作流程图可清晰地表达有关的逻辑关系，如图4-4所示，将图面纵向划分为四块，可以非常清楚地识别哪些工作由哪一方承担。

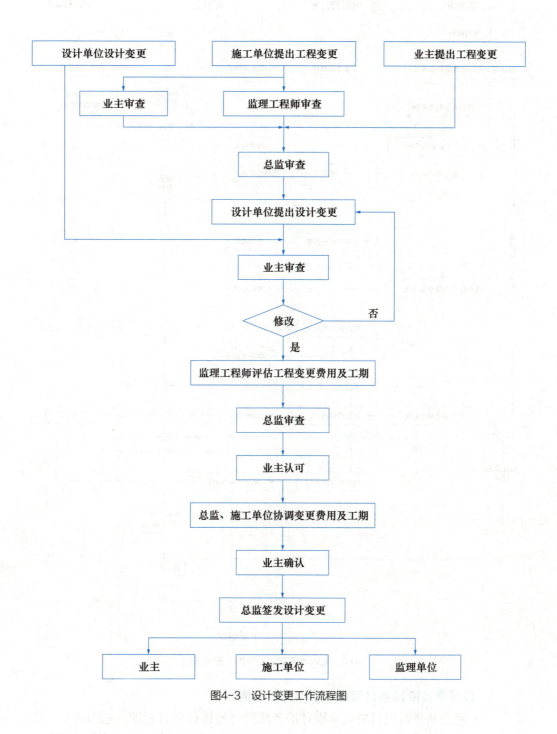

图4-3 设计变更工作流程图

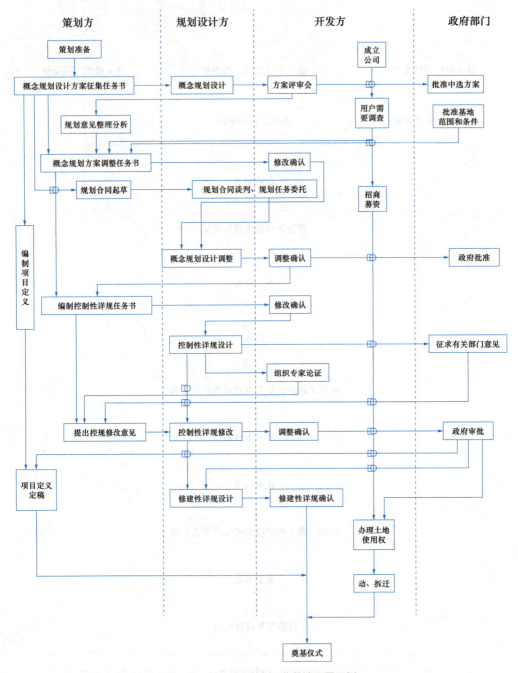

图4-4 某软件园策划工作的流程图示例

### 3. 设计准备阶段项目管理工作流程图示例

一大型公共建筑项目决定从设计准备阶段开始进行项目管理,它聘请了一家项目管理咨询公司实施这一计划。这家公司编制了项目实施各阶段的项目管理工作流程图,图4-5是设计准备阶段项目管理工作流程图。这一阶段项目管理方的主要任务是协助业主进行项目总目标的再论证,组织设计方案竞赛,协助业主选定设计方案中选的设计单位，并与其签订设计合同。图4-5基本反映了上述工作的逻辑顺序，但图的表达存在一些问题：

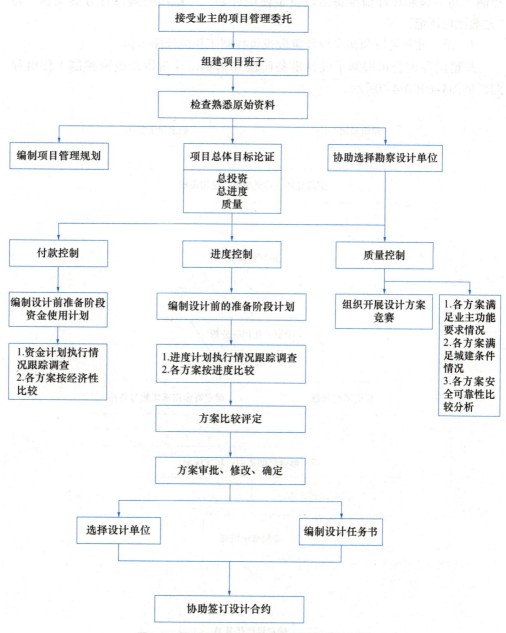

图4-5 某项目设计准备阶段项目管理工作流程图

（1）每个矩形框应该标示任务明确的一项具体工作，而不是一个工作的集合概念。图中"进度控制"和"质量控制"的标示不妥，由于这样的标示不妥，就造成"进度控制"和"编制设计前的准备阶段计划"之间的逻辑关系不正确，"质量控制"和"组织开展设计方案竞赛"之间的逻辑关系不正确。

（2）工作流程图应表示十分严谨的工作之间的逻辑顺序关系，在图中有几个工作的逻辑顺序不正确，如："协助选择勘察设计单位"与"质量控制"，"付款控制"与"编制设计前准备阶段资金使用计划"，"组织开展设计方案竞赛"与"方案比较评定"等。

### 4. 设计准备阶段和初步设计阶段投资控制工作流程图示例

某德国咨询公司编制了设计准备阶段和初步设计阶段的投资控制工作流程图，如图4-6和图4-7所示。

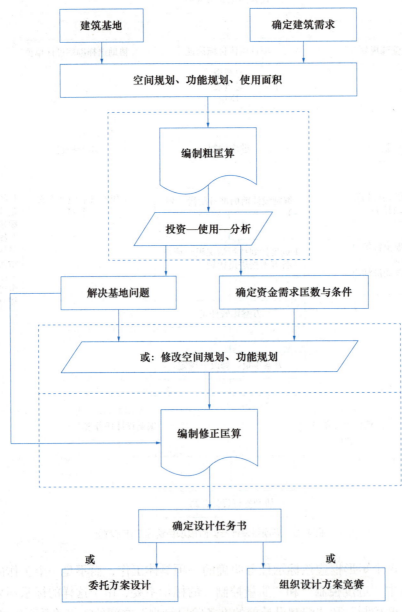

图4-6　设计准备阶段投资控制工作流程图

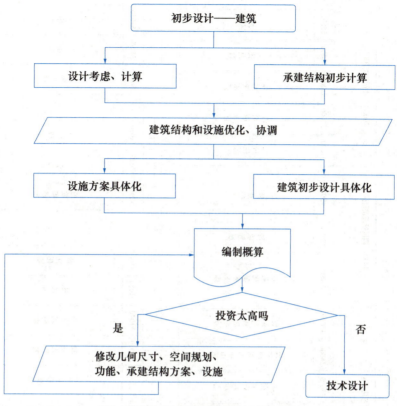

图4-7　初步设计阶段投资控制工作流程图

### 4.2.3　工程项目结构

#### 1. 工程项目的项目结构分解

项目结构图（Project Diagram），或称Work Breakdown Structure（简称WBS），是一个重要的组织工具，它通过树状图的方式对一个项目的结构进行逐层分解（图4-8），以反映组成该项目的所有工作任务（该项目的组成部分）。

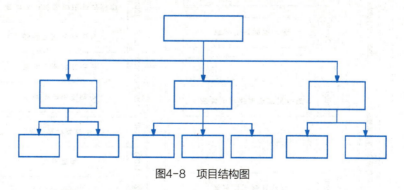

图4-8　项目结构图

图4-9是某软件园项目结构图的一个示例，它是一个群体项目，它可按照功能区进行第一层次的分解，即：

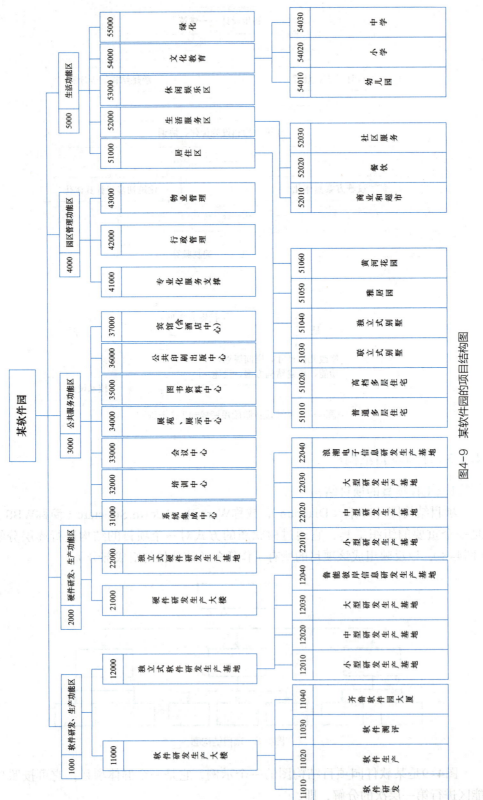

图4-9 某软件园的项目结构图

（1）软件研发、生产功能区；
（2）硬件研发、生产功能区；
（3）公共服务功能区；
（4）园区管理功能区；
（5）生活功能区。

如对其进行第二层次的分解，其中软件研发、生产功能区包括：软件研发生产大楼和独立式软件研发生产基地。其他功能区也可再分解。某些第二层次的项目组成部分（如独立式软件研发生产基地）还可再分解。

往往一些工业建设工程项目按其子系统的构成对项目的结构进行逐层分解，而一些居住建筑开发项目，可根据建设的时间对项目的结构进行逐层分解，如第一期、第二期和第三期工程等。

同一个工程项目可有不同的项目结构的分解方法，项目结构的分解应和整个工程实施的部署相结合，并和合同结构相结合。如地铁工程主要有两种不同的合同分解方式，其对应的项目结构也不同。

综上所述，项目结构分解并没有统一的模式，应结合项目的特点并参考以下原则进行：
（1）考虑项目进展的总体部署；
（2）考虑项目的组成；
（3）有利于项目实施任务（设计、施工和物资采购）的发包和有利于项目实施任务的进行，并与将采用的合同结构相结合；
（4）有利于项目目标的控制；
（5）结合项目管理的组织结构等。

**2. 工程项目结构的编码**

编码由一系列符号和数字组成，编码工作是信息处理的一项重要的基础工作。项目的结构编码依据项目结构图，对项目结构的每一层的每一个组成部分进行编码，如图4-9所示。它和用于投资控制、进度控制、质量控制、合同管理和信息管理的编码有紧密的有机联系，但它们之间又有区别。项目结构图及其编码是编制上述其他编码的基础。图4-10所示的某国际会展中心进度计划的一个工作项的综合编码有5个部分，其中有4个字符是项目结构编码。一个工作项的综合编码由13个字符构成。一个建设工程项目有不同类型和不同用途的信息，为了有组织地存储信息、方便信息的检索和信息的加工整理，因此编码工作对项目的信息起到十分重要的作用。

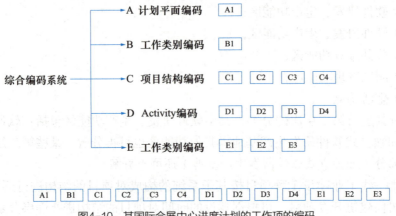

图4-10 某国际会展中心进度计划的工作项的编码

## 4.3 智慧技术与智慧地产项目建设

近年来，国务院、住房和城乡建设部及国家发展和改革委员会等陆续出台建筑智能化相关政策，主要政策围绕加快智慧城市建设、建筑节能、推动物联网技术在节能减排和建筑智能化中的应用等领域，以促进建筑行业绿色、节能、安全、高效发展。主要的政策文件有2020年大力推广的建筑信息模型（BIM）技术、加快应用大数据技术、推广应用物联网技术及推进发展智能建造技术；2021年推出的《物联网新型基础设施建设三年行动计划（2021—2023年）》；2022年《"十四五"建筑业发展规划》提出编制超低能耗、近零能耗建筑相关标准。上述政策都催生智慧地产项目的建设。

智慧地产（Smart Property）的任务是提升房地产行业的质量和功能，加速行业转型升级，为信息化在地产行业的应用提供广阔空间。在5G、云计算、大数据、物联网、人工智能等多种技术的规模化应用里，跨越式的数字化升级已经来临。本节介绍与地产建设有关的智慧技术——BIM、5G和人工智能。

### 4.3.1 BIM技术与智慧地产项目建设

BIM技术在智慧地产建设中的应用需符合城市发展和整体规划的要求，在建筑施工和工程改造的各个时期、各个流程，都有BIM技术的支持。本节从BIM技术在智慧建筑建设、物联网及地下管网管理方面的应用进行介绍。

#### 1. BIM技术下的智慧建筑建设

智慧建筑是智慧地产项目建设的核心内容。首先，基于BIM技术实现建筑智能化。包括：构建信息模型（以楼层网络、自动层网络和管理层网络为基础）；构建具有层次性的自动控制系统，实现智能控制建筑内的温度和控制阀门（以丰富的数据结构为基础）；构建对数据信息的智能采集与传输（利用自动层网络实现）；构建数据信息的高效处理与存储能力（基于服务器的高效处理）。其次，将

BIM技术渗透到建设的各个流程中。包括：在工程设计、运行和现场作业等各个阶段构建可视化的信息模型；在智慧建筑建设中，为城市居民创建便利及高品质的建筑空间，并提供现代化和人性化的服务，将建筑物的服务和系统设计进行科学的组合（利用庞大的数据资源分析城市居民的年龄结构、人才结构、就业形势以及社会成员的需求）；在智慧建筑建设中统筹规划好能源利用和空间布局。再次，将BIM技术运用到建筑管理中。包括：构建数字化的管理系统（及时共享最重要的数据并完整地发送到指挥中心）；通过统一调度和统筹实现建筑内设备的智慧化；数字化监测与管理建筑物。最后，科学对接建筑和城市智慧管理系统。包括：向城市智慧管理系统传输建筑应用情况（利用多媒体图像）；控制建筑物水电系统（利用城市系统中的电脑终端控制）；向每个用户提供个性化服务（智能化检测与管理）。

### 2. BIM技术与物联网技术的集成

BIM技术与物联网技术融合是智慧地产建设的需要，也是智慧城市发展的需要。一方面基于BIM技术（可靠和完整的信息数据的获取）从大数据思维出发构建地产建设；另一方面智慧城市的建设需要对城市的运作和各个职能部门的服务进行全过程监管，这需要利用物联网技术达成目的。智慧城市的构建需要基于BIM的地产建设与物联网的"万物互联"，这促使BIM技术与物联网技术高度集成。如为在智慧城市中为居民提供高质量的物流服务，一是需要在地产建设中加入基于BIM技术的对城市道路、住宅、物流运输等的信息化管理系统，二是需要利用物联网建构各个物流中心监控系统，利用传感技术随时对物流路线的安全性能进行监测，这需要BIM技术与物联网技术科学的融合。通过BIM技术与物联网技术的深度对接，将全面提高城市中地产的感知能力，基于BIM信息模型获得可靠的信息，利用物联网技术实现人与物的全面互通互联，这是智慧城市的智慧功能的需要，也是未来地产的发展趋势。

### 3. 城市地下管线管理中BIM技术的渗透

城市地下管线是智慧地产项目建设的重要一环。城市地下管线盘根错节，单依靠人力无法实现高效服务和智慧管理。为了实现智能管理城市地下管线（给水排水、暖通、通信电缆等），需要将BIM技术与端侧标识、RFID、5G等通信技术进行融合。首先，需构建基于BIM技术的信息数据库，这一数据库应具有模拟性、可视化的特征，对复杂的地下管线进行管理。其次，利用BIM技术（无人机辅助配合增强全域感知）进行立体的数据模型和信息模型的建模，全程智能控制与管理地下管线，及时处理城市供暖、自来水供水、排水系统等隐蔽工程问题，提高地下管线故障的排查能力。最后，利用BIM技术观察大面积的地下空间（针对城市管网的更新与改造工程），充分依靠信息模型的数据处理能力有效解决地下空间无法延伸的问题。

### 4.3.2　5G技术与智慧地产项目建设

#### 1. 5G技术与地产行业的转型升级

2022年两会《政府工作报告》提出，要重点支持"两新一重"建设，其中5G作为"新基建"之首，成为新一轮科技革命和产业革命的代表，是支撑未来经济社会发展的战略资源和公共基础设施。5G有三大新型特性，即超大带宽、超广连接、超低时延，这三个特性将实现城市中的传统行业数字转型升级，这给城市向着智慧化发展提出了新目标，这也给地产行业的转型升级提供了发展契机。

#### 2. "5G"技术与地产的融合发展

5G牌照的商用使得智慧城市、智慧地产成为重点垂直应用领域。

（1）地产商与5G运营商的密切合作。首先一线房地产开发企业与5G基础建设商、运营商签署战略合作协议，促进5G基站的建设，布局投资开发项目的通信及信息化应用，推动房地产开发项目的数字化全面升级（包括新建及已建的住宅、商业、酒店等地产项目）。其次，开发企业通过超前布局5G基础端建设提升房地产项目的信息化品质，并通过应用端培育增强房地产开发运营服务能力，增加自身物业含金量。最后，开发企业依托网络运营方面的领先经验，增加地产项目的通信及信息化，实现新建地产项目与楼宇信息化等基础设施建设规划、设计、建设施工的"三同步"，助力智慧地产项目建设。

（2）将5G技术引进城市房地产管理领域。一是房地产运营管理机构应用5G技术对不动产进行运营管理。二是多个城市的存量房市场开始探索5G技术与原有社区的融合创新发展模式，通过5G技术提升老旧社区的智能化水平，提升社区的管理效率与居住体验，如深圳市创新智慧社区应用模式，构建"5G+"智慧社区样板工程，社区内通过多系统连接实现了人们的多种现实需求。三是推动5G技术与物联网在城市基础设施中的结合，从而提高数据收集、政务处理和城市综合治理能力。

#### 3. 5G技术与智慧地产发展

5G技术和房地产行业的有机融合，重新构造了智能科技地产新生态。以5G为代表的新一代信息技术企业将形成通信软件、通信光缆等领域的产业链，数字化、网络化、智能化产品及技术方案将广泛应用于房地产行业，科技与地产的结合开启了智慧地产发展的新模式。

### 4.3.3　人工智能（AI）与智慧地产项目建设

智慧化是继工业化、电气化、信息化后，世界即将发生的第四次工业革命。作为智慧化的核心技术——2017年3月人工智能今年首次被写入我国政府工作报告。未来的城市将是以人工智能技术为核心的智慧城市，而智慧地产作为智慧城市的重要基础，人工智能技术也将融入其建设过程中。

AI＋建筑地产是指将人工智能赋能于建筑行业的各个阶段之中。建筑施工智能化分为感知、替代和智慧三个阶段。第一个部分是感知设备运行情况及施工人员行为阶段，有助于增强施工人员的技能等；第二个部分是AI部分替代人，完成人类无法完成的风险较大的工作；第三部分是智慧阶段，借助AI类人思考，由部分建造大脑来智慧和管理，具有自我进化能力。关于人工智能建筑主要的关键技术有物联网（即实现物与物、人与物的互联，包括可靠传递、智能处理及全面感知三个特点）、云服务（采用物联网带来的海量数据的计算与存储推动智能建筑的智能化）、移动互联（建筑内系统与工作人员互通互联）和智能分析（依托物联网智能分析实现智能感知、定位及跟踪等功能）。下面介绍智慧城市模拟、大数据挖掘、智能云计算及AI审图等方面在智慧地产项目建设中的应用。

### 1. 智慧城市模拟与智慧地产项目建设

智慧城市的模拟功能主要指利用人工智能模拟智慧城市规划中的规划方案和模拟城市规划中人的行为等。智慧地产规划中，一方面通过人工智能对方案进行模拟验证，验证结果可以评估出该方案在现实各方面产生的积极和消极影响后果。另一方面，通过利用人工智能对地产中人的行为进行模拟可以为地产规划提供依据，为地产管理决策提供支持，同时也能对可能产生的风险进行预测。

### 2. 大数据挖掘与智慧地产项目建设

智慧城市会产生海量的数据（包括智慧城市中的物联网、社交、能源消耗等数据），这些数据来源于城市基础设施项目、政府、企事业及遥感卫星等。利用人工智能对智慧地产及城市的数据进行挖掘，将获取到的信息和知识用于地产及城市规划水平和政府科学决策，这将为提高地产及城市运行效率提供极大的帮助（比如地产及城市能源供给规划和管理、减轻地产及城市中的热岛效应等）。

### 3. 智能云计算与智慧地产项目建设

智能云计算有强大的计算能力，将计算资源集中并通过人工智能管理的方式在智慧地产建设中将起到巨大的作用。比如利用云计算计算设备利用率并通过人工智能进行管理将大大节约资源。兰卡斯特大学的科学家开发了一款名为Rex的系统（云计算＋人工智能），节约现有数据中心97%的电力消耗。

### 4. AI在建筑全产业链中的应用

（1）AI辅助建筑设计

AI可辅助建筑布局规划、找到建筑空间规划的最优解；辅助户型生成，既能满足轮廓，又能满足参数；辅助生成彩色总图；辅助车位排布，排布出更多的停车位；辅助结构设计优化，控制成本的同时保证安全的结构优化；辅助机电管线排布，使机电管线做到合理布局；辅助绘图出图，保证图纸质量。

（2）AI审图

AI审图提出一种新颖的规则自动解译框架，支持设计合规检查及智能审图，主要智能反映在可高效处理既有方法难以处理的复杂句，支持从各种法规文本文件中自动创建计算逻辑规则代码，开源面向智慧审图的第一个规范文本标注数据集，支持相关算法开发及验证。

（3）施工智慧检测

施工智慧检测包括利用计算机视觉及深度学习检测建筑工人的姿势和个人防护装备，基于人工智能的计算机视觉跟踪、预测及预防事故发生，利用人工智能技术进行腐蚀检测，基于大数据的机器学习系统训练对设备进行预测性维护，利用人工智能驱动的计算机视觉对劳动效率进行检测等。

除此之外，人工智能的地产建设应用，还包括将传统的施工管理模式和智慧物联网等技术相结合实现5G智慧工地的人员、设备、安全、物料及施工现场质量的管理；利用3D打印技术实现应急性和临时性建筑打印（主要打印墙体）；利用建筑机器人（包括建造机器人、装潢机器人、运维机器人及破拆机器人）参与建筑现场施工。

## 4.4　案例：武汉某智慧园区建设方案设计

### 4.4.1　智慧园区建设背景

某智慧园区是武汉市"创谷计划"首批示范项目，定位为世界水准的人工智能和互联网＋创新产业园。以智慧产业为核心，以公园式总部经济办公为载体，打造华中唯一智慧产业基地。

相较于传统的园区管理模式，智慧园区的建立，相当于从"功能机"升级到"5G智能手机"。产业升级推动了智慧园区建设（图4-11）。

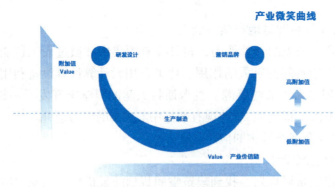

图4-11　传统园区与智慧园区的差别

传统园区：低附加值企业居多，高度依赖自然资源与资金，各类要素粗放聚集，数量扩张优先。

智慧园区：高附加值企业居多，各类要素深度融合，高度依赖信息与科技知识，质量型企业提升。

### 4.4.2 建设目标与规划步骤

**1. 建设目标**

（1）政务"通"：通过与政府服务的无缝对接，打造政府与企业服务的桥梁；

（2）居民/员工"和"：为企业主/员工提供安全、舒适、顺心的工作环境；

（3）企业"赚"：最终，智慧园区在基础服务之外，整合、优化产业资源，打造产业优势集群，让企业赚取更多的附加值。

**2. 建设步骤与规划**

（1）基础：主要包含搭建各种服务（包括企业、居民、政府等服务内容）；

（2）硬件建设：信息整合/按产业需求的各类服务平台；

（3）软件建设：品牌化/标准化园区/可规模化复制。

### 4.4.3 重点建设内容

重点建设内容包括企业服务、员工/居民服务、政府服务、资产管理、安全管理、服务人员管理六个方面，如图4-12所示。

**企业服务**（企业主所关注的）
- 01 入住服务（楼宇租售）
- 02 公共空间（会议室/场地/众创工位）服务
- 03 基础设施服务（电力/弱电/供暖（冷）/硬件维管）
- 04 安全服务（门禁/监控/安保巡逻/异常报警）
- 05 信息服务（企业展示/产业链信息/政策资讯）

**员工/居民服务**（员工、居民所关注的）
- 01 通勤服务（园区班车/停车服务/园区导航）
- 02 饮食服务（饮食专题等）
- 03 园区环境与安全服务（设施报修/门禁服务/紧急求助）
- 04 社群服务（信息共享/交流平台）

**政府服务**（政府所关注的）
- 01 政务办公系统（政务信息/业务审批）
- 02 招商引资管理
- 03 社区管理

**资产管理**
- 01 楼宇管理（租售明细/租赁时间表/到期提醒）
- 02 公共空间管理（会议室/场地/众创工位）
- 03 基础设施管理（电力/弱电/供暖（冷）/硬件维管）
- 04 硬件管理（硬件物资等）

**安全管理**（安全生产是园区的重中之重）
- 01 安防设备管理
- 02 安保巡逻管理
- 03 异常情况处置
- 04 安全教育活动管理

**服务人员管理**（单击此处添加文本具体内容）
- 01 物业人员服务工单管理
- 02 门禁安保人员工作管理（访客处理/异常情况记录等）

图4-12 重点建设内容

## 4.5 案例：BIM技术在智慧地产项目管理中的运用

### 4.5.1 项目概况

陕西师范大学体育训练中心，总建筑面积为20500m²。建筑分为地上2层（局部4层），地下1层，建筑高度为31.95m，结构形式为钢筋混凝土和钢结构相结合，是一座以体育训练为主要功能的综合性场馆。

该项目利用GTJ2021、GJG2021及GQI2021对建筑土建部分、钢结构部分和机电部分进行模型创建以及算量；利用广联达云计价平台GCCP5.0编制工程项目投标报价文件；在广联达场地布置软件中，分别完成基础、主体、装饰装修阶段的场地布置模型；结合项目工程施工组织设计，在斑马梦龙软件中，编制施工进度计划；将前期编制完成的模型、文件导入广联达BIM5D软件中，完成模型整合，输出施工进度模拟视频，生成资源及资金曲线；利用BIM5D，解决施工管理中的问题。通过对施工过程的动态管理，优化施工进度、节约施工成本、保障施工质量；利用遗传算法，使本工程中的可靠性与经济性结合起来，为施工成本优化作了有益的探索，如图4-13所示。

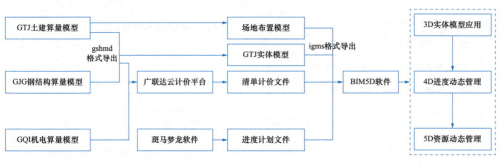

图4-13 工作流程

### 4.5.2 建模计价

1. 计价文件编制工作

（1）编制前期准备工作

首先要对建筑装饰工程编制分部分项工程量清单。考虑到后续和BIM5D的结合，使用广联达云计价平台GCCP5.0编制分部分项工程量清单。

（2）分部分项工程量清单

在分部分项菜单栏中，选择左上角的导出，进一步选择导入算量文件，可以将GTJ和GJG合并后的文件导入广联达云计价平台GCCP5.0中。

（3）措施项目清单

进入措施项目清单的编制，选择"提取模板项目"，对弹出的可提取模板的项目进行人工检查，确认无误后选择确定，自动生成措施项目清单。

（4）其他项目清单

在其他项目清单部分，需要设置项目的暂列金额、暂估价、计日工费用、总承包服务费和签证与索赔计价表。

**2. 投标报价文件导出**

将通过算量软件输出的工程清单定额报表导入广联达云计价平台GCCP5.0中分别编制土建和机电的计价文件，最终以投标报价报表的形式进行展示。

### 4.5.3 BIM5D综合运用

为了模拟项目施工过程，需要利用BIM5D平台展开项目进度、资源、资金等方面的管理，从而实现综合运用。展开项目3D实体模型应用、4D进度动态管理以及5D资源动态管理，具体技术路线如图4-14所示。

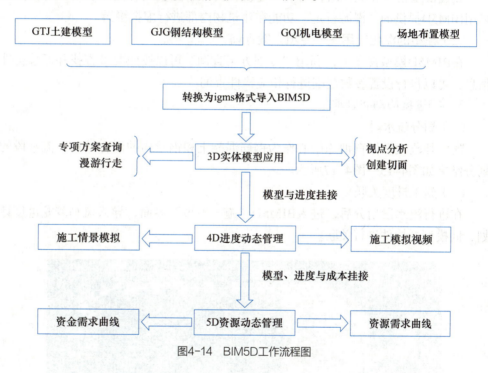

图4-14　BIM5D工作流程图

**1. 模型导入与整合**

在导入模型之前，需要在BIM5D中新建"陕西师范大学体育训练中心"项目工程，并输入项目概况、项目位置等项目基本信息。

**2. 3D实体模型的应用**

（1）模型初步应用

1）视点保存

在模型整合完毕后，可以通过视点分析对模型进行检查以及更细致地展示。对于模型中存在的个别问题，或者是典型的、重要的构件部分，可以捕捉视点并进行保存，方便相关人员查看。

2）三维剖切

在BIM5D中可以通过"创建剖面"以及"创建切面"生成建筑物的剖面图和切面图。通过三维剖切，施工管理人员可以对建筑物的内部构造进行更加细致地观察，检查内部构件是否有偏差。可以使用测量、标注等功能对剖面进行注释，方便管理人员查看。

3）砌体排砖

利用BIM5D软件中的"自动排砖"功能，对工程项目的砌体墙进行砌体的精细排布。"自动排砖"功能可以在施工前明确每一面墙中每一类砌体的实际用量以及采购量，从而对砌体的用量进行规划。

4）漫游行走

经过模型整合和优化后，为了对建筑物内部有更直观、更细致的了解，可以采用BIM5D提供的"漫游行走"功能在建筑物内部进行虚拟漫游。

（2）模型的深化应用——专项方案查询

在BIM5D模型视图下，利用"专项方案查询"可以按照要求查找并汇总构件信息，可以自行设置参数范围进行相应构件查询。

3. 4D进度的动态管理

（1）划分流水段

陕西师范大学体育训练中心作为钢筋混凝土和钢结构的混合结构。流水段的划分结果如图4-15～图4-17所示。

（2）施工进度关联

在进行流水段划分后，进入BIM5D"施工模拟"界面，导入斑马梦龙进度计划，同模型的构件进行关联。

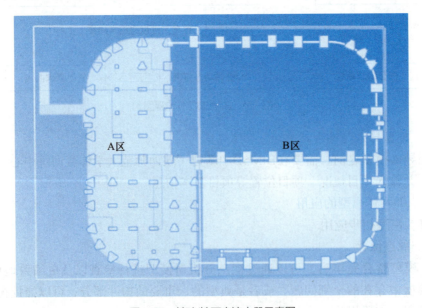

图4-15 基础/地下室流水段示意图

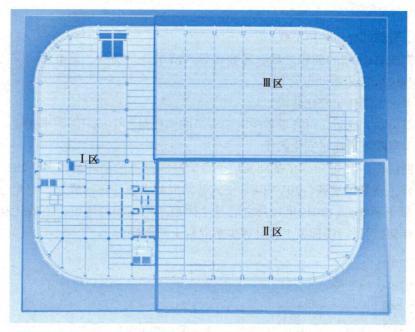

图4-16 首层及以上流水段示意图

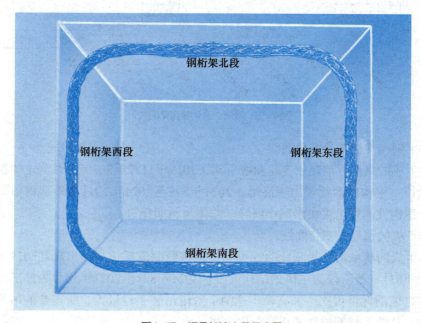

图4-17 钢骨架流水段示意图

（3）工况设置

BIM5D中的工况设置功能可以将不同的时间点导入对应的场地模型，完成不同阶段的施工设置，最大程度地还原真实施工场景。场地模型设置完成后，可以对施工机械的进出场时间进行设置，载入模型之后保存工况完成设置。

### 4. 5D资源的动态管理

（1）清单匹配与清单关联

在完成4D模型的创建之后，需要再导入清单计价文件，将4D模型与成本挂接，实现BIM5D资源动态管理。

（2）人工消耗量变化曲线

清单关联完成后，可查看各个时期资源的消耗量，生成资源需求曲线。

（3）混凝土消耗量变化曲线

由曲线图4-18可知，在基础及地下室阶段混凝土的消耗量较多，2019年7月在进行施工现场的准备，2019年8月正式开始混凝土灌注桩的施工，因此8月开始产生混凝土消耗量，2019年12月之后是主体钢结构工程的施工，不消耗混凝土；而2021年5月后进行楼梯施工，会有少量混凝土的消耗。

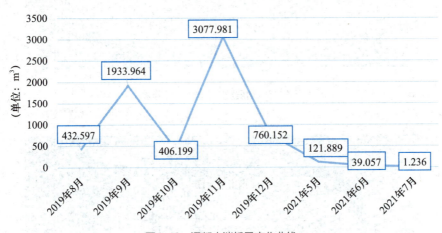

图4-18 混凝土消耗量变化曲线

（4）钢构件消耗量变化曲线

由生成的钢构件消耗量变化曲线可知，2019年11月至2020年8月为主体钢结构施工阶段，钢构件消耗量出现高峰；2021年8月至2021年10月为外部钢桁架施工阶段，钢构件消耗量再次出现小高峰。总体与预期相符。

（5）机械消耗量变化曲线

由生成的机械消耗量变化曲线可知，机械资源消耗量高峰出现在2019年11月至2020年8月，该阶段为主体钢结构施工；2021年8月至2021年10月为外部钢桁架施工，机械消耗量再次达到高峰。这两个阶段吊装工程量大，所需要的吊装机械数量多，总体上与钢构件消耗量变化曲线一致。

（6）资金需求变化曲线

BIM5D软件为施工管理人员提供了项目资金管理平台，管理人员可通过资金需求曲线中计划值与实际值对比，对项目的资金需求状况进行把控。同时，资金曲线还可以说明项目进度情况，从而对项目的实施进度进行更精细化的管理。

（7）物资采购计划的编制

在BIM5D软件中的"报表管理"窗口，可以查询各种材料的采购量，并输出采购量计划表。在设置了报表范围后，即可查询整个施工过程的物资采购量。

**5. 商务应用**

（1）工程量查询

在BIM5D软件中的"物资查询"窗口，可以对各专业的工程量进行查询，查询方法与物资采购计划查询的方法类似，在"物资查询"视图下，选择"自定义查询"，可自行设置查询的条件，如按时间范围、流水段、楼层、构件类型等条件来查询工程量。

（2）进度报量

在实际施工过程中，根据合同中进度款的支付方式，需要根据工程进度向甲方上报形象进度工程量。

**6. BIM5D在资料管理中的运用**

BIM技术的出现，为资料管理带来了便利，以陕西师范大学体育训练中心项目的资料管理为例，包含着工程项目全过程中的各类文件，承包方、设计方等各方组织人员可同时通过这一平台，进行相关资料信息的上传、校核、审批、修改等，有效解决传统资料管理中出现的信息传递时间长、资料信息不完整等问题。

在施工准备阶段，BIM技术下的3D信息模型能对设计中存在的问题进行查漏补缺。保证设计人员在施工准备阶段编制出最正确合理的施工组织设计及方案。

**7. BIM5D在质量安全管理中的运用**

（1）质量管理中的运用

将BIM技术与工程质量管理结合，可以在提高质量管理的效率的同时使质量管理更精细化，对质量管理有极大意义。以陕西师范大学体育训练中心为例，该建筑地上部分以钢结构为主。BIM5D为施工过程中的质量管理提供了平台，在施工管理人员发现质量问题后，可在平台中登记并通知相关责任人整改。

所有创建的施工问题均汇总于"问题台账"处（图4-19），按处理进度分为待整改、待验收、待复核和已闭合四个状态。

图4-19 "问题台账"界面

（2）安全管理中的运用

安全生产是人类生存发展过程中永恒的主题，随着社会进步和经济发展，安全问题正越来越受到重视。

随着技术发展和需求变化，施工场地布置也日渐复杂化，管理人员难以做到全场地无死角监控，而将BIM技术和频射识别技术结合可有效解决该痛点。BIM5D提供可视化的三维实体模型，并将安全防护视点标注区域作为重点监控区域。作业人员进入现场前佩戴内置RFID电子标签的安全帽，利用RFID读写器进行扫描，并将信息反馈至BIM模型中，判断监控对象是否处于危险状态。当监控对象处于危险区域时，管理人员可收到相关短信，有效扩大安全管理覆盖面，减少管理死角。

### 4.5.4 成本优化探索

工程项目管理理论指出，项目施工过程中的质量控制、成本控制以及进度控制是项目管理的三大目标，三大目标存在相互联系又相互制约的关系。陕西师范大学体育训练中心项目结构复杂、建设周期长、投资额大，对工程质量有较严格的要求，构建在保证一定质量等级条件下的施工成本优化模型，并采用遗传算法进行优化，以寻求最低成本。

#### 1. 建设工程项目成本优化模型构建

（1）可靠性与工程质量

在陕西师范大学体育训练中心项目中，可以将每一个分部分项工程或者是施工工序看作是一个子系统，从而将整个项目构成一个复杂的网络系统。

（2）质量可靠性与施工成本

为了在一定质量等级条件下对成本进行控制和优化，首先需要确定质量可靠性与施工成本的关系。因此，在本节中采用正切函数来模拟各子系统的费用$C_i(R_{x_i})$与可靠度$R_{x_i}$之间的关系：

$$C_i(R_{x_i}) = C_0(x_i) \left\{ \tan\left[\frac{\pi}{2} \times R(x_i)\right] \right\}^{\alpha_i} \quad i=1, 2, \cdots\cdots, n \quad (4-1)$$

式中　$C_i(R_{x_i})$——子系统$x_i$可靠度为$R(x_i)$时所花费的费用；

$C_0(x_i)$——子系统$x_i$的基本费用值；

$R(x_i)$——子系统$x_i$的可靠度；

$n$——子系统个数；

$\alpha_i$——增长指数。

并建立如下优化模型：

$$\begin{cases} f(R(x_i)) = \min C_s = \min \sum_{i=1}^{n} C_i(R_{x_i}) \\ s.t \begin{cases} R_{x_i \min} < R(x_i) < 1 \ (i=1, 2, \cdots\cdots, n) \\ R_{s\min} < R_s \end{cases} \end{cases} \quad (4-2)$$

式中　$C_s$——系统总成本；

$R_s$——系统总可靠度；

$R_{x_i \min}$——子系统$x_i$的可靠度下界；

$R_{s\min}$——系统可靠度的下界。

**2．模型算法选择——遗传算法**

项目质量成本的优化是项目作为系统本身的可靠性和经济性相协调的过程，在工程建设的实际中，往往在一定质量目标下进行成本优化，以获得最大经济效益。为了在工程应用中有效地搜索问题的全局最优解，避免传统方法繁琐的直观推断过程，选择遗传算法作为本项目质量成本优化的方法。

**3．基于遗传算法的项目成本优化**

（1）编码

遗传算法利用解的某种编码进行搜索。本项目优化采用二进制编码的方式。

（2）适应度函数

个体的适应度是指个体在种群生存的优势程度度量，即个体在优化计算中有可能达到或接近于最优解的优良程度，使用适应度函数进行计算。

（3）遗传算子及约束条件处理

遗传算法是一种基于自然选择原理和自然遗传机制的搜索（寻优）算法。

**4．基于遗传算法的项目成本优化过程及结果**

（1）工程概况

陕西师范大学体育训练中心项目总建筑面积20500$m^2$，计划工期965d，计划投资1.4亿元。此项目被分解成为11项工作，见表4-1。

工作名称表　　　　　　　　　　表4-1

| 工序标号 | 工作名称 | 工序标号 | 工作名称 |
| --- | --- | --- | --- |
| A | 施工准备 | G | 外侧钢桁架施工 |
| B | 基础工程 | H | 给水排水工程 |
| C | 主体结构施工 | I | 消防工程 |
| D | 砌筑工程 | J | 电气工程 |
| E | 门窗及幕墙工程 | K | 暖通工程 |
| F | 体育工艺与装修工程 |  |  |

（2）施工工序子系统可靠性确定的步骤

1）考察各施工工序的影响因子，并确定其评分细则。

2）确定质量、成本、进度因子对施工工序可靠性的影响权重。

3）建立施工工序可靠性的计算模型。

该串联系统的可靠性即为该施工工序的可靠性。根据串联系统可靠性计算原理，将质量、成本、进度三大影响因子的熵值（即$H_{质量}$、$H_{成本}$、$H_{进度}$）相乘，便可得该施工工序的可靠性$R(X)$为：

$$R(X) = H_{质量} \times H_{成本} \times H_{进度} \tag{4-3}$$

得到结果即为各子系统可靠度，见表4-2。

各子系统可靠度  表4-2

| 工作代号 | 工序 | $R(X)$ |
| --- | --- | --- |
| A | 施工准备 | 0.06 |
| B | 基础工程 | 0.10 |
| C | 主体结构施工 | 0.12 |
| D | 砌筑工程 | 0.12 |
| E | 门窗及幕墙工程 | 0.10 |
| F | 体育工艺与装修工程 | 0.17 |
| G | 外侧钢桁架施工 | 0.07 |
| H | 给水排水工程 | 0.06 |
| I | 消防工程 | 0.09 |
| J | 电气工程 | 0.05 |
| K | 暖通工程 | 0.02 |

（3）基于遗传算法的施工成本优化

将各子系统的基本费用值$C_0(x_i)$、优化前各子系统的可靠度$R(x_i)$代入式（4-1），最终得到系统优化后的总费用为7208.87万元。

由表4-3可知，经过遗传算法优化后的各子系统的可靠度，不仅保证了系统满足总可靠度的约束条件，而且系统还可少支付83.08万元的费用。利用遗传算法进行施工成本优化，在保证一定质量等级条件下，使系统总费用最低，使本工程中的可靠性与经济性结合起来，为施工成本优化作了有益的探索。

优化前后的系统费用  表4-3

| 子系统 $x_i$ | 优化前的可靠度 | 优化后的可靠度 |
| --- | --- | --- |
| $x_1$ | 0.06 | 0.70 |
| $x_2$ | 0.10 | 0.87 |
| $x_3$ | 0.12 | 0.80 |
| $x_4$ | 0.12 | 0.94 |
| $x_5$ | 0.10 | 0.73 |
| $x_6$ | 0.17 | 0.24 |
| $x_7$ | 0.07 | 0.84 |
| $x_8$ | 0.06 | 0.13 |
| $x_9$ | 0.09 | 0.41 |
| $x_{10}$ | 0.05 | 0.56 |
| $x_{11}$ | 0.02 | 0.27 |
| 系统总费用 | 优化前<br>72919474.66元 | 优化后<br>72088681.66元 |

## 本章小结

在当今房地产行业蓬勃发展的时代,从规划行业的角度来打造一个成功的房地产开发项目,不仅需要设计方案的不断优化,同时需要配合与之相匹配的地产开发及项目建设。因此,规划从业人员需要更为全面地认识并了解房地产开发和项目建设的大致过程,以防范房地产开发风险的具体措施。

BIM技术在智慧城市建设中的应用需符合城市发展和整体规划的要求。无论在建筑施工方面,还是在交通领域管理与智慧建设上,都应科学地应用BIM技术搭建可视化的信息模型。5G技术作为新一代无线通信技术,以其超大链接、高速率、低时延的特点成为新型智慧城市的关键基础设施。同时通过与云计算、大数据、人工智能以及物联网等新一代信息技术的深度融合,根据末端应用场景灵活配置信息网络资源,满足城市对信息网络链接的差异化需求,实现从"万物互联"到"万物智联"的升级迭代,提升城市的感知、传输和应变能力。人工智能等技术应用到城市生产、生活等各类应用场景中,实现数字技术与实体经济的深度融合,提供智能化、协作化的多元服务,能够转变过去以政府为绝对主导的智慧城市建设运营方式。

> **思考题**
>
> 1. 现代化技术对地产开发及建设产生了怎样的影响?
>
> 2. BIM技术、5G技术及人工智能技术分别从哪些层面对"房地产+科技"的智慧地产开发作出了贡献?
>
> 3. BIM技术在项目建设管理的投标报价、施工组织、模拟施工过程及成本优化方面有哪些帮助?
>
>
>
> 思考题
> 解题思路

## 智慧地产的市场营销

【本章重点难点】

理解地产营销与智慧技术结合的必要性;了解智慧地产营销渠道的概念与类别;掌握智慧地产广告策略的分类和特点;掌握智慧地产促销策略的方式。

【本章导读】

随着房地产市场的不断发展，房地产市场营销理论也在不断深化，截至目前，房地产市场营销已成为实现房地产市场价值的各有关方面相互联系、相互影响、相互制约的有机整体。然而，随着互联网、大数据等智慧技术的兴起，购房者的行为和习惯也随之发生变化，传统的房地产市场营销策略与手段亟需更新。对此，本章首先对传统的房地产市场营销策略进行了概括，并分析了其局限性以及与智慧技术相结合的必要性，然后从营销策略、广告策略以及促销策略三个方面，详细论述了房地产市场营销与智慧技术相结合的概念、类别、特点以及实现路径。本章的逻辑框架如图5-1所示。

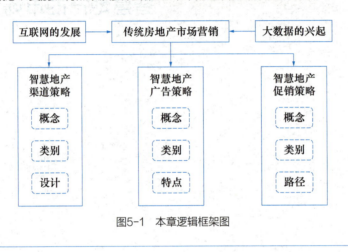

图5-1 本章逻辑框架图

## 5.1 地产营销的传统策略

### 5.1.1 地产营销的渠道策略

**1. 房地产营销渠道概述**

（1）营销渠道的定义

所谓营销渠道，即通常所说的商品流通渠道，是指商品从生产者流向最终消费者所经路线和所经营销单位结构形式的总和。房地产营销渠道是指房地产产品由开发商转移给消费者的途径，是房地产市场营销的重要环节。房地产营销渠道是促使产品或服务顺利地被使用或消费的一整套相互依存的组织。房地产营销渠道决策是企业管理层面临的最重要的决策。房地产企业利用中间商的目的就在于它们能够更加有效地推动房地产产品广泛地进入目标市场。

研究营销渠道既是研究一种客观的经济因素问题，又是研究一种主动的经营形式的问题。在商品经济条件下，随着社会分工的发展，绝大部分生产企业并不是直接把制造出来的商品输送到最终消费者手中，而是需要经过一系列中间环节的组织配合和协调活动。优秀的企业都很重视对企业的营销组织、营销渠道建设，并且强调：能够有效地覆盖和控制整个目标市场的营销渠道，以及保证这个营销渠道有效运转的营销管理体制是企业最宝贵、最重要的资本。

（2）营销渠道的作用

1）搜集信息功能。房地产营销渠道具有信息渠道的作用，能帮助房地产开发商收集、传递消费者的需求，以便开发商对下一步的开发建设做出修正。另外，还可以帮助开发商收集竞争对手的信息，使企业做到"知己知彼"，在竞争中保持竞争优势。

2）促进房地产销售功能。① 推销功能。房地产中间商的主要任务是推销房地产，确保房地产产品的实体、所有权或使用权尽快传送到消费者手中，实现房地产商品价值，从而保证房地产开发企业的效益。② 促销功能。房地产中间商实施各种促销手段，如举办讲座、展览、接待来访、散发宣传品、制作电视广播节目以及在报刊上刊登广告等。这些措施能促进房地产商品销售，有助于房地产开发企业提高知名度，树立良好的社会形象。

3）市场调查和预测功能。房地产开发商应通过中间商进行市场调查和预测。因为中间商熟悉市场需求，了解消费者的心理及市场供求关系变化和发展趋势，对市场供求关系变化和发展趋势也最有发言权。因此，通过中间商所做的市场调查和预测，其可靠程度比较高。

4）融资功能。房地产投资与交易金额巨大，巨额资金离不开金融机构的支持。比如一个二级房地产开发企业的正常开发能力每年至少有2万$m^2$，年均投资额需数千万元，甚至上亿元，如此巨额资金离不开金融机构的支持。房价日趋攀升，使得购房者同样也面临资金的融通问题。中间商可以利用自身的资质和商业信誉，从中做大量的协调、融通工作，可帮助房地产企业融资。

5）分担风险功能。房地产投资巨大，资金回收期长，容易受各种市场因素影响，因而风险较大。尤其是房屋预售制度推广普及以后，使购买与使用不能同期进行，房地产开发企业要在收齐预订金或贷款到位后才能开工。此时，中间商往往具体介入并负责担保。一旦发生因施工受阻不能如期竣工、市场营销不力或通货膨胀以及其他不可预测的事情，中间商可以与房地产开发企业共同承担市场风险，携手渡过难关。

**2．房地产营销渠道的类型**

在房地产经济活动中，有些开发商并非将其产品直接出售给最终用户。在开发商和最终用户之间有执行不同功能和具有不同名称的营销中间机构。这些中间机构组成了营销渠道或分销渠道。随着我国房地产市场的日趋发展，房地产营销渠道也呈现出多样性，目前主要有：

（1）直接营销渠道

直接营销渠道是指开发商自己直接将房地产商品销售给顾客，其交易过程为房地产开发商—消费者（业主或租者），由于委托代理要支付相当于售价1%～3%

的佣金，所以有时开发商愿意自行租售。由于开发商熟悉自己的楼盘情况，在宣传和沟通时能较好地把握分寸，不会过分夸耀自己的楼盘，同时可以控制营销策划的执行过程。这样，既可减少营销成本费用，又可以控制房地产的销售价格。且产销双方直接见面，有利于了解顾客的需求、购买特点及市场变化趋势，及时调整改进企业的工作。

直接营销对房地产开发企业的要求很高，由于开发商缺乏既熟知房地产营销知识，又熟知相关法律的高素质营销队伍及推销经验和推销网络，难以制定出全方位、完善的营销策略，往往会影响销售效果。如果开发商直接销售，会分散企业的有限资源和决策层的精力，在分配人员进行销售策划时，往往会顾此失彼，难以有好的销售业绩，导致其资源不能有效利用，所以只在以下情况才采用这种渠道方式：

1）房地产开发企业为大型房地产公司，内部有专门负责销售的公司或负责楼盘销售的部门；

2）目前市场处于卖方市场，推出的楼盘供不应求，无须再去找代理商；

3）房屋销售价格与成本相差大；

4）楼盘质量特别突出，市场反应非常好，有时甚至由业主预付部分或者全部的建设费用，这种情况下也无须代理商；

5）企业自身具有市场营销技术，管理能力强，经验丰富，财力雄厚，需直接控制营销情况。

（2）间接营销渠道

房地产间接营销渠道是开发商经过中间环节把房地产商品销售给购房者，交易过程可大致描述为房地产开发商—中间商—购房者。按照营销过程中是否拥有房产所有权，可将间接营销渠道的中间商划分为房地产经销商和房地产代理商两种。

1）房地产经销商

房地产经销商是指拥有房地产产品所有权和处置权的中间商。由于房地产产品价值量大、经营风险大，房地产经销商具有区别于一般商品批发商和零售商的独特属性：首先，房地产经销商在业务上具有较强的兼容性。许多房地产经销商既经销其他房地产开发企业的房地产，同时也从事房地产开发业务。其次，房地产经销商经销形式具有多样性。它们既向房地产代理商以及团体客户批量提供房地产商品，也向社会零散的个人消费者提供单元房地产商品；既向用户销售房地产商品，也经营房地产租赁业务。最后，房地产经销商需要拥有很强的经济实力，由于房地产价值最大，因此要求房地产经销商具有很强的经济实力。否则，难以进行规模经营，获得较高的经济效益。

2）房地产代理商

房地产代理商又称为房地产中介，是指接受房地产生产者或经销商委托，从事销售业务，但不具备商品所有权的中间商。经销商的目的是获取投资收益或转卖差价，而代理商只是为房地产开发企业、经销商、购买者以及承租者提供咨询、代办等业务，其目的是向交易双方或单方收取一定数额或一定比例的佣金。

房地产销售代理商的产生，是由房地产流通特点所决定的。房地产投资的高度复杂性、高度回报性、高度风险性，加上商品的价值高，决定了它的销售难度及销售的复杂性超过其他一般商品。具体表现为以下三点：首先，房产销售方式多样。从获取土地使用权开始，可以是卖楼盘、卖项目、卖期房、卖现房。销售时还可以采用保值法、入股法、微利法、折扣法等方式。其次，销售时间长。从获取土地使用权那天起，一直到楼房建成竣工，整个房地产开发、建设过程都可以作为销售时间。销售时间持续之长，这是任何其他商品无法比拟的。最后，营销企划制定的范围广。其包括市场调查、市场预测、确立产品策略、促销策略、定价策略，与一般商品相比更加复杂。

### 5.1.2 地产营销的广告策略

**1. 房地产广告概述**

（1）房地产广告的概念

广告是房地产企业用来直接向消费者传递信息的最主要的促销方式，它是企业通过付款的方式利用各种传播媒体进行信息传递，以刺激消费者产生需求，扩大房地产租售量的促销活动。在竞争激烈的市场经济环境下，企业要生存和发展，就要进行大量的广告宣传活动。而且为力求在广告宣传活动中取得更大的效果，企业在明确的广告目标基础上，还应研究和制定相应的广告促销策略。这是现代企业在高度市场经济中保证市场营销任务完成的关键。

在理解广告的概念同时，房地产企业需要注意以下几个方面：① 广告是一种非人际的信息传播，它不是个人与个人之间的信息传播，而是通过大众媒体进行信息传播的；② 由于广告是借助大众传播媒介传递信息，因而需要支付费用；③ 广告的对象即房地产企业现实或潜在的顾客；④ 广告可以使消费者了解本企业的产品，激发消费者的购买欲望，从而促进产品销售。

（2）房地产广告的特点

1）广泛性。虽然房地产的位置固定不动，但房地产广告的播放地点却可以多处选择，而且广告的受众面比较广。

2）区域性和针对性。广告内容要针对目标消费者的偏好和习惯，如果不瞄准特定的市场，不针对不同的销售对象，不选择特定的传播方式，房地产广告的实际效果就不会理想。

3）建设周期性。自开发商拿地后开始算，房地产的建设周期一般为2~3年。与此相对应，房地产广告也应针对不同的建设阶段，采取不同的广告内容、形式和节奏。

4）独特性。不同的房地产项目有不同的竞品优势，比如面积、户型、配套设施等，因此房地产广告宣传要立足自身的竞品优势，有重点、差别化地宣传。

5）时效性。随着时间的推移，房产价格、付款方式等广告内容也有所改变，因此需要每隔一段时间就调整广告的具体内容，以保证广告内容的时效性。

### 2. 房地产广告的目标

广告目标就是开发商通过广告想要达到的效果，或者购房者接触到广告后作出的反应。正确确定广告目标是开展广告后续工作的基础，也是广告活动能否成功的关键。

广告目标分为最终目标和直接目标。广告的最终目标是通过传递商品或劳务信息扩大销售、增加盈利；直接目标有告知、劝导和提醒三种。最终房地产开发企业在选择广告目标的时候，受以下四个方面因素的影响。

（1）开发商的营销目标。开发商的营销目标是影响广告目标的重要因素。因为房地产广告就是为了顺利实现开发商的营销目标而制作的。广告目标必须为开发商的营销目标而服务。

（2）房地产的销售时期。房地产广告应根据房地产不同的销售时期而有所差异。在销售前期，广告目标在于提高产品的知名度和潜在顾客的认同感；在销售中期，广告会列出产品的种种优点或卖点，以期提高市场占有率。

（3）市场的竞争状况。市场竞争状况对制定企业广告目标的影响很大。比如，在市场上只有一家开发商与同时有几家，甚至几十家开发商的情况是不一样的，广告目标也就不同。

（4）前一次目标的实现程度。同一家开发商的广告具有连续性，前一次广告目标的实现程度会对本次广告目标的制定产生重要影响。

### 3. 房地产广告的媒体

广告媒体是传递房地产广告的工具或手段，是各种商业信息的载体房地产企业要根据自己的广告目标以及要传递的广告信息，选择适当的广告媒体。在众多的广告媒体中，电视、报纸、杂志、广播等因其发行范围广、影响力大而被称为四大广告媒体。近年来网络技术的发展，使得网络广告迅速发展，网络因而被称为第五大广告媒体。此外，还有户外广告、邮寄广告等。不同的广告媒体具有不同的特点，房地产企业必须了解各种媒体的特点，以便准确地选用。

随着现代科学技术的发展，许多新颖的广告媒体还在不断涌现，房地产企业可以选择的广告媒体很多，但无论哪种广告媒体，房地产企业媒体计划人在选择时都需从开发商的实力、项目的规模和开发持续时间、主题定位以及目标客户的区域集中度这几个层面进行分析和执行。

（1）开发商的实力。开发商的实力是决定广告策略的先决条件。如果开发商实力雄厚就应该开展主体攻势广告，尽可能涵盖所有目标客户。如果开发商实力有限就要选择性价比最高的媒体，发布针对性较强的广告。

（2）房产项目规模。如果房产项目规模较大，就要在主要交通站点、市区高大建筑物、人流密集商场等地方设立大型固定的广告位。如果房产项目规模较小，就应该选择灵活、性价比高的广告宣传媒介。

（3）房产档次定位。如果房地产项目的目标客户是工薪阶层，就应选择大众媒体；如果房地产的目标客户是高收入群体，在媒体选择上，不仅要选择大众媒体，还要选择一些针对性强的专业媒体。

（4）房产项目区位。当房产所在区位决定其目标客户的区域相对集中时，如大多数购房者是当地人，这时在做广告时宜选择当地有线电视台或直邮广告等针对性较强的媒体作为重点发布广告。

### 5.1.3 地产营销的促销策略

#### 1. 房地产促销的概念

房地产促销的实质是信息沟通活动。在现代市场经济条件下，房地产生产者、经营者和消费者之间存在着信息上的分离，生产者将产品生产出来后不知道要卖给谁，而消费者又不知道到哪里去购买他所需要的产品。这就要求房地产企业将有关商品和服务的信息通过一定的沟通渠道传播给顾客，增进顾客对其商品及服务的了解，再通过各种促销手段，与现实或潜在的顾客进行沟通，使他们对于目标房产从注意到发生兴趣，再到产生需求进而购买的过程。

促销是现代营销的重要一环，它对销售起着直接的促进作用。促销之所以在现代营销论中占有重要地位，主要是因为它不仅可以推动现实交易的达成，更重要的是，它能使一些潜在顾客转化为现实顾客，企业也由此获得长足发展的市场。

#### 2. 房地产促销的作用

促销主要任务是在买卖双方之间沟通信息，而不只是促销商品，通过信息沟通可以把房地产生产经营者、中间商和消费者有效地结合起来。因此，促销一般可以起到四个方面的作用。

（1）传递房产信息

房地产企业在其产品进入市场前后，为了使更多的消费者知道该产品，就要采取各种促销方式，及时地向顾客传播该商品的信息，通过对信息的传递，房地产产品信息得以到达目标市场的消费者、用户和中间商，从而引起人们的注意以打开销路。同时，通过信息的传递以及主体双方的交流沟通，促使房地产企业了解顾客的要求，包括房屋的建筑形式、开间布局、装修标准、色彩等，摸清规律，改进产品，使其生产并销售更适销对路的产品。

（2）突出产品特点

房地产企业之间的竞争，越来越依赖于企业自身的差别优势。与众不同、独树一帜是多数房地产企业的成功秘诀。房地产企业通过促销，突出宣传本企业产品与竞争产品之间的差异，以及它给消费者带来的特殊利益，有助于消费者选择、购买适宜的产品，加强原有顾客对本企业产品的了解和信任，激发其潜在的购买欲，从而作出购买决策，达到增加产品竞争力，扩大销售的目的。

（3）刺激购房需求

通过促销活动向顾客大量介绍各种产品的性能以及所提供的有关服务，诱发消费者的需求和购买行为，甚至创造需求。当某种房地产处于低需求时，促销可以招来更多的消费者，扩大需求；当需求处于潜伏状态时，促销可以将它变成现实需求；当需求波动时，促销可以平衡需求；当需求下降时，促销可以使需求得到一定程度的恢复。

（4）树立良好形象

促销是企业展现自我、进行市场竞争的一项重要手段。在房地产营销活动中，预付购房款、期房成交的情况较多，购房者承担的潜在风险较大，声誉和形象是房地产企业的无形资产，反映了消费者对企业的整体评价和看法，将会对购房者是否决定购房起到决定性的作用。房地产企业可通过促销活动，对企业及产品的形象展开宣传，扩大企业及产品的知名度，让潜在消费者了解自己的产品，相信自己的产品，从而成为现实的消费者。

### 5.1.4 传统策略与智慧技术的结合

随着互联网的渗透和大数据的发展，消费者的行为和习惯也随之发生变化。房地产企业在运营管理过程中，也应逐渐与时代同步，提升智慧化管理。而在房地产行业，除了在管理机构方面提升智慧化，在营销端还需要植入智慧化营销的思路和运作机制，将传统营销策略与现代智慧技术相结合。

#### 1. 地产营销传统策略的局限

概念上，智慧营销是指企业利用数字化工具、媒体，寻找目标人群并进行互动，向其推广品牌或产品信息，从而激发潜在客户的购买需求，并将购买需求转化为企业销售的过程。然而，智慧营销并不是对传统营销的全盘否定，只是对营销策略和手段的升级，需求管理、建立差异化价值、建立持续交易的基础依然是有效营销、可持续营销的核心，营销本质没有发生变化。在互联网、大数据快速发展，以及营销智慧化不断兴起的同时，传统房地产企业存在诸多弊端。

首先，营销手段老化。很多开发商单纯地通过传单发放、电话轰炸和短信群发等手段，不但没有起到应有的宣传效果，反而引起了目标客户的反感。其次，营销收效甚微。但随着房地产市场热度走低、消费者理性回归，购房观望者越来越多，真正购买房地产的购房者变少。对此，开发商虽然花费了大量的资金和资源，但营销效果却不尽如人意。再次，营销模式粗放。许多开发商对于市场需求分析不足，希望通过简单的营销行为实现其销售目的，并没有真正地满足消费者的需求和预期。最后，营销创新不足。目前，大多数开发商都存在营销创新不足的问题。比如与网络媒体合作推送营销信息时，忽略消费者的购买能力；对于已有客户，进行持续的推销，却忽略了限购资格等政策的影响，不仅不能实现营销目标，甚至还降低了消费者对于房地产企业品牌的忠诚度与美誉度。

**2. 传统策略结合智慧技术的必要性**

（1）大数据价值提升的需要

目前，大数据已逐渐成为重要的生产要素。开发商对大数据的分析和运用，可以有效地预测目标客户的需求，并为战略制定提供依据和参考。因此，获得、了解房地产大数据，并对大数据进行分析就显得尤为必要。对于房地产大数据的分析，可以实现对市场中目标客户行为的判断与预测，为营销策略的制定提供参考和依据。

（2）重构地产广告与营销策略

过去，房地产营销信息多以广告的形式存在。但在智慧化背景下，购房者借助信息网络，可以有效地搜索、筛选自己有用的信息，进而满足个性化需求。对此，传统的地产广告和营销手段已不能满足购房者的个性化需求。因此，需要借助智慧化、信息化技术，把购房者的个性化需求作为营销的出发点，进而适应信息化时代发展的趋势。

（3）营销体系变化的趋势

传统的房地产营销模式下，开发商和购房者的关系，是卖家与买家的关系。但在智慧化、信息化背景下，购房者也是房地产营销的参与者，因为他们会发表评论影响其他人购买，进而成为房地产信息的传播者与影响者。因此，在智慧化背景下，开发商必须要改变营销思路，寻求与购房者的共赢，谋求良好的利益循环，追求长远发展。

**3. 智慧地产营销策略的创新体系**

在智慧化、信息化背景下，房地产项目的营销要考虑大数据的特点，构建和提出创新性的营销体系，以便更好地指导未来的营销活动，具体包含以下五方面内容。

（1）客户需求的分析和预测

房地产营销的针对性要强，因此首先要对潜在目标客户有一定的了解。利用现有的客户历史数据，同时借助第三方数据公司，获取可用于潜在目标客户分析的相关数据。其次，借助大数据分析技术，快速、准确地统计和分析出潜在目标客户的真实需求。例如，客户群体的工作收入、家庭结构、个人偏好，甚至包括支出记录等，都可列入有价值的大数据信息。在此基础上从不同的维度，识别出不同客户的基本需求和潜在需求。

（2）客户群体的细分和聚类

在客户需求分析和预测的基础上，要对符合影响目标的客户进行梳理，进一步锁定目标客户的共同性质和特征，对于具有不同需求的客户提供不同的营销策略和手段。例如，因客户对房地产项目的关注点不同，将客户划分为关注公摊面积、绿化水平、周边配套、物业管理等不同类型的购买群体，实现对不同群体客户的认识和分析，进而有的放矢地采取差别化、针对性强的沟通宣传手段。

（3）营销策略的精准匹配

在客户群体细分和聚类之后，要将房地产产品和客户的需求进行匹配。通过大数据的搜集和分析，房地产产品的销售过程中，要将客户的购买意愿、购买能力与房地产产品相结合，要将客户品质需求与房地产产品等级相结合，要将客户心理特征与房地产产品文化主题相结合，最终找到真正符合开发商影响目标的客户群体。

（4）营销体系设计、完善和实施

成功的房地产营销需要有良好的营销体系组织、设计和实施环节。完善的房地产营销体系，需要有明确的营销组织架构、明确的工作职能划分、简化且统一的营销口径与界面，例如专属网络、自由媒体、售楼电话等沟通方式，同时还应具备精确的营销信息推送渠道和针对不同客户的差别化营销方案。同时，借助大数据和信息化技术，实时更新开发商和目标客户的相关数据，并将推广过程、营销数据记录保存和分析。

（5）营销效果的科学评估和反馈

营销效果评估是从营销成本、销售收入、业主满意度、潜在市场价值等维度进行的综合行为。首先，借助营销成本、收入数据，开发商可以直观地衡量营销效果和企业收益。其次，通过业主满意度和社会知晓度调查，可以评价开发商的社会影响力和营销活动的潜在价值。最后，通过数据间的对比分析，比较智慧化营销和传统营销的差异、优劣，并不断地优化和完善现有营销体系，从而指导开发商开展活动。

## 5.2 智慧技术与渠道策略

### 5.2.1 智慧地产营销渠道的概念

著名市场营销专家菲利普·科特勒在《营销管理》一书中指出："营销渠道是指某产品或服务从生产者向消费者转移时，取得这种产品或服务的所有权或帮助转移其所有权的所有企业和个人。"营销渠道也即分销渠道，即产品从生产者向消费者转移所经过的通道，涉及信息沟通、资金转移及事物转移等。

智慧地产营销渠道则指以互联网为通道实现房地产或服务从开发商（或经销商）向购房者转移过程的具体路径。它通过提供时间、地点、销售形式、产品和服务，为最终购房者创造价值。

智慧地产营销渠道使信息沟通由单向变成双向，信息呈现更加透明，从而增强开发商（或经销商）与购房者的直接联系。开发商（或经销商）可以通过网络发布有关房地产的各种信息，也可以快速获得购房者的反馈消息；而购房者也可以通过网络直接了解开发商（或经销商）的产品或服务，并获得更好的购房体验，作出合理的购买决策。

### 5.2.2 智慧地产营销渠道的类别

与传统的营销渠道类似,智慧地产营销渠道也可以分为直接渠道和间接渠道,但与传统营销渠道相比简单很多。智慧地产的直接分销渠道也是零级分销渠道,但它的间接分销渠道也只有一级,即只有一个网络中间商来沟通买卖双方的信息,而不存在多级中间商的情况。另外,传统营销渠道的作用是单一的,它只是把商品从生产者向消费者转移的一个通道,而智慧地产营销渠道使信息沟通由单向变成双向。

**1. 智慧地产营销的网络直销渠道**

(1)网络直销的定义

网络直销指开发商通过网络直接销售渠道直接销售产品。目前有两类做法:

第一种是网络直接销售渠道,指开发商在互联网上建立自己独立的站点,申请域名,制作主页和销售网页,形成开发商的官方网站。然后,由网络管理员专门处理有关产品的销售事务,进而通过互联网实现房产从开发商到购房者的转移。

第二种被称为网络直复营销渠道,指开发商委托网络信息服务商在网站上发布相关信息,并利用有关信息与客户联系,进而直接销售产品。虽然在这一过程中有网络信息服务商参与进来,但主要的销售活动仍然是在买卖双方之间完成。传统的直复营销渠道是借助电视、电话、邮寄商品目录等途径实现商品销售。随着互联网技术,尤其是移动互联网技术在信息传播和支付工具方面的应用,使得营销渠道的中介途径得到极大的扩展,比如各种社交媒体、短视频、订阅号、小程序等,销售的个性化和即时性特征得到充分体现。

(2)网络直销的优缺点

网络直销的优点包括:① 开发商能够直接接触购房者,获得第一手的资料,开展有效的营销活动;② 减少了流通环节,给买卖双方都节约了费用,产生了经济效益;③ 开发商能够利用网络工具直接联系购房者,及时了解购房者对产品的意见、要求和建议,从而使开发商能有针对性地对顾客提供技术服务,解决问题,提高产品和服务的质量,并改善企业的经营管理。

网络直销的缺点包括:① 自建直销渠道的成本高;合理利用现有的网络平台应该是开发商的首选,同时也必须培养一个相应的运营团队;② 目前互联网流量都集中在一些大的中介平台上,很多开发商自建的网站访问者寥寥,知名度不够,营销数额不大;③ 人才瓶颈明显。开发商在自销产品的时候,必须承担线上的工作,这样会加重企业的工作负担,分散运营者的精力。所以,很多时候开发商利用自身力量去拓展市场,不如利用中间商资源拓展市场更有力度。

**2. 智慧地产营销的间接销售渠道**

(1)网络间接销售概述

为了克服网络直销的缺点,网络中间商应运而生。中间商(中介机构)成为连接买卖双方的枢纽,使网络间接销售成为可能。网络间接销售是指开发商利用网上中间商将房地产供应给购房者,中介机构介入交换活动。它根据网络中间商是否拥有房地产所有权进一步细分为网络销售代理和网络佣金代理两种,这一点与传统渠道代理商的划分标准相同。网络中间商存在的意义有以下几点:

1)简化了市场交易的过程

如果在开发商和购房者之间增加一个中介机构,发挥商品交易结构集中、平衡和扩散三大功能,则每个开发商只需要通过一个途径(中介机构)与购房者发生交易关系,每个购房者也只需通过同一个途径与开发商发生交易关系。由此可见,中间商的存在可简化交易过程。

2)使房产交易活动常规化

互联网和信息化的发展,使中间商可以全天候运转,避免了时间上和地域上的限制,买卖双方的意愿通过固定的表单统一和规范地表达;此外,网络交易严密的支付程序,使买卖双方彼此增加了信任感。这些规范化的过程减少了交易过程中大量的不确定因素。

3)使信息收集过程更方便

一般来说,交易之前买卖双方都需要一个双向的信息收集过程。这种信息收集既要付出时间,也要承担一定的成本和风险。而网络中间商的出现改善了这种状况,为买卖双方信息的收集提供了便利。

(2)网络中间商的选择

在选择网络营销中间商时,需要考虑成本(Cost)、信用(Credit)、覆盖(Coverage)、特色(Character)、连续性(Continuity),简称"5C"。

1)成本

成本是指使用中间商信息服务的支出,具体可分为两类:一类是中间商建立网络服务站点的费用;另一类是维持网络服务站点正常运行的费用。在两类费用中,维持费用是经常的,不同的中间商之间有较大的差别。

2)信用

信用是指中间商具有的信用程度。目前,虽然中间商的数量越来越多,但国内还没有权威性的认证机构和统一的评价标准对中间商进行认证,因此在选择中间商时应注意它们的信用程度。

3)覆盖

覆盖是指宣传所能涉及的地区和人数,即中间商网络站点所能影响的市场区域。对于房地产开发商和中间商来讲,网络站点覆盖并非越广越好,还要看市场覆盖面是否合理、有效,是否适合自己的产品与服务,是否能够覆盖目标群体,以及是否最终能带来经济效益。

4)特色

每个中间商都有其自己的特色,因而具有不同的访问群,也就是目标客户群体。因此企业应该研究这些目标客户群体的特点、购买渠道和购买频率，作出慎重的选择。

5）连续性

一个开发商想要使网络营销持续稳定地运行，就必须选择具有持续性的中间商，这样才能在购房者或用户心中建立品牌信誉和服务信誉。除此之外，中间商总体规模、财力、文化素质、服务态度、工作精神等各方面因素也需要考虑。对于从事网络营销活动的开发商来说，必须要熟悉、研究国内外网络营销中间商的类型、业务性质、功能、特点及其他有关情况，确保正确地选择网络营销中间商，顺利完成从生产者到消费者的整个转移过程。

（3）网络中间商类型

随着互联网技术的发展，在互联网上出现了越来越多的新型网络中间商，因为这些中间商是在网络市场中为用户提供中介服务功能，所以也被称为电子中间商。在互联网上出现的新型网络中间商经过细分，主要有以下几种类型：

1）网络零售商

与传统零售商相类似，网络零售商通过自己的网页界面介绍各类房地产产品，然后再把这些房地产产品直接销售给购房者，从中赚取差价。由于在网络运行费用较低，因而网络零售商的固定成本显著低于传统零售商。另外由于网络零售商的业务都是通过计算机自动处理完成的，节约了大量的人力，使房产零售业从劳动密集型转变为技术密集型，并使房地产零售的可变成本也显著降低。

2）网络虚拟商城

网络虚拟商城是指包含两个及两个以上的商业性站点链接的网站。网络虚拟商城为需要加入的厂商或者零售商提供建设和开发网站的服务，并收取相应的费用，如租用服务器的租金、销售收入的提成或收取服务年费等。网络虚拟商城的种类很多，常见的有B2C或B2B类综合商城、门户类商城、运营商类商场等。与智慧地产营销密切相关的是B2C类综合商城，购房者可以通过相关网站或APP软件触达。

3）房产网站导航

网站导航渠道是对互联网上的网站进行分类并整理成目录的形式，使用户从中能够方便地找到需要的网站。此类网站就是将各类房地产虚拟商城、新房信息、二手房信息、租赁房信息等集合到一处，使用户能方便地找到自己所需的房产信息，提高营销效率。

4）网络金融机构

无论是哪一种网络中间商，房地产交易的完成都需要网络金融的支持，例如网上交易过程中的信贷、支付、结算、转账等金融业务，网络金融机构就是为网络房地产交易双方提供专业性金融服务的机构。目前，国内外有许多只经营网络金融业务的银行机构，而且大部分传统银行也开设了网上业务，为网络交易提供专业性金融服务。

### 5.2.3 智慧地产营销渠道的设计与管理

#### 1. 网络营销渠道的设计与管理

B2C类网上商场是智慧地产营销的重要渠道。在B2C市场上，每次交易量较小，交易次数多，而且购买者非常分散，因此B2C市场中网络渠道建设的关键是结算系统和"线下过户"系统，这也是目前网上购物必须要面对的问题。由于国内的消费者信用机制还没有建立起来，加之缺少专业"线下过户"体系，因此开展网上购物活动时，特别是面对大众购物时必须解决好这两个环节才有可能获得成功。

在网络营销渠道方式中，开发商把整个营销渠道运作过程看作一个系统，以购房者或用户需求为出发点，从增强营销过程的整体性和系统性，减少环节之间的障碍、矛盾与风险的角度出发，达到降低运营成本、提高营销效率和客户满意度的目的。

基于以上的考虑，网络营销渠道的设计更加需要注重观念的创新、运行组织与机制的创新以及技术手段的创新。在具体建设网络营销渠道时，还需要考虑以下几个方面的问题：

（1）从购房者的角度设计渠道。只有采用购房者比较放心、容易接受的方式来建设网络营销渠道才有可能吸引购房者网上购房。网络营销中渠道管理的首要因素应该是时间，网上购房的时间概念不再是以"日期"来计算，而是以"分秒"来计算，所以进行网上销售的开发商必须使自己的信息反馈系统快捷而准确，只有这样才能保证渠道的畅通，提高消费者的满意度。

（2）购买过程要简单明了。设计购买或订房系统时，要简单明了，不要让购房者填写太多信息。在购房结束后，一次性进行结算。另外，订房系统还应该提供商品房搜索和商品房分类查找的功能，方便购房者在最短的时间找到需要的房产，同时还应提供房产详情信息。

（3）尽量提供多种支付结算方式。在选择结算方式时，应考虑到目前实际的发展状况，应尽量提供多种方式方便购房者选择，同时还要考虑网上结算的安全性。

（4）建立完善的"线下过户"体系。与一般商品的网上营销不同，房地产具有不可移动性，支付完成后需要对房产进行"过户"，才能完成交易。因此，消费者最关心的还是房产是否能安全、顺利地过户到自己名下，因此建立安全有效的"线下过户"体系是非常重要的。

#### 2. O2O渠道模式的概念与管理

O2O（Online to Offline）模式，是指将线下的销售渠道与互联网结合，只要产业链既涉及线上，又涉及线下，就可通称为O2O。O2O渠道模式可以有以下三种类型：

（1）O2O线上线下初步对接

O2O模式是指利用线上推广的便捷性优势把相关用户集中起来，再把线上的客户流量引入线下。这个过程具有单向性和黏性较低的特点，渠道和客户的互动较少，基本上以交易的完成为终结点。客户更多是受价格等因素驱动，购买和消费频率等也相对较低。

（2）服务升级模式

服务升级模式即把线下的服务通过线上出售、购买、交易、点评形成的新商业模式。由于传统的服务行业一直处在一个低效且劳动力消化不足的状态，在新模式的推动和资本的催化下，上门送餐、上门生鲜、上门化妆、手机打车等各种O2O模式开始层出不穷。移动终端、移动支付、数据算法等环节的成熟，加上资本的催化，使用户数量出现了井喷，使用频率和忠诚度开始上升，O2O与用户的日常生活融合，成为生活中不可缺少的一部分。

（3）第三方服务公司参与运营，形成垂直细分领域的平台化模式

从表面上看，O2O的关键似乎是网络上的信息发布，只有互联网才能把商家信息传播得更快更广，可以瞬间聚集强大的消费能力。但实际上，O2O的核心在于在线支付。通过O2O模式将线下商品及服务进行展示，并提供在线支付"预约消费"，这对于消费者来说，不仅拓宽了选择的余地，还可以通过线上对比从而选择最令人期待的服务。二维码、移动支付等支付技术和工具的不断涌现，为消费者节约了一定的支出成本，更促进了O2O模式的快速发展。了解多种线上和线下渠道的优势，对不同的目标消费者运用差异化的特色渠道，合理整合渠道优势，以实现全渠道的消费者聚合，甚至通过平台的企业联盟来获取顾客终身价值，这是企业管理营销渠道面临的极大挑战。

## 5.3 智慧技术与广告策略

### 5.3.1 智慧地产广告策略的概念

随着"互联网＋"、云计算、大数据等技术的蓬勃发展，数据储存、信息交换、消费者行为等方面均呈现出新趋势，整个社会开始步入数字时代。在数字时代，随着消费者线上行为的变迁、消费习惯的进一步稳固，以及对互联网的深度倚靠，房地产的智慧营销飞速发展。其中，最重要的便是信息渠道变宽，智慧营销的广告策略日益丰富。

智慧地产广告策略是指以互联网为通道，实现房源信息从房企到购房者的转移，并完成购房交易。对房地产企业来说，广告策略从曾经的户外大屏、邀约和传单变为线上搜索、媒体传播、口碑验证传播、线下楼盘到访体验等，通过网络串联，每个环节都支持无缝链接、多向互转。购房者要做的只有一项：在哪个环节或场景下决定购买。因此，在智慧营销过程中，场景即广告，触点即广告，智

慧营销的广告策略要保证高曝光与客户的多触点畅通。

智慧地产广告策略的传递方式主要有：① 图文，就是写文章，并且需要在文中配图、配视频，以达到房企想要表达的信息和观点，也能让文章显得更加生动。这涉及构思、撰写、查资料、配图、修改以及排版等流程，过程比较复杂，也比较费时间，受众群体有限。② 视频，通过视频可以更直观地展现房源信息，同时更形象地传达企业理念，但同样有一些复杂的流程，比如剪辑、字幕、音效、特效和转码等，甚至比写文章花的时间更多，需要更多的专业技巧和能力。③ 小视频，即时性较高且时间较短，创作起来也相对方便。小视频可以在最短的时间内展现房源的亮点和房企的规模特色，传播性比较强，且受众面比较广。④ 直播，不仅可以展现房源信息，还可以传达住户或看房者的真实体验，这种创作方式对自身要求比较高，尤其是形象和表达能力。

在发达的互联网技术背景下，智慧营销的广告策略使信息沟通由单向变成双向，信息呈现也更加透明，从而增强开发商与购房者的联系。房地产信息可以通过多种传递方式发布房源的各种信息，也可以及时得到购房者的反馈；而购房者也通过这些方式直接了解房源信息及配套服务，并获得了更好的购房体验，作出合理的购房决策。无论哪种智慧营销广告策略，房地产企业和购房者都是相互的，主动权也进一步向购房者倾斜。

### 5.3.2 智慧地产广告策略的类别

智慧地产的广告策略分为三类，即自有媒体广告、付费媒体广告和赢得媒体广告。其中，自有媒体广告是指房地产企业自有的媒体，主要有房企公众号、房企微博、房企APP等；付费媒体广告是指房地产企业付费使用的推广平台，主要有电商平台推广、付费媒体广告；赢得媒体广告是指既非房地产企业自有，又不用付费使用的社交传播网络，主要有微信朋友圈、微博等。房地产企业需要充分研究不同广告的潜在客户转化率，选择更加高效的广告来促进交易。智慧地产的广告策略要求"精细化+大范围覆盖"，但是这需要大规模的资金投入，而且企业要形成量身定制的媒体矩阵，需要不断试错，这也对营销资金量提出较高要求。因此，在有限的经费下，房地产企业在选择适合自身的广告时，需要权衡投放占比和成本收益。

#### 1. 智慧地产营销的自有媒体广告

自有媒体广告又叫自媒体广告，是指私人化、普泛化、自主化的传播者，以现代化、电子化的手段，向不特定的大多数或者特定的单个人传递规范性及非规范性信息的新媒体广告。通过这些广告媒体，房地产企业将房源信息传递给购房者，并促成交易，而这需要借助一定的传递方式。

（1）平民化。传统媒体广告把自己作为观察者和传播者，而自媒体广告则可以理解为"自我言说"者。自媒体广告是从最普通的大众中、从每一个人中发展出来的。

（2）自由性。传统媒体广告对新闻稿的内容审核都是比较严格的，从活动主题到稿件的遣词造句都有固定的审核标准，所以许多企业的活动和新闻稿件时常会被主流媒体拒之门外。但自媒体广告在这方面就相对自由许多。

（3）碎片化。受众越来越习惯和乐于接受简短的、直观的信息，这是整个社会信息传播的趋势，而自媒体广告的出现正是迎合了这种趋势。

（4）交互性。相比于传统媒体广告，自媒体广告的客户无论是与自媒体平台沟通还是彼此间的交流，都更加方便、顺畅。自媒体广告在自己的平台上给用户提供充分的分享、探讨、交流、互动等多元化体验，交互性更强。

企业举办对外活动的目的就是对品牌和产品进行宣传推广，为企业树立积极正面的形象，所以对外活动应该尽可能多地邀请媒体到现场参加，这样才能制造一个相对长的时间和空间与媒体沟通，从而最后取得较好的传播效果。无论是传统媒体广告还是自媒体广告，作为传播资源，企业都不应该浪费。但企业在媒体邀约时也不能盲目邀请，需要分辨哪些媒体更加权威，能够更多带来流量和关注度，能够让信息快速传播出去让大众第一时间了解品牌和产品。这就需要有专业人士和团队来负责。

**2. 智慧地产营销的付费媒体广告**

（1）付费媒体广告的概念及分类

付费媒体广告，是指营销者付费才能使用的促销广告，包括传统媒体广告（如电视、广播、平面或户外广告）、网络和数字媒体广告（付费搜索广告、网页及社交媒体展示广告、移动广告或电子邮件营销）。

1）房地产中介广告。比如某房产网站通过完善在线支付系统，推出"网上团购和竞拍"交易平台等进行房产电商宣传；部分房产网站还推出了3D地图找房、房源信息个性化标注等多种网上应用，致力于让用户在网上体验找房的快乐和提供便利的服务；此外，其还为消费者提供从买房、卖房、租房、装修和生活等全面专业的一站式资讯及互动服务。

2）房地产移动服务商。比如某房产网站服务于新房、二手房和家居三大领域，业务包括电子商务、在线广告和二手房挂牌服务等，为房地产业提供先进的营销服务体系；另外，部分房产网站基于"微信电商"模式，专门为购房者提供购房问答和经验分享等房产资讯以及优惠楼盘团购等咨询服务，为房地产开发商和新房代理商构建"互联网＋"的开放式房产交易平台，并围绕新房销售提供互联网金融服务，它们的新房房源来自合作的区域新房代理公司，销售则通过平台上的二手经纪人实现，成功创新了线上客源、线下渠道以及金融资源的连接模式，率先完成了真正意义上的房产交易移动闭环。

（2）付费媒体广告的现状及趋势

1）市场规模大但深度不够

尽管大量的房地产企业积极采纳付费媒体广告的模式，但渗透率并不高，还存在很大的空间。另外，客户覆盖和客户使用深度仍然不足。目前，国内主流房产网站都基本完成了房产资讯网站向"媒体电商"的转型，部分房产网络分销平台也开始向C端拓展。但总体来看，国内房产网站虽然市场规模庞大，但在客户流量和客户浏览深度上仍存在不足，宣传力度还有待加强。

2）增加流量的发展手段多样化

第一，运用移动互联网来增加客户流量。在移动互联下购房人可以利用精准的位置服务，搜索附近房源，房源会以多种形式展现出来，甚至可以通过新技术在智能终端立体化展示楼盘，购房人进而可以根据需要选择性实地看房，节约时间和精力。另外，购房人与销售者以及其他购房人之间可实现多向沟通互动，基于付费媒体，购房人可以随时随地与经纪人等取得联系，反馈自己的看法观点。同时购房人之间可以利用移动平台深度交流，互相发表看法，特别是区域找房的购房人可以形成社区，并最终可以"选择兴趣相投的邻居"。这种社区化、社群化的互动可以提高购房人的购房意愿及广告宣传的效果。

第二，推销家装业务等增值服务增强用户黏性。房地产销售和家装有着同样的消费群。利用付费媒体广告推销家装业务，一方面给用户提供一站式服务，另一方面进行价值链拓展，提高客单价。在家装领域推销比较典型的某网站主要在装修的四个环节服务用户：① 提供设计师的展示空间和评价体系；② 提供平台供装修公司与用户匹配；③ 提供装修材料集中采购，降低用户成本，同时提供材料展示；④ 金融超市提供装修贷款产品。四个环节覆盖用户的整个装修流程，在增强用户黏性的同时通过向设计师、项目经理收取中介费用，资金托管收益和建材团购三个方面获得收益。

3）房地产中介广告发展模式需创新

在现实发展中，房产中介广告的商业模式和传统中介区别并不大。中介广告本质上还是中介，运行模式摆脱不了低频次交易、大量无效客户、客户忠诚度不高且成本极高的困境。大量的中介广告还是线上离不开线下，普遍运用线下门店的形式，和传统中介相比只是多了个广告媒体渠道。但在一些细分的市场领域，O2O模式找到了自己的新出路。比如，某些中介广告通过上线商城，提供工商注册、办公室装修绿植租赁等一系列办公配套服务，来增强客户黏性。另外，互联网办公市场业务这个细分市场对O2O模式而言有着天然的优势，随着近年创业潮发展迅猛，以中小微企业为代表的创业公司扩张很快，带来了大量的"换场"需求，与互联网办公市场重合度相当高；除此之外，创业公司有很大一部分客户就是从事互联网相关工作，在使用习惯上就会将互联网作为第一选择，对O2O模式的接受度很高。

### 3. 智慧地产营销的赢得媒体广告

在传统媒体上用户是受众，但是在社交赢得媒体上用户不但是受众，因为有了"转发"机制，他们同时也是"媒体"。用户不需要用钱来购买这些媒体，但是可以用有价值的内容来"赢得"这些媒体，这就是赢得媒体。赢得媒体是移动互联网时代，因为传播成本被极大降低，好到让用户忍不住转发的产品，可以通过大量几乎免费的赢得媒体，获得巨大的流量，同时提高转化率的商业现象。

赢得媒体与付费媒体不同，付费媒体是"用钱"触达第一层用户，而赢得媒体是"用内容"触达更多层的用户，当产品或者服务好到一定程度，会让用户忍不住转发，进而显著提高流量和转化率。

为获得免费的赢得媒体、获得口碑经济，房地产企业应做到：① 真正地站在用户的角度，做好产品，不断优化，让产品能够好到用户自发性地转发。② 在产品传播的时候，以产品的某些特点为噱头，刻意增加话题，以提高产品进一步传播的几率。③ 适当使用激励政策，比如你购买了可以分享红包给朋友。

## 5.4 智慧技术与促销策略

### 5.4.1 智慧地产促销策略概述

#### 1. 智慧地产促销的概念及特点

智慧地产促销则指利用现代信息技术手段向网络市场传递房地产信息，以刺激需求，引起购房者购买欲望和购买行为的各种活动。和传统促销一样，智慧地产网络促销的核心问题也是如何为购房者提供具有价值诱因的房地产信息以吸引消费者。智慧地产促销主要有以下三个特点：

（1）现代网络技术与信息技术的支撑

智慧地产促销实现的基础是网络技术和信息通信技术的发展完善。因此实施网络促销不仅要熟悉传统营销的知识和方法，而且需要掌握相应的信息与现代通信技术的手段和技能。

（2）时空的非限制性

智慧地产促销活动是依托互联网技术，在虚拟的网络市场中进行。在网络上，目标客户群体不受时间、空间限制，具有广泛性，房地产促销人员一定要转变观念，突破传统思维，能够利用互联网思维客观地与虚拟市场的目标客户进行信息沟通。

（3）市场的全域性

互联网把所有的企业推向了一个统一的全域性市场，这是一个聚集了不同种族的人群，融合了多种文化成分的虚拟网络。所以开发商一定要能够在这种多元文化的环境下，运用网络技术，针对性地从事促销活动。传统促销主要有广告、销售促进、宣传推广和人员推销4种方式。智慧地产促销是在网上开展的，形式以网络站点推广、网络促销活动为主。其中网络站点推广是主要的网络促销形式，目前网络站点推广已经形成了一个很有影响力的产业市场，因此大部分企业首选的促销形式就是网络站点推广。

#### 2. 智慧地产促销的作用

目标客户购买行为的产生，有自己的"内因"，促销只是"外因"，因而促销的作用是催化、加速、促成和激励。智慧地产促销的作用概括起来主要表现在以下五个方面：

（1）告知功能。开发商提供各种促销形式，能够把开发商的产品、价格、理念等信息通过互联网传递给目标群体，引起他们的注意，同时有助于目标群体对产品的认识和记忆，增强购买意愿。

（2）说服功能。智慧地产促销的目的在于突出本产品不同于竞争者产品的特点，通过各种有效的方式，解除目标群体对产品或服务的疑虑，说服其坚定购买的决心，以扩大企业产品的销售。

（3）反馈功能。智慧地产促销能及时地收集和汇总购房者的需求和意见，迅速反馈给开发商。这些需求和意见比较接近购房者的真实感受，对开发商经营决策具有较大的参考价值。

（4）创造需求。智慧地产促销活动是一种心理战略和战术的促销活动，如果运作良好，不仅可以诱导需求，而且可以创造需求，挖掘潜在购房者，扩大销售量。特别是对新生事物感兴趣的目标客户群体，更容易被引导。

（5）稳定销售。在企业产品销售量波动较大、市场地位不稳的情况下，通过适当的智慧地产促销活动，树立良好的产品形象和企业形象，往往有可能改变购房者对开发商及产品的认识，提高产品知名度和购房者对企业品牌的忠诚度，达到锁定用户、实现稳定销售的目的。

### 3. 智慧地产促销的实施

开发商在实施智慧地产促销之前，首先要深入了解产品信息在网络上传播的特点，分析网络信息的接收对象，然后设定合理的促销目标，通过科学的实施程序，达到扩大销售的目的。智慧地产促销的实施程序可以分为以下几个步骤：

（1）确定促销对象

智慧地产促销对象是针对可能在互联网上产生购买行为的购房者群体提出的。对开发商来说，除了要明确自己的目标市场外，还要考虑其他相关的影响人员：① 房地产的购买者。这里指实际购买房地产的人。但在有些情况下，房地产的购买者和使用者不是同一个人，最常见的是父母为子女购置房产。② 房地产的使用者，指实际使用、居住房地产的人。实际需求构成了购房者需要购买的直接动因，抓住了这部分购房者，智慧地产促销活动就有了稳定的市场。③ 房地产购买的决策者。这里指实际决定购买房地产的人。一般情况下，房地产的使用者、决策者和购买者是一致的，特别是在线上环境下。因为大多数网上消费者都有独立的决策能力，也有一定的经济收入。但有些情况下，这三者可能是不一致的，也有可能其中两种和另一种角色是不一致的。比如上面的例子中，父母为子女购买房产，但是购买的决策者可能是与子女相关的其他成年人。所以，智慧地产促销同样应当把购买决策者放在重要的位置上。

（2）设计促销内容

智慧地产促销的最终目的是希望产生购买行为，这是需要通过设计具体的信息内容来实现的。购房者的购买过程是一个复杂的、多阶段的过程，促销内容应该根据购房者目前所处的购买决策过程的不同阶段和产品所处的生命周期的不同阶段来决定。

（3）决定促销组合方式

智慧地产促销组合是指将网络现有的各种促销工具和方法有效地整合，以实现整体促销的营销活动过程。开发商开展促销组合时，应充分考虑产品类型、企业促销的目标、市场特点、顾客不同的购买阶段以及产品生命周期等因素，扬长避短，进而实现最佳促销效果。

（4）评估促销效果

效果评价要建立在对实际效果全面调查的基础上，通过调查市场占有率、品销量、利润变化等情况判断促销决策是否正确。同时，还应注意促销对象、促销内容、促销组合等方面与促销效果的因果分析，从中对整个促销工作作出正确的评价。

### 5.4.2 网络站点推广

#### 1. 网站推广概述

网络营销站点是开发商在网络上进行智慧地产促销的场所，能否吸引大量的目标流量是开发商开展网络营销成败的关键。网络站点推广就是通过对开发商营销站点的宣传来吸引用户访问，同时树立开发商网上品牌形象，为实现开发商的营销目标打下坚实基础。

与传统商品的推广类似，网络站点的推广也需要进行系统安排和计划。制订推广计划之前，需要对企业产品、企业竞争对手进行深入了解，善于分析，定时评估。做了充足准备之后，可以制订合理的推广计划。一般来说，制订推广计划的步骤如下：

（1）从产品出发，列出潜在客户群体。网站推广方案必须建立在对自身产品的定位分析和对目标人群的细分与充分了解的基础之上。只有对目标人群进行细分之后，才能选择适合不同人群的推广方法。

（2）选择网站推广方法及策略。根据收集的资料，确定网络推广方法及策略，详细列出将使用哪些网络推广方法，比如搜索引擎推广、微博微信、视频广告等，对每一种网络推广方法的优劣及效果等作出分析并确定具体的实施策略。

（3）明确每一阶段的目标。包括每天访问量、浏览量、搜索引擎收录数、网络推广的实际转化等指标。

（4）工作进度及人员安排。依据方案制作详细的计划进度表，控制方案执行的进程，对推广活动进行详细罗列，安排具体的人员来负责落实，确保方案得到有效的执行。

（5）效果评估监测。安装监控软件，对数据来源、点击等进行监测跟踪，帮助企业及时调整推广的策略，并对每一阶段进行效果评估。

（6）不断完善网站推广方案。针对市场的变化、行业的变化、开发商的变化实时调整、优化自己的方案，让网络推广效果最大化。

### 2．网站推广的方法

（1）搜索引擎注册

搜索引擎注册是最经典、最常用的站点推广方式，当一个网站发布到网上之后，如果希望别人通过搜索引擎找到，就需要进行搜索引擎注册。简单来说，就是提交企业的网站基本信息（尤其是URL）给搜索引擎入口。

（2）建立链接

互联网的一个特点就是通过链接将所有的网页链接在一起。与不同的站点建立链接，可以缩短网页间的距离，提高站点的被访问概率。一般有在行业站点上申请链接、申请交互链接和向商务链接站点申请链接等几种方式。

（3）发送电子邮件

电子邮件的发送成本比较低廉，许多网站都利用电子邮件来宣传站点。利用电子邮件来宣传站点时，首要任务是收集电子邮件地址，通常是利用站点的反馈功能记录愿意接收电子邮件的用户地址或在自己的网站加入邮件列表功能，还可以用病毒式营销的相关策略收集邮箱地址。电子邮件能保持企业与客户的联系，增进信任，增强品牌意识并为未来的业务发展打下基础。

（4）发布新闻

及时掌握新闻性的事件，并定期把这样的新闻发送到企业的行业站点或者其他媒介上。

（5）提供免费服务

提供免费服务可以增加站点流量，但服务应当与所销售的产品密切相关，这样，在吸引潜在用户的同时也为企业形象作了宣传。另外，还可以在网上开展一些活动，也可以产生较大的访问量。

（6）发布网络广告

利用网络广告推广站点是一种比较有效的方式，可以和广告联盟的商家一起交换显示广告，起到相互促进的作用。也可以直接在适当的站点购买广告位发布网络广告。

（7）使用传统的促销媒介

传统促销媒介也适用于站点的推广，采用线上和线下结合的方式，通过传统的手段去宣传线上站点网址及内容。

## 5.4.3 网络站点促销

### 1．网络站点促销的概念

促销是一种短期性的刺激销售行为。网络站点促销就是在互联网上用销售促进工具，采用各种富有创意的激励方式对顾客进行强烈刺激，以触发购买行为。网上销售促进的特点是：直接针对购买行为激励，并与网上销售活动紧密配合，产生"短、高、快"的销售效果。

虽然传统的促销和网络促销都是表现出帮助消费者认识商品，引导消费者对商品的注意和兴趣，激发他们的购买欲望，并最终实现其购买行为，但由于互联网强大的通信能力和覆盖面积，网络站点促销在时间和空间观念上、在信息传播模式上以及在顾客参与程度上都与传统的促销活动发生了较大的变化。

（1）时空观念的变化。传统的商品销售和消费者群体都有一个空间上地理半径的限制，网络站点促销大大地突破了这个原有的半径；另外，传统的产品购买都有一个时间的限制，而在网络上，购买可以在365d、24h内的任何时间进行。时间和空间观念的变化要求开发商能随时调整自己的促销策略和具体实施方案。

（2）信息沟通方式的变化。促销的基础是买卖双方信息的沟通。虽然在网络上，所有的信息沟通都演化为经过线路传递这种单一渠道。但是，这种沟通又是十分丰富的。多媒体信息处理技术提供了近似于现实交易过程中的商品表现形式；双向的、快捷的、互不见面的信息传播模式，将买卖双方的意愿表达得淋漓尽致，也留给对方充分思考的时间。在这种环境下，开发商需要掌握一系列新的促销方法和手段。

（3）消费群体和消费行为的变化。在网络环境下，消费者的概念和客户的消费行为都发生了很大的变化。上网购物者是一个特殊的消费群体，具有不同于消费大众的消费需求。这些消费者直接参与生产和商业流通的循环，他们普遍实行大范围的选择和理性的购买。这些变化需要对传统的促销理论和模式进行理念充实和修订。

（4）促销手段的变化。网络促销与传统促销在推销商品的目的上是相同的，因此，整个促销过程的设计具有很多相似之处。所以，对于网络促销手段的运用，一方面应当依赖现代网络技术，通过电子网络与客户交流思想和意愿达到推销商品的目的；另一方面则应当吸收传统促销方式的整体设计思想和行之有效的促销技巧，打开网络促销的新局面。

### 2. 网上促销活动的方式

（1）打折促销。打折促销是指网络促销活动中，为显示低价以刺激网上购物，或者为了调动本网站购物人气、增加流量而促进整体销售的促销策略。打折促销既有优势，又存在缺陷，因此在策划中应该特别重视科学性和艺术性。在策划打折促销活动时要有意识地引入主题内容，拟定较有品位的促销标题、宣传文案和口号。

（2）有奖促销。有奖促销是传统营销常用的促销手段之一。线上有奖促销就是在站点上开展有奖竞赛、抽奖活动或参与有奖之类的活动，这样的活动可以给网站带来比较高的人气。开展有奖促销时，要注意促销对象是适合在网上销售和推广的，对于一些目前不适合在网上销售的房产，即使可以吸引大量用户访问，但转化率可能很低，达不到促销效果。

（3）赠品促销。赠品促销就是在购买房产时，赠送一些相关的产品或者小赠品，从而激发更多的主产品的销售。在赠品的选择上，一般要注意：① 要让人容易获得；② 赠品与产品有相关性；③ 赠品也要重视质量；④ 赠品也要考虑时效性和季节性；⑤ 赠品也是需要消耗成本的，注意成本的核算。

（4）积分促销。积分促销是网站预先制定积分制度，购房者消费后按金额给购房者累计积分，这样积分可以兑换产品或在以后的消费中当成现金使用。

（5）网络联合促销。由不同商家联合进行的促销活动。联合促销的产品或服务可以起到一定的优势互补、相互提升价值等作用，例如线上公司可以和线下的一些合作商家联合，达到线上线下互补共赢的效果。

（6）免费资源促销。免费资源促销就是通过为访问者无偿提供其感兴趣的各类资源，吸引访问者访问，提高站点流量，并从中获取利益。利用免费策略的时候要注意想清楚开发商提供免费资源的目的是什么、提供什么样的免费资源比较合适、盈利点在哪里等问题。

（7）节日促销。电商商家经常创造一些节日去开展促销活动，比如经典的"双11""618"等，开发商也可以参与其中，利用节日促销活动宣传自己房地产的优惠活动。

（8）优惠券/红包促销。在网上购买房地产时，可以设置一些门槛红包或优惠券，或者消费一定数量后有一定的优惠券和红包，结算时可以直接抵扣，这样就可以提高用户的客单价，达到网络促销的目的。

（9）限时让利。"秒杀""限购""限时抢购"等各种促销手段已经被广泛应用于各种网络平台，限时不但能够刺激消费者冲动购买，而且很大程度上为开发商的网络促销带来更多的关注和流量。

（10）预订促销。开发商开展预订活动，购房者先付订金，再付首付或剩余款，同时可以将订金以几倍折扣房价。预售模式本身也有助于开发商精准锁定消费者，提前备货，更有效地管理上下游供应链。

## 本章小结

随着互联网的渗透和大数据的发展，消费者的行为和习惯也随之发生变化，传统的营销策略与手段亟需更新。对此，房地产企业在运营管理过程中，应提升智慧化管理，在营销端植入智慧化营销的思路和运作机制，将渠道、广告、促销等传统营销策略与现代智慧技术相结合。值得注意的是，智慧营销并不是对传统营销的全盘否定，只是对营销策略和手段的升级，营销本质没有发生变化。精准的客户需求分析、详细的目标人群分类、差别化的营销手段匹配依然是智慧地产营销的核心和关键。

> 思考题
>
> 1. 简述地产营销传统策略与智慧技术相结合的必要性。
> 2. 简述智慧地产渠道营销的类别。
> 3. 简述智慧地产广告策略的概念。
> 4. 简述智慧地产促销策略的方式。
>
>
>
> 思考题
> 解题思路

# 智慧住区的物业管理

【本章重点难点】

理解物业管理的内涵和特征;了解智慧住区物业管理的发展背景;掌握智慧住区物业管理的功能设计;熟悉智慧住区物业管理的经营与盈利模式。

【本章导读】

随着科技迅速发展，传统物业管理正经历着深刻的变革。智慧住区物业管理不再局限于传统的维护与维修，而是更加注重通过先进技术提升服务水平。本章将深入研究智慧住区中的物业管理，帮助读者全面理解这一领域的内涵和特征，揭示数字化和智能化带来的革新。我们将深入剖析智能化物业管理系统，聚焦智慧住区物业管理的功能设计，探讨其运作原理以及如何通过人工智能和物联网实现设备监测、故障预警和安全管理等方面的全面优化。与此同时，本章将通过案例分析，帮助读者了解智慧住区物业管理的经营模式，更好地理解其商业运作逻辑。本章的逻辑框架如图6-1所示。

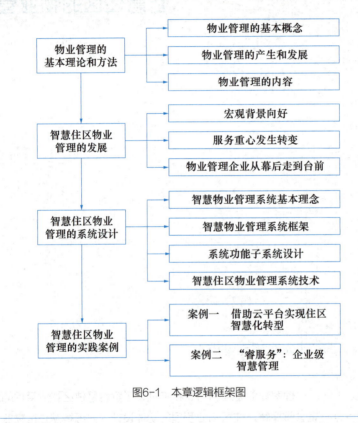

图6-1 本章逻辑框架图

## 6.1 物业管理的基本理论和方法

### 6.1.1 物业管理的基本概念

1. 物业管理的含义

物业是物业管理的物质对象，特指使用中或可以投入使用的各类建筑物及其附属的设备、配套的设施及相关的场地等。2018年修订的《物业管理条例》第二条指出，"本条例所称物业管理，是指业主通过选聘物业服务企业，由业主和物业服务企业按照物业服务合同约定，对房屋及配套的设施设备和相关场地进行维修、养护、管理，维护相关区域内的环境卫生和相关秩序的活动。"

物业服务企业，通常称为物业管理公司，是指具有独立法人资格，根据合同接受业主或业主管理委员会的委托，依照有关法律、法规，对物业实行专业化管理，并收取相应报酬的经济实体。一些从事某些单项服务的公司，如保洁公司、保安公司、绿化公司等属于劳动服务公司，而不属于物业服务企业。

### 2．物业管理的目的

物业管理的目的是以人为核心，满足人们的生存、方便、健康需求，促进交往、成长、工作生活等各方面的活动。具体目标包括：

（1）创造竞争有序的物业管理市场：确保各主体发挥作用，提高管理水平，使物业充分发挥效能，保值增值。

（2）提供全方位高效管理服务：通过创造安全、舒适、和谐的环境，促进家庭、经济、社会、环境的协调发展，提高物业投资收益。

（3）建立良好社区环境和形象：保持企业形象，促进社会和谐稳定，提高城市管理水平和文明程度，推动可持续发展实践，包括提升能源效率、垃圾处理、水资源管理等，减少环境负担。物业管理的目标在于为人们提供服务的同时，促进城市整体提升和可持续发展。

## 6.1.2 物业管理的产生和发展

### 1．物业管理产生

19世纪60年代，英国出现了早期物业管理的雏形，由奥克维娅·希尔女士针对自己租赁的房产制定了一套管理制度。而现代物业管理的萌芽则可追溯至19世纪末的美国。随着建筑、机械等技术的进步，装有电梯的高层建筑开始兴起。这些建筑结构复杂，设备众多，需要专业性强的日常维护和养护。因此，专业的物业管理机构开始崭露头角。1908年，乔治·A·霍尔特等人组织了"芝加哥建筑物管理人员组织"（Chicago Building Managers Organization，CBMO），举行了首次全国性工作会议，标志着世界上第一个专业物业管理行业组织的成立。此后，类似的组织相继在加拿大、英国、澳大利亚、日本等国家成立。

### 2．物业管理在我国的发展

自改革开放以来，我国物业管理行业伴随城镇化和房地产迅速发展，成为城市社区和商业项目不可或缺的一部分，提高了居民和商业客户的生活质量。物业管理经历了三个主要发展阶段：

（1）1981年至2003年：起步初创阶段

在1981年，深圳市成立了我国第一家物业管理公司，标志着物业管理行业的诞生。此时，物业管理迅速发展，但由于缺乏全国性法规，公司专业化水平不高，盈利能力较差。1994年，《城市新建住宅小区管理办法》颁布，推动了物业管理的发展。

（2）2003年至2014年：规范化发展阶段

2003年，《物业管理条例》通过，目的在于规范物业管理活动，保护全体业主权益。此阶段，物业管理市场蓝海初步形成，公司迅速发展。但由于物业收费受政府控制，市场化水平较低。建设部进行全国优秀住宅小区评选，有力地促进了物业管理工作的发展。

（3）2014年至今：市场化运作阶段

2014年，随着某物业服务企业成功在港交所上市，物业管理行业进入市场化运作阶段。国家逐步取消物业服务企业资质，鼓励市场竞争，推动了物业管理的市场化进程。2015年，《关于放开部分服务价格意见的通知》指导地方放开非保障性住房物业服务价格，为物业服务行业带来更大的发展空间。2017年，《关于做好取消物业服务企业资质核定相关工作的通知》取消了物业服务企业资质级别的划分，进一步推动了我国物业管理的市场化进程。

我国物业管理行业在改革开放以来的发展中不断完善，市场化进程逐步推进，为城市建设和社区生活提供了有效支持。

### 6.1.3 物业管理的内容

#### 1. 前期物业管理

《物业管理条例》第三章第二十一条指出："在业主、业主大会选聘物业服务企业之前，建设单位选聘物业服务企业的，应当签订书面的前期物业服务合同。"因此，前期物业管理是指从建设单位选聘物业服务企业、签订前期物业服务合同时起，到业主、业主委员会成立并选聘物业服务企业，签订新的物业服务合同为止的这期间的物业管理。

前期物业管理的特殊性决定了其内容的重要性。在这个阶段，加强前期物业管理不仅有助于保障入住业主的权益，还能确保物业施工质量、规范物业管理、完善物业使用功能，并提高物业收益。前期物业管理内容包括：

（1）早期介入管理：在接管物业之前，物业服务企业参与规划设计和建设过程，提出建议，并为管理作好准备，包括完善建筑工程质量等。

（2）制定前期物业管理方案：根据管理目标和物业特点，制定包括管理方式、机构职责、服务内容、用户规章制度、经费预算等的管理方案。

（3）物业的接管验收：在接管过程中，进行建筑工程竣工验收，移交建筑工程、设备设施、权益文件等必要资料。

（4）业主进户管理：管理业主入住过程，包括发放入伙通知书、勘验物业、签订相关协议、办理入住登记等。

（5）物业装修管理：监督和管理物业管辖范围内的物业装修过程，确保施工符合相关法规和要求。

（6）物业档案资料的建立：建立业主或使用人资料和物业资料两类档案，包括基本信息、费用情况、设计和竣工图纸等。

### 2. 物业经费管理

（1）物业管理经费的来源

1）物业服务费。物业服务企业按照《物业服务收费管理办法》规定，定期收取提供的物业服务费用，也称为物业管理费，是最为稳定的经费来源。

2）专项维修基金。当物业管理区域存在两个及两个以上的产权人时，业主按照国家规定缴纳专项维修基金，用于维修、更新和改造物业共用部位和设备设施。

3）多种经营收入。物业服务企业在业主委员会许可的前提下，可以利用物业管理区域的设备、场地从事经营活动，取得相关收入和利润，不损害业主权益和使用便利。

4）政府扶持。政府通过相关政策和价格指导意见，为物业服务企业提供一定的资金扶持，促进其发展。

5）开发建设单位支持。开发建设单位在完善物业配套设施和环境建设等方面给予支持。

（2）物业服务费的定价形式和计费方式

1）物业服务费的定价形式。《物业服务收费管理办法》第六条指出："物业服务收费应当区分不同物业的性质和特点分别实行政府指导价和市场调节价。"

政府指导价。物业服务收费实行政府指导价的，有定价权限的人民政府价格主管部门应当会同房地产行政主管部门根据物业管理服务等级标准等因素，制定相应的基准价及其浮动幅度，并定期公布。

市场调节价。实行市场调节价的物业服务收费，是业主和物业服务企业在市场竞争形成的价格的基础上，由双方协商并在物业服务合同中约定的结果。

2）物业服务费的计费方式。《物业服务收费管理办法》第九条规定："业主与物业服务企业可以采取包干制或者酬金制等形式约定物业服务费用。"

包干制。包干制是指由业主向物业服务企业支付固定物业服务费用，盈余或者亏损均由物业服务企业享有或者承担的物业服务计费方式。

酬金制。酬金制是指在预收的物业服务资金中按约定比例或者约定数额提取酬金支付给物业服务企业，其余全部用于物业服务合同约定的支出，结余或者不足均由业主享有或者承担的物业服务计费方式。

## 6.2 智慧住区物业管理的发展

### 6.2.1 智慧住区物业管理的发展过程

通用的智慧住区物业管理的发展过程可以概括为以下几个阶段：

（1）初始阶段：本阶段物业管理主要以传统的人工方式进行，管理手段和技术相对简单。物业公司主要负责基础设施的维护、保洁等常规工作，缺乏智能化和信息化管理手段。

（2）技术引入阶段：随着科技的进步，物业管理开始引入一些技术手段，如自动门禁系统、安防摄像头等。这些技术的引入提高了物业管理的效率和安全性，但整体仍以传统操作为主。

（3）智能化阶段：智慧地产物业管理进入了智能化阶段，通过引入物联网、大数据、人工智能等技术，实现了设备的互联互通和数据的实时监测。例如，智能家居系统、智能停车系统、智能安防系统等开始出现，并且可以通过手机APP进行控制和管理。

（4）数据驱动阶段：随着数据积累和技术的不断发展，物业管理逐渐从简单的管理向数据驱动型管理转变。通过对大量数据的分析和挖掘，物业管理公司可以更好地了解居民需求、优化资源分配和提供个性化的服务。

（5）生态系统建设阶段：在智慧地产物业管理的发展过程中，逐渐形成了一个完整的生态系统。物业管理公司与房地产开发商、智能设备供应商、互联网公司等形成了合作关系，共同构建智慧住区生态圈，并通过平台化运营，实现资源共享、业务协同和创新发展。

## 6.2.2 市场环境利好驱动智慧住区物业管理

### 1. 政策利好导向

（1）行业迈入市场化，鼓励发展增值服务、智慧物业

2014年，国家发展改革委发布了《关于放开部分服务价格的通知》，要求各地价格部门取消非保障性住房物业服务费用的政府指导价，拉开了物业管理行业市场化运作的序幕。2018年，国务院废除了物业服务企业资质要求及相关处罚规定，并设立信用机制对物业服务企业进行市场化监督。此后，在国家政策的引导下，地方政府纷纷降低了业主大会成立门槛，推动物业费用的市场化调节，进一步推进了物业管理行业朝着市场化方向的发展。

随着社区经济的崛起，国家和各地政府也频繁出台相关政策，支持社区养老、社区医疗、房屋租赁、家政服务等社区增值服务。2021年3月，"十四五"规划纲要提出"持续推动家政服务业提质扩容，与智慧住区、养老托育等融合发展"。

在我国智慧城市政策的推动下，智慧物业的概念应运而生并蓬勃发展。2014年5月，住房和城乡建设部发布了《智慧社区建设指南（试行）》，提出了智慧社区的物业服务标准。自2019年以后，住房和城乡建设部等部门纷纷提出利用物联网、移动互联等技术综合运用，构建社区生活服务系统；着力提升社区信息化和智能化水平；倡导建立智慧物业管理服务平台，全方位地采集数据，推进物业管理的智能化，实现线上线下服务的融合，以满足居民多样化、多层次的生活服务需求，进而增强人民群众的获得感、幸福感和安全感。

（2）后勤服务社会化持续推进，延展非住宅物业市场空间

自1985年以来，我国后勤服务社会化经历了一系列大事件（图6-2），后勤服务社会化为物业服务企业带来增量非住宅物业项目，拓展了非住宅物业的市场空间，改革需要在相当长一段时间内进行，因此非住宅物业市场空间也处于逐步释放阶段。

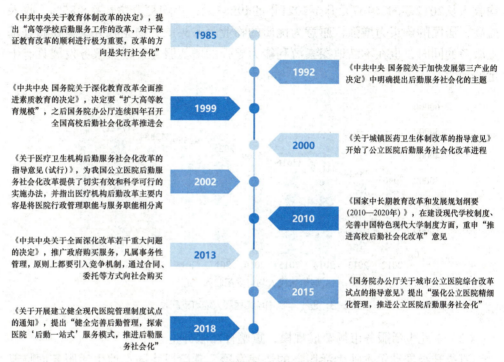

图6-2 后勤服务社会化大事件

（3）新型城镇化衍生城市服务市场

2012年，党的十八大明确提出了"新型城镇化"概念，中央经济工作会议进一步把"加快城镇化建设速度"列为2013年经济工作六大任务之一，中国的新型城镇化成为确凿无疑的大方向；2014年"新型城镇化"首次被写入政府工作报告；2018年政府工作报告首次提出"精细化服务"。2020年4月，国家发展改革委发布了《2020年新型城镇化建设和城乡融合发展重点任务》提出"实施新型智慧城市行动。完善城市数字化管理平台和感知系统；加快推进城市更新。改造一批老旧小区，完善基础设施和公共服务配套，引导发展社区便民服务。"2021年3月，"十四五"规划纲要提出"完善新型城镇化战略，提升城镇化发展质量；推进以县城为重要载体的城镇化建设，加快县城补短板强弱项；不断提升城市治理科学化精细化智能化水平，推进市域社会治理现代化。"新型城镇化进程对城市的治理水平要求越来越高。

2. **居民消费升级**

2020年我国GDP达到101.60万亿元，同2010年的41.21万亿元相比，十年间增

长60.39万亿元,年复合增长率达到9.44%。经济的快速发展带动居民收入的增长,居民消费进入升级通道,对于优质物业服务的购买意愿加强,物业增值服务、本地生活服务等迎来发展机遇。

(1)城镇居民收入持续增长,物业消费意愿增强

随着经济快速发展,我国城镇居民人均收入也持续攀升,如图6-3所示,人均收入从2012年的26467元升至2021年的49283元,年均复合增长率8.85%。收入提高,居民的购买力增强,愿意为优质的物业服务买单。物业服务企业在做好基础服务的同时,也在不断地探索盈利能力更强的增值服务,增值服务发展具有十足的动力。

图6-3 近十年我国城镇居民人均可支配收入

(2)本地生活服务市场渐成规模,重塑社区服务生态

消费升级推动了本地生活服务的快速发展,现阶段我国本地生活服务面临着巨大的市场空间,如图6-4所示,2019年我国本地生活服务市场规模达10762.3亿元,随着消费者的需求增加,本地生活商业模式还将不断渗透,市场规模还有大幅拓展空间。

图6-4 本地生活服务市场规模

(3) 业主自治大幅推进

在政策和法规因素驱动下，业主自治进程得以大幅推进，业委会覆盖率逐渐增高。2020年出台的《中华人民共和国民法典》中关于业主自治的新规定填补了物业管理中的部分法律空白，让业主自治有法可依。

《中华人民共和国民法典》明确业主可以设立业主大会，选举业主委员会，适当降低业主共同决定事项的门槛，特别是使用建筑物及其附属设施维修资金的表决门槛，并增加规定紧急情况下使用维修资金的特别程序，突出小区业主自治权利。通过加强对业主权利的保护、适当降低表决门槛等方式，推动实现小区事务真正的"业主自治"。

### 3. 科技蓬勃发展

互联网、物联网、云计算、大数据、人工智能等新科技兴起，物业管理行业拥抱科技是必然的趋势。随着智慧住区、智慧城市等概念的普及，物业服务企业也一直在积极地探索，找到更多科技与物业服务场景的结合点，推动智慧物业建设。

(1) 新科技在物业管理行业中的应用场景越来越多

物业公司通过不同的场景实现对物业项目的有效管理，如门禁通行、停车管理、提醒通知、报事报修、巡更等，在这些场景中引入科技可以降低人力成本，改善客户体验，提升运营效率。一些科技巨头开始重视物业管理科技的研发，大型物业公司纷纷加大科技投入，越来越多的物业服务场景开始和科技结合。现阶段安防系统、生活服设备管理、生活服务和物业服务是主要的物业管理科技应用场景（表6-1）。

科技在物业管理行业的主要应用场景    表6-1

| 应用场景 | 细分场景 |
| --- | --- |
| 安防系统 | 智能门禁、智慧停车、巡更、报警、访客、监控等 |
| 设备管理 | 水、电、燃气等设备监测报警、联网监控平台 |
| 生活服务 | 线上商城、健康医疗、到家服务、社区社交等 |
| 物业服务 | 信息公告、生活缴费、报事报修等 |

(2) 智慧物业管理科技加速落地，助力建设智慧城市建设

智慧城市、智慧住区等概念的普及加上科技的不断发展，越来越多的物业服务企业投入科技化、智能化改造（表6-2），2019年的《政府工作报告》首次提出了"智能+"。"智能+"提出综合利用大数据、人工智能、物联网、云计算等先进科技，促进传统企业转型升级。物业公司纷纷布局智慧物业，开始提供基于智慧物业平台的服务，完成很多传统服务无法实现的功能。

近年部分物业服务企业的智慧物业布局　　　　　　表6-2

| 物业公司 | 不同公司智慧物业建设案例 |
|---|---|
| A公司 | 推出AI全栈解决方案，向市场推出物业数字化服务品牌"天石云" |
| B公司 | 深入实施"沃土"计划，进行数字化转型 |
| C公司 | 首发"AITCH"，共创智慧物业新生态；推出智慧服务科技品牌 |
| D公司 | 智慧住区升级3.0 |
| E公司 | 牵手某电器品牌达成"智慧养老"联盟；开发并成功验收智慧养老SaaS（软件即服务）平台 |

## 6.2.3　物业服务围绕业主需求整合资源

### 1. 物业服务边界逐渐突破

传统物业服务以"四保"为主，包括保洁、保修、保绿和保安，主要维护住宅和相关设施。随着居民收入提高和消费升级，居民对物业服务的需求不断提高，更愿意为更优质的服务支付费用。然而，我国物业管理行业尚未完全市场化，提高物业费存在难度，通常需要社区居民的同意，可能面临阻力。居民关注生活成本增加，对物业费提高持有抵触情绪，期望服务质量提升以增强费用合理性。

随着"社区经济"兴起，大多数物业服务企业的服务范围已扩展。物业服务的边界取决于服务的价值，而目前基础物业管理和社区增值服务之间仍然存在服务的边界。对于超越服务边界的企业，物业服务企业通过提供社区增值服务展现。物业服务企业目前提供的社区增值服务主要围绕社区生活场景，提供生活服务、财产运营和资源运营三大类服务（表6-3）。

各物业服务企业的增值服务开展情况　　　　　　表6-3

| 物业服务企业名称 | 社区增值服务内容 |
|---|---|
| A公司 | 生活服务：保姆、日常保洁、月嫂、养老、生活团购；<br>财产运营：家具保养、家电清洗、维修、财产保险、花园养护、拎包入住、装饰装修、洗车、充电桩；<br>资源运营：房屋租售经纪代理、房屋代管、园区空间服务、社区传媒服务 |
| B公司 | 自有资产经营：自有产权房产、车位经营；<br>客户资产经营：业主资产经纪服务、公共资源租赁协助服务；<br>生活服务及商业服务运营：包括家居生态、零售、到家服务等 |
| C公司 | 园区产品及服务、家居生活服务、园区空间服务、文化教育服务 |
| D公司 | 社区资源：停车场运营、会所经营、社区广告、二手房屋、租赁服务；<br>社区生活：小雅快修、乐享生鲜、小雅园艺、乐享果园、小雅保洁、乐享酒庄、小雅代办、乐享粮仓、小雅快收；<br>家宅装配：拎包入住、毛坯装修、家居配套、房屋翻新 |
| E公司 | 社区公共资源管理；<br>拎包入住服务；<br>资产管理服务：车位代销和物业租售中心；<br>APP服务：线上销售业务 |

## 2. 物业服务围绕业主需求

物业服务企业向业主提供基础服务，更容易与业主建立联系，占据着社区入口，在向业主拓展社区生活服务方面具有天然的优势。例如，对于业主而言，物业服务企业位于社区内，提供基础服务，例如维修、清洁、安全等，能够为居民提供便利。不必外包这些服务，能够更快速地解决问题，提高居住质量。

物业服务企业的服务有助于建立社区共同体感。通过定期的社区活动、活动场所的管理等，居民更容易融入社区，认识邻居，提高社交互动，增强社区凝聚力。社区生活服务主要是解决居民的日常生活需求，包括健康医疗、家政服务、电商购物、社区养老、教育培训等，这些服务内容与居民的生活息息相关，与其他社区服务相比发展较为成熟。主要的社区生活服务内容见表6-4。

社区生活服务主要内容　　　　　　　　　　　　　　表6-4

| 服务种类 | 服务内容 |
| --- | --- |
| 社区教育 | 托育中心、培训班 |
| 社区金融 | 装修贷款、财产险、健康险、车主贷 |
| 社区健康 | 体检、家庭医生、家庭营养师 |
| 家政服务 | 保姆、月嫂、保洁、养老、生活团购 |
| 社区新零售 | 线上生鲜、超市等 |

许多物业服务企业开发了自己的服务APP或者小程序作为管理平台（表6-5），整合线上与线下资源，连接业主和第三方供应商，提供业主所需产品与服务，从而收取渠道收入和销售收入。通过对社区生活服务内容的拓展，以及科技手段的应用，物业公司从单纯提供物业管理服务正在逐渐转型为社区生活服务提供商。

不同物业公司的生活服务平台　　　　　　　　　　　表6-5

| 服务平台 | 平台功能 |
| --- | --- |
| A平台 | 可实现客户报事报修、缴费、金融理财、管家服务、城市公告等多种功能 |
| B平台 | 拎包入住、长短租管理、金融理财、家政/团购、汽车养护服务、健康管理服务 |
| C平台 | 通过社区团购、社群管理、住商联动搭建惠生活体系，打造线上线下一体化服务流程 |
| D平台 | 疫情期间，于小程序上线"应急蔬菜包"消毒湿巾等"防控物资"，提供送菜上门等服务 |
| E平台 | 包含智能家居的控制，缴纳物业费、停车费、公共服务费，报事报修，周边商户等模块 |
| F平台 | 打造了社区一站式家庭服务平台，孵化出邻里星选、邻里出发、邻里优家、邻里到家等社区服务模式，涵盖社区零售、社区旅游、社区家政、房屋翻新、汽车配套服务、社区保险等增值服务 |

## 3. 物业服务聚焦资产运营

房屋和汽车是大多数业主拥有的资产，对这两类资产的维修养护是业主的刚性需求。因此物业服务企业在布局社区增值服务时通常包括家居装配和汽车服务业务，满足业主资产的增量需求。

业主的资产服务还包括房屋租售代理等服务。随着城市开发趋于饱和，房地产正逐渐步入存量时代。物业服务企业离业主和业主的房产比较近，熟悉社区，容易掌握房源信息，具有天然优势，物业服务企业从事房产销售和租赁业务代理，从中赚取固定比例的佣金，能够拓宽自身收入渠道。表6-6是部分物业服务企业的经纪业务开展情况。

物业服务企业的经纪业务开展情况　　　　　　　　表6-6

| 物业服务企业名称 | 业务内容 |
| --- | --- |
| A公司 | 由原来社区租售服务中心升级提供经纪服务，赚取佣金 |
| B公司 | 通过自营房地产经纪平台提供经纪服务，赚取佣金 |
| C公司 | 通过子品牌"租售中心"和各地的物业管理办事处网络提供经纪服务，赚取佣金 |
| D公司 | 向第三方物业代理转介个案收取渠道费用 |
| E公司 | 推出自有品牌，开启房屋租售、房屋装修C5、C6两大主航道 |
| F公司 | 将旗下两个品牌融合升级提供经纪服务 |

### 4. 物业服务盘活社区已有资源

社区资源运营业务能够盘活社区内已有资源，对社区资源进行合理利用，优化资源组合，提高社区资产运营价值。社区资源运营围绕社区内的公共资源和业主资源两大类（图6-5），进行资源价值变现和资源流通。社区公共资源归全体业主所有，可以通过用作广告位和租赁两种方式进行运营：可用作广告位的包括常见的LED灯箱广告、电梯轿厢广告、高杆灯广告等，也包括一些公共区域如楼栋大堂、泳池、社区广场等；租赁包括固定场地租赁如车库仓储、临时车位、铺位，还包括非固定场地租赁如条幅、易拉宝等。

园区空间服务：
场地租赁、车位服务、
电信及多媒体设施等

社区传媒服务：
灯箱广告、户外
大牌广告等

图6-5　某物业服务的社区公共资源运营业务

## 6.2.4　物业服务企业从幕后走到台前

### 1. 物业服务企业规模化发展

2014年起，越来越多的房企选择分拆物业管理板块上市，房地产企业从地产开发商转向地产服务商，物业管理行业被推到台前，成为独立的行业。物业管理业务从房地产开发业务的附属品开始向自主经营、为业主提供多元化服务、具有高品牌价值的方向发展。2020年的新冠肺炎疫情暴发后，物业管理行业积极承担防疫责任，受到政府和社会各界认可，地位得到大幅提升。近年来，物业服务企业上市数量增加，并且颇受资本市场青睐。

从图6-6可知，近些年百强企业的管理项目均值、管理面积均值均在持续增加，市场占有率也随之提升，已经从2010年的7.84%提升至2019年的29.15%。

图6-6　2010—2019年百强企业管理项目均值、管理面积均值及市场份额变化情况
（资料来源：500强测评数据，中物研协整理）

得益于关联房企支持和物业服务企业自身加大力度拓展第三方项目，加上对中小型物业服务企业的收并购，头部企业的规模化扩张势头尤其强劲。见表6-7，截至2020年底，头部物业企业的在管面积均已超过2亿m²。此外，各个物业服务企业的储备面积也快速提升，为未来企业管理规模继续提升的增加提供确定性。

2020年头部物业企业的管理规模　　　　表6-7

| 物业服务企业名称 | 在管面积（亿m²） | 储备面积（亿m²） | 营业收入（亿元） |
| --- | --- | --- | --- |
| A公司 | 3.77 | 4.44 | 156.00 |
| B公司 | 3.80 | 1.87 | 80.37 |
| C公司 | 2.51 | 2.84 | 101.06 |
| D公司 | 3.61 | 2.02 | 38.45 |
| E公司 | 2.34 | 1.22 | 51.27 |

现阶段的物业管理行业仍然具有中小规模企业多、行业分散度较高的特点，但是行业集中度在不断提升，头部企业规模化扩张的趋势十分明显。头部物业服务企业通过规模扩张，得以对资源进行高效整合，形成规模效益优势，整个行业正在向高度集中趋势发展。

### 2. 摆脱劳动密集型特征，注重"科技＋人才"

在"科技＋人才"的助力下，物业管理行业在不断地转型升级，正逐渐摆脱劳动力密集特征，向知识密集型转变，向现代服务业转型。

首先，用高科技释放劳动力。物业服务企业通过互联网管控平台来管理绿化、保洁、保安和维修等基础物业服务，可以做到省时、省工、降本、增效，同时扩大管理半径、提升管理效率。2014—2019年，百强人均管理面积从3439.39$m^2$提升至6496.41$m^2$，上涨幅度达88.90%；人均产值从8.92万元提升至15.53万元，涨幅为74.10%。百强企业的物业管理效率显著提升。

其次，增强人才优势。物业服务企业目前对人才的需求可谓是"求贤若渴"。人才需求被许多物业服务企业纳入企业战略当中。2014—2019年，百强企业本科以上学历人员占比从6.43%提升2.53%，至8.96%，物业服务企业更加注重人才引进，高学历人员占比在逐渐上升。

## 6.3 智慧住区物业管理的系统设计

智慧住区物业管理系统是将住区管理、住区服务、政府管理和公共服务融为一体的住区综合管理服务平台。

### 6.3.1 智慧物业管理系统基本理念

#### 1. "互联网＋"创新模式

技术创新最好的办法就是身处物业服务情境，将"互联网＋"运用到物业服务改革中，在物业实践中动态产生和演化，而不是固化于物业服务理论体系。物业服务业借助互联网技术的力量，实现服务的数字化、智能化和个性化。通过互联网＋物业管理，业主和租户可以更便捷地获得信息、提交报修请求、参与社区活动等，大大提高了服务的便利性和用户体验。同时，物业服务业也能够通过数据分析和智能化设备来预测和解决问题，提前发现潜在的风险，从而更好地保障社区的安全和居住质量。

"互联网＋"物业服务技术创新模式包含技术和保障两大支柱（图6-7）。技术方面是关键，涵盖互联网化基础设施、数据集成平台、多元服务应用和全方位呈现；而保障层面确保规范发展，包括政策法规、组织架构、行业标准和人力资源。这一模式旨在为业主、物业服务公司和商家等提供基于互联网的全面物业服务体系。

#### 2. 物业服务集成商

在"互联网＋"理念的基础上，提出了"物业服务集成商"的概念，为物业服务公司的资源整合创新提供了新思路。这一概念包含两种模式：首先是物业服务业内的外包模式，即管控分离模式；其次是资源整合服务商，指物业服务公司整合内外部资源，根据项目特色，在实体平台上实现三方共赢，即物业服务公司、业主和社会。"物业服务集成商"更适用于大型物业服务公司，需要利用自身优势整合社区资源，打造社区物业服务大平台，树立社区品牌形象，扩大物业服务的差异化优势，并进一步整合更多社区资源，实现物业服务的持续发展。这个概念促进了物业服务公司朝着更加综合、共赢的方向发展，为物业服务行业带来了新的发展思路。

物业服务公司资源整合创新分为内部资源整合和外部资源整合，内部资源整合包括物业服务公司资源、员工的整合；外部资源整合包括业主、政府、竞争物业公司、合作者的整合，物业服务资源整合创新模型如图6-8所示。

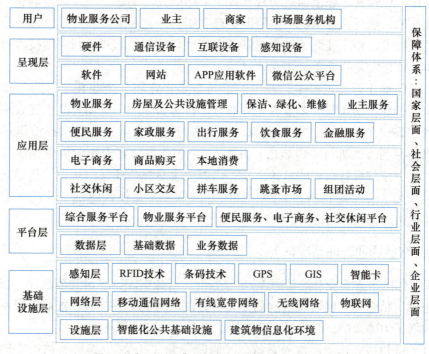

图6-7 "互联网+"物业服务技术创新模式整体架构

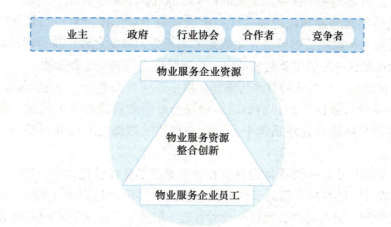

图6-8 物业服务资源整合创新模型

### 3. 绿色物业管理模式

绿色物业管理的理念是随着全社会对生态环保意识的提高和绿色建筑开发规模的发展应运而生的，而且随着社会经济的不断发展，人民的物质和文化生活更加丰富，追求健康的生活是大势所趋，大家越来越关注生态环境保护，随着业主们对居住环境生态提出的高品质需求，绿色物业管理的发展是顺理成章的，高科技和信息化的物业服务是一个不可逆转的趋势，它为社区提供了更智能、高效和可持续的管理方式。

科学技术的应用是绿色物业管理的有力支撑，既包含了环保节能新技术的开发与应用，也包含了绿色物业管理在理论上的研究。例如，通风、空调和采暖设备节能技术，能耗监控系统，水资源循环利用，绿化和灌溉新技术，垃圾分类收集和处理技术，楼宇能源管理系统。研究新型环保产品和开发利用新技术是促进绿色物业管理发展的重要保证。

在绿色物业管理过程中，业主的参与需要物业服务企业在"行为"和"意识"上的引导。物业服务企业首先要通过"行为引导"广泛动员业主配合绿色物业服务工作，节约能源，珍惜资源，自觉进行垃圾分类，并且选择节能环保材料，以环保的方式进行室内装饰。其次，"意识指导"要求物业服务企业开展多形式、全方位与有针对性的宣传活动，培养业主对绿色环保的认识，指导众多业主积极支持和参与绿色物业管理，同时开展绿色智慧住区建设，让业主融入其中，构建生态文明和谐社区。

## 6.3.2　智慧物业管理系统框架

智慧住区物业管理系统是由 Web 服务器、云数据库、平台管理软件、智能终端等组成。结合物联网宏观层次划分和智慧住区物业相关技术，物业管理系统总体架构划分为感知层、网络层、功能层、服务层和应用层（图6-9）：

（1）感知层：这个层次是系统的"眼睛"和"耳朵"，担负着数据感知和采集的任务。设备模块不仅包括常见的照明、送排风、给水排水、门禁等，更进一步扩展至各类传感器和执行器。环境模块涵盖了温湿度监测、二氧化碳浓度监测、人员监测和能耗监测等多元化数据采集任务。除此之外，执行器模块和网络中继单元也是这一层的重要组成部分，负责数据感知的实施和传输。

（2）网络层：在系统的数据传输和交换中扮演着关键角色。它依靠集成Wi-Fi的智能终端进行数据采集，借助通信协议与云服务器进行无线传输。此外，为了接入智慧住区物业管理系统平台，设备模块的数据还可以通过现场总线方式传输。

（3）功能层：这一层次的设计旨在提升系统的整体性能和可用性。它不仅提供了API管理、泛在接入管理、住区信息管理、住区设备管理等基础功能，还涵盖了养老管理、缴费管理、报修与投诉管理等贴近实际生活需求的关键功能。

（4）服务层：这个层次为系统用户提供各类服务和支持，包括用户权限管理、住区信息查询、数据分析与预测、信息推送、住区养老、线上缴费、线上服务质量评价等，为用户提供全面便捷的体验。

（5）应用层：通过直观易用的Web界面，用户可接触到各种智慧化的应用。这些应用基于系统的智能控制策略，使用户能够以可视化方式操作和监控系统，实现个性化和便捷化的管理。

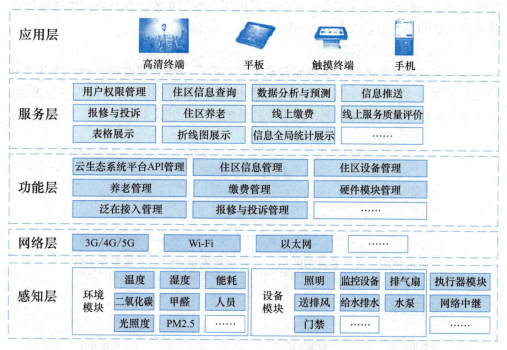

图6-9　智慧住区物业管理系统总体架构

底层设备的三大组成部分——物联网节点、控制设备和底层硬件，构成了系统的神经中枢。物联网节点通过TCP/IP连接云服务器，负责数据传输和底层硬件状态反馈。控制设备则作为传输和执行指令的中介，将指令传递给底层硬件，并将各项数据反馈至节点。这个系统硬件方案，为智慧住区物业管理系统的稳健运行提供了可靠支撑。系统硬件组成方案结构如图6-10所示。

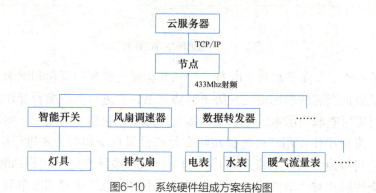

图6-10　系统硬件组成方案结构图

### 6.3.3 系统功能子系统设计

智慧住区物业管理系统的设计具有模块化特点，各功能子系统能独立完成相应任务，同时又紧密联系。由于涉及的内容较广，本章对智慧住区物业应涵盖的功能需求在各子系统中进行详细概述，并对一些关键功能进行设计。系统的整体设计主要是通过系统的需求分析来确定系统所具备的功能，在系统的整体设计中将结合系统的需求把系统划分为不同的功能子系统。

#### 1. 便民缴费系统设计

智慧住区物业便民缴费系统涵盖水电气暖缴费、物业费缴费、停车缴费和商户租赁缴费等多个方面。住户可以通过系统便捷地进行各项费用的缴纳与查询。以水电气暖缴费管理设计为例，说明缴费系统的功能组成（图6-11）。

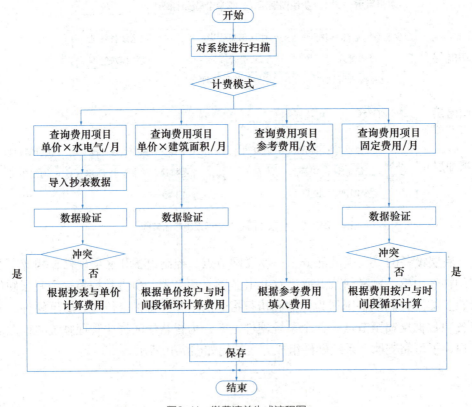

图6-11 缴费清单生成流程图

这一子系统主要涉及水费、电费、燃气费和暖气费等的管理和缴纳。用户可以通过系统查询当前的费用情况、历史消费记录，并进行在线缴费操作。费用查询：用户可随时查看当前水、电、气、暖费用详情，包括实时用量、费率和总费用等信息。缴费操作：用户可选择在线支付或设置自动扣费方式进行账单结清，提供多种支付渠道和灵活的缴费方式。消费记录：系统会记录用户的缴费历史，方便用户查阅以及对比消费情况。提醒服务：系统可以发送费用账单到用户的注册邮箱或手机，提供及时的缴费提醒服务。这个子系统通过提供即时、便捷的缴费渠道，提供按户、按年、按月、按片区等多种查询选项，使居民能够轻松管理和支付水电气暖等各项费用，提升了缴费体验的便利性和效率。

### 2. 设备管理系统设计

智慧住区物业设备管理系统包括路灯、生活能源设备（水、电、气、暖）、视频监控和其他设备的管理模块。每个模块提供设备布局概览、资产信息统计、设备状态管理、控制功能，并利用系统控制策略实现能耗预测和设备故障预判等智能管理。

以路灯管理为例，权限为管理员和物业人员，可管理和查询住区内的路灯信息。系统监控路灯状态、维修需求以及更换提醒。它支持信息录入、统计、状态管理、能耗统计和故障预判。系统及时报警，处理灯具故障、设备盗窃、非正常工作状态、窃电等问题。基于系统控制策略，解决故障排除延迟问题。此外，路灯可以根据车流、人流和天气情况自动调节亮度，节省电能和降低维护成本。

### 3. 住区生活系统设计

住区生活系统包括养老、易购、信息发布和广播板块，整合物业和增值服务，提供便捷生活和文化娱乐服务，以满足居民的多样化需求，并彰显社区的温馨关怀。系统设有信息发布平台，将各类第三方服务信息链接至其中，以确保居民方便获取各种感兴趣的信息。

以养老管理为例，此模块的使用权限开放给管理员和住户。管理员能够全面管理住区内所有独居老人（60岁以上）的档案信息，包括新增独居老人档案的添加。该系统提供在家养老服务，允许住户按户或姓名查询相关对象。更为重要的是，系统整合了手环信息监测，包括老人的生理状况、睡眠情况和活动量等健康数据。这一创新不仅减少了老人频繁前往医院的麻烦，而且可将这些宝贵的健康数据直接传送至三甲医院，以实现及时医疗协助。

另外，家属可以远程视频监控老人的日常情况，而系统也负责监测老人所在房间的环境以及安全状态。系统提供老人监护和上门服务，并记录相关信息，包括看护人员信息、上门次数、服务项目、服务时长、服务日期、服务满意度、费用标准和费用统计等，随后将这些信息进行推送，以确保全面的服务质量和透明的费用管理。

### 4. 住区维保系统设计

住区维保系统包含维保人员管理、工单管理、报修与投诉管理以及服务质量评价管理等核心组成部分。这个子系统旨在处理住区设备的维修、保养，并有效管理维保人员，指派任务解决住户提报的设备问题和其他投诉事宜。本部分将以报修管理为例，详细介绍住区维保系统的功能和运作。

报修管理模块对管理员、维保人员和住户等开放。该模块涵盖了设备的线上报修以及用户的线上投诉功能。系统会接收并处理报修或投诉订单，并指派相关维保人员解决用户问题。完成订单后，用户可在系统中进行服务满意度评价。具体流程为：住户提交报修或投诉单，相关信息被记录于数据库，同时上传的文件传送至服务器。管理员收到订单后，将其分配给适当的维保人员处理。任务完成后，住户有权进行满意度评价，反馈系统以星级形式表达满意程度。

### 5. 住区人员管理系统设计

住区人员管理系统主要包括住区人员信息管理和住区层级关系管理两大组成部分。其功能涵盖用户身份验证、访问权限控制以及便捷的人员信息查询服务。

住区人员信息管理模块详细记录了每位居民的基本信息，包括姓名、性别、年龄、身份证号码、联系方式等。此外，系统还可上传居民的照片以便身份确认。用"一户一档"机制管理住户档案信息。业主拥有专属业主编号，可通过搜索框查找其信息。管理者通过该模块可以方便地查询、更新居民信息，确保信息的及时性和准确性。例如，当有新的居民搬入时，管理者可以立即录入其信息，便于后续管理工作的展开。同时，系统通过严格的身份验证功能，确保只有授权人员才能够访问和修改居民信息，保障了信息的安全性。

住区层级关系管理模块是住区人员管理系统中至关重要的一部分，通过系统中的限定选择功能，管理住区内的层级关系，以确保信息查询更为便捷。在这个模块中，系统以数据库表的形式存储楼宇信息、物业信息、房屋信息、住户信息等内容，为管理者提供了详实的资料来源。这样的分类查询方式有助于管理者更有针对性地处理物业相关事务，提高了管理效率。

### 6. 公告管理系统设计

公告管理系统的主要作用是将园区信息和国家政策能够及时有效地传递给每个业主，在疫情时代，公告管理则显得尤为重要，当园区通知闭环管理时，用户则可以在客户端主页查看园区公告信息，可以通过快速阅读公告了解园区的最新活动及政策。这种信息的即时可得性不仅提高了用户的便捷性，还有助于建立更加紧密的社区联系，促进社区的蓬勃发展。

### 7. 访客管理系统设计

访客管理系统的功能是加强对外来人员的疫情防控，保障园区业主的生命财产安全，该模块主要针对非本园区人员，管理员登录以后可以查看所有的访客信息，访客则需要进行访客登记，登记信息与访客信息是一致的，被访问的业主也具有查看访客信息的权限，访客信息主要包括访客姓名、访问时间、来访人数、访客电话、访问原因、访问地点、随同人信息等。

## 6.3.4 智慧住区物业管理系统技术

### 1. 数据与存储技术

在智慧住区物业管理系统中，数据管理是至关重要的一环。选择合适的数据库类型，如MySQL、MongoDB等，取决于数据结构和查询需求。数据库索引和查询优化是提高系统响应速度的重要手段，通过合理设计和维护数据库，提升系统性能。

智慧住区系统面对大量实时数据，需要采用大数据处理技术。Hadoop、Spark等大数据框架用于处理海量数据，实时分析社区状况，以提供更精准的服务。

### 2. Web开发与云平台

SaaS（软件即服务）平台是一种通过互联网提供软件服务的模式，用户无需购买、安装或维护软件，而是通过订阅的方式使用软件。SaaS平台通常由提供商在云端托管，用户通过互联网访问，并按照订阅计划支付费用。SaaS平台作为一种基础设施，具备多项特性：快速、灵活的产品迭代演进能力和轻松的扩展性。其特点在于安全、可靠、易维护和可扩展性。内置支持DevOps和敏捷开发模块，使其能够迅速响应市场变化和用户需求。该平台的整体架构基于大中台、小前端原则进行设计。核心在于业务中台作为中后台支撑系统群的抽象，而前端应用按照PBCG的业务线构建，以迅速应对业务线快速变化的需求。这种设计既支持了前台业务的快速迭代，同时也保持了中后台的稳定和强健运行。此外，该平台支持前瞻性和基础性的创新，并设计了完善的基础系统，如开放平台、统一网关、日志监控等，以确保系统的安全性和稳定性运行。这些设施能够保障系统设计在安全和稳定的基础上不断地创新和演进。

### 3. 智能化应用技术

（1）物联网通信协议

物联网技术指的是利用信息传感设备，按照特定的协议将各种物体连接到网络，从而使物体能够通过信息传递媒介进行信息交换和通信。这项技术旨在实现物体的智能化识别、定位、跟踪、监管等功能。在智慧物业领域，物联网技术将各种末端设备和设施通过各种无线或有线的长距离或短距离通信网络连接起来，实现彼此间的互联互通和应用大集成。在内网、专网和互联网环境下，物联网技术提供了一系列管理和服务，包括安全可控的实时在线监测、定位追溯、报警联动、调度指挥、预案管理、远程控制、安全防范、远程维护、在线升级、统计报表和决策支持等功能。这使得对各种物体实现了高效、节能、安全、环保的一体化管理和运营，实现了对"万物"的"管、控、营"的目标。

物联网通信协议是各个设备之间进行通信的桥梁。采用先进的通信协议，如MQTT（Message Queuing Telemetry Transport）或CoAP（Constrained Application Protocol），确保设备之间的高效通信，降低通信延迟。

（2）视频巡检技术

视频巡检技术基于强大的巡检引擎，利用视频监控的感知和图片抓取能力，在新建或建成项目中设置监控点位，将传统的线下巡查转变为线上模式。一方面，这种技术能够帮助物业服务企业建立全方位的巡检系统。从巡检任务的下发，到基于视频和人工智能能力的远程巡检，再到工单及业务系统的管理，形成了一个闭环的业务流程。另一方面，行为作业监测技术的核心在于使用一站式训练平台,该平台具备完整的AI开放平台功能,包括数据管理、数据标注、模型自动化训练、模型校验和模型云边部署服务等能力。它能够利用现有场景下的视频和图片素材,通过AI开放平台的训练,生成相应的算法模型,并将其部署到视频感知端。视频感知端利用视频监控感知员工工作场景的能力以及图片抓取能力。通过视频结构化分析和图片比对分析,该技术能监测物业服务人员的行为举止、服装搭配以及工作岗位上的表现,实现对员工行为的监控。

(3)车辆管理与导航技术

智慧车位引导系统贯穿了车主的整个停车流程,涵盖了"规划出行－找停车场－预定车位－入场停车－缴费－室内导航寻车－出停车场"等环节。这一系统配置了专用电子地图用于停车场(库),并安装了符合技术标准的定位、通信、感知和信息采集设备,形成了整体停车生态环境应用。其主要功能包括:① 场(库)停车资源监测和调控:系统能够监测、调控和分配停车资源,提高泊位资源的利用率,使停车场更加智能化管理。② 车位导航服务:基于专用电子地图,系统提供行人步行导航服务。通过手持终端,能够实时定位停车人的场内位置,计算最佳步行路径,为停车人提供精准的动态步行导航,引领其到达停车位或指定区域。这种系统为车主提供了便捷智慧的停车服务,通过先进的技术手段优化了整个停车过程,从寻找停车场到最终找到泊位,为车主提供了更加便利和精准的停车体验。

(4)安全与隐私保护技术

系统中建立完善的权限管理体系,确保不同用户拥有适当的权限,低权限用户无法访问或修改高敏感性数据,进一步降低了潜在的信息泄露风险。通过定期的安全漏洞扫描和风险评估,及时发现和解决潜在的系统漏洞,提高系统的抗攻击能力。同时,系统遵循相关的法规和隐私政策,如GDPR(通用数据保护条例),以确保居民数据的合规性和隐私权利的保护,维护住户信任。

随着技术的不断发展,智慧住区物业管理系统还应积极采用最新的安全技术,如区块链技术,以增强数据的不可篡改性和透明度,从而提供更为可靠的数据交换和共享机制。通过这些安全与隐私保护技术的综合应用,智慧住区物业管理系统在高效管理社区的同时,也最大程度地保护了住户的个人隐私,构建了一个可信赖的居住环境。

## 6.4 案例:智慧住区物业管理的实践

### 6.4.1 借助云平台实现住区智慧化转型

#### 1. 精细运营助智慧物业平台获得增值服务

某地产公司借助"互联网＋"思维和智能化技术,显著削减了企业的管理、运营、能耗和物耗成本,有效提升了整体运营效率,并推动社区向现代物业服务企业的转型升级。同时，该公司致力于发展全新的服务，致力于打造更高品质的服务标准。为了实现这一目标，该公司与阿里云合作，逐步建立了智慧物业平台数据可视化中心、手机APP客户端，为业主提供了便捷的管理和信息查询途径，并打造了五个子平台和九项增值服务业态，为社区居民提供了更多选择和更高品质的生活体验。

在社区内，智慧的应用涵盖了多个领域，包括电子通行证、线上报修、线上下单甚至人脸识别等多种智能技术。机器人配送、无人机杀毒等新兴科技手段的应用，验证了智慧物业功能的广泛性。这些举措提升了居民对智慧物业的认知，并重新评估了物业服务水平，为智慧物业的发展提供了机遇。

医养健康小屋提供了精密的医疗级别检测设备，长期为客户建立和完善健康档案，实现了健康信息的动态化管理。业主可以使用移动应用端在健康小屋登录体检设备进行自助体检，并生成体检报告。数据中台根据体检报告提供合理的膳食及健身建议。这一智慧医疗服务不仅提供了方便快捷的自助体检体验，还为业主提供了个性化的健康管理建议，推动了健康管理的智能化和个性化发展。

该公司引入了一系列无人化智能设施，为社区居民提供便利、舒适的生活体验：

无人健身房：实现24h自助运营，内设有氧器械、空调和制氧机，满足社区居民的健身需求。根据健康小屋的体检报告，医生和教练团队提供针对性的运动和饮食方案，并根据运动数据不断优化和调整，帮助居民创造健康的生活方式。

无人便利店：提供24h智能无人服务，为社区居民提供便利购物体验。

无人书吧：为社区业主提供24h的书屋服务，结合线上和线下资源，提供全民阅读综合服务。通过"云端+智能终端+内容资源+落地服务"的模式，实现租书、借书、分享和培训等一站式文化服务。

智能垃圾桶：设立了智能垃圾桶，不仅提供垃圾分类提示，还支持家庭共同账户的人脸录入，推动全民垃圾分类参与。此外，还建立了有偿回收/信用机制：积极参与垃圾分类的居民可获得相应积分，这些积分可以用于兑换物业服务权益，如健康小屋体验券、健身房体验券、咖啡抵扣券、借书券、无人超市商品、支付宝红包等，以促进社区的环境改善。

这些无人化智能设施不仅满足了居民的基本需求，还提供了更加智能化、便捷化和环保的服务方式，有效提升了社区居民的生活品质。

**2. 基于平台扩展社区生态合作体系**

该智慧物业的创新商业模式不仅提升了服务效率和品质，还在平台基础上扩展了社区生态合作体系。该地产公司每年增加的1000万$m^2$地产面积带动着数十万业主群体，联合全国数万名员工和产业链上下游，智慧服务覆盖近100万人。该集团的多元化板块，如银行、体育、医药、地产和建筑施工等，协同效应显现，将构建更广泛、更繁荣的社区生态圈。

在业务转型过程中，该地产公司也着眼于组织和人员的转型。它们从传统业务的组织结构中选拔了一批既熟悉公司内部业务又了解互联网业务的人员，专职负责智慧物业的开发与建设。

同时，该地产公司积极推进市场化改革。它们与一家物业管理公司合作成立联合工作机构，弥补了地产公司在智慧物业运营方面的不足之处。这种合作形式有望加速智慧物业的创新和发展，进一步提高社区生态系统的运营效率和服务水平。

### 6.4.2 "睿服务"：企业级智慧管理

#### 1. "睿服务"组成

某物业公司的"睿服务"由三个主要部分组成：睿平台、服务中心和管理中心。睿平台是其核心，包含了多个互联网应用系统，如FM系统、EBA系统、"住这儿""助这儿"和营帐系统等。服务中心作为"产品"，利用睿平台，使该物业公司及合作伙伴员工能够直接与客户联系、创建工单并提供服务，简化操作，提高效率。管理中心则利用睿平台和后台操作，对员工、设备、房屋和财务进行系统管理，实现对人员、物品和财务的全面数据化管理（图6-12）。

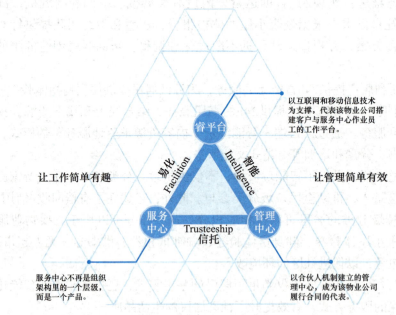

图6-12 "睿服务"体系的FIT模型

#### 2. "睿服务"产品闭环

"睿服务"已经形成了一个平台和八个产品的完整闭环，实现了对人、财、物的有机连接（图6-13）。员工管理系统赋予员工更多资源优化配置的能力，提升了管理效率；客户移动终端"住这儿"实现了透明的物业管理和阳光社区，业主可以在"友邻市集"购买所需产品和服务,而商家可以向"友邻计划"捐赠款项,用于社区硬件更新和文化建设,有效地实现了"数据化"管理模式。

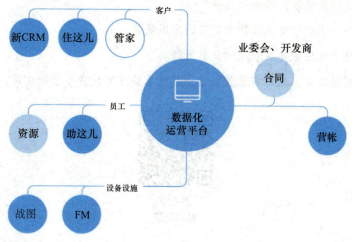

图6-13 "睿服务"大闭环

### 3. "睿服务"智慧管理成效

(1)成本透明化:"睿服务"通过二维码扫描、分享等技术手段,实现了对物料损耗的精准计算,使成本管理更加透明和精准。这种技术驱动的管理模式不仅提高了运营效率,还确保了物料和资源的合理利用,有效降低了管理成本。

(2)员工生产力释放:借助移动考勤和标准工时的计算,"睿服务"实现了员工工作绩效的智能化评估,让员工能更专注于工作任务本身。这种按件计酬的模式和智能派单系统让工作更高效,也激励员工通过好评获取更多收益,从而提升整体服务质量。

(3)收入透明公开:引入财务数据共享机制,向业主公开展示公共资源的收入情况,如公共广告和场地租赁等。这种透明化的财务模式增强了业主对物业管理的信任感,也推动了管理方更高效地管理公共资源。

(4)人性化管理与激励:引入了职业物业师这一合伙人制度,让物业经理在管理项目的同时,也能与公司共同分享风险和利润。这种激励机制可以更好地激发员工的主观能动性,提高整体服务水平。

## 本章小结

在政策利好、消费升级以及新兴科技的推动下,物业管理开启智慧物业新时代。智慧物业突破传统物业服务边界,围绕业主生活需求、聚焦业主资产、盘活社区已有资源,将服务场景从社区延伸到城市,由传统行业转向现代服务业。智慧住区物业管理集成新兴科技,形成将住区管理、住区服务、政府管理和公共服务融为一体的住区综合管理服务平台。

## 思考题

1. 简述物业管理的概念和特征。
2. 请举例说明智慧住区物业管理的应用场景。
3. 简述智慧住区物业管理的发展历程。
4. 针对某住区,设计智慧住区物业管理系统并简述各子系统功能。

思考题
解题思路

# 智慧商场的运营管理

【本章重点难点】

了解智慧商场的发展历程,掌握智慧商场的内涵、特征、创新特点和智能管理系统的现状;熟悉智慧商场管理系统及其层级架构和功能需求;熟悉智慧商场的建设模式和建设策略;熟悉智慧商场的智能化场景和一站式服务。

【本章导读】

随着国内网络信息技术在社会各领域的广泛应用，大型商场面临着新的机遇与挑战，构建"智能化场景、一站式服务"的智慧商场已成必然趋势。智能商场是基于传统意义上的大型商场基础设施并结合技术融合思想而产生的新型商场。本章首先界定了智慧商场的内涵与特征，明晰其创新特点，厘清了智慧商场智能管理系统的现状；其次，对智慧商场的管理系统进行了系统分析，进一步明确了其层次架构和功能需求；然后，简要概述了智慧商场的规划与建设要点，对智慧商场的建设模式和建设策略进行了总结；同时，梳理了包括智能化场景和一站式服务的智慧商场应用场景；最后，通过梳理我国智慧商场运营管理的实践案例明晰我国智慧商场运营管理的现有进展与发展方向。本章的逻辑框架如图7-1所示。

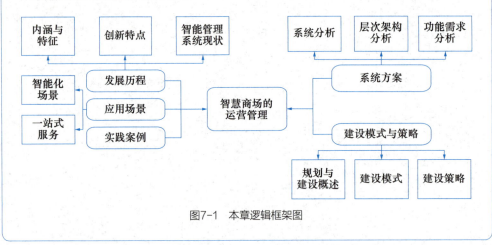

图7-1　本章逻辑框架图

智慧商场是一种创新性的商业模式，它在传统大型商场的基础上，通过跨界、跨领域的技术融合，实现了对传统商场的技术革新和经营模式的创新。智慧商场的构建不同于云计算、物联网、智能设备应用和电子商务等技术，而是将传统商场迁移到互联网和移动互联网的环境中，从而符合现代人们的生活和工作习惯。这种新型的商场使得人们可以随时随地通过手机等智能设备操作智能商场应用程序，享受便捷、体验式和互动式服务。智慧商场具有鲜明的时代特征，同时也提供了更加高效、智能的商业运营方式。

随着国内网络信息技术的快速发展，许多网络技术被广泛应用在各个领域。近年来，电子支付和电子识别技术的不断进步为大型商场带来了新的机遇和挑战。这一趋势推动了智能商场的快速发展，智能商场主要在传统商城的基础上演变而来。传统的商场在商品仓库管理和结算等方面效率低下，尤其是在商场货物量和客流量不断增加的情况下，传统商场的能力已无法满足大规模数据处理的需求。新一代的智能化商场融合了先进的电子识别、位置识别等技术，为传统商城提供了高效率、智能化的经营手段，进一步推动了商业的发展和创新。

## 7.1 智慧商场的发展历程

### 7.1.1 智慧商场内涵和特征

#### 1. 智慧商场的内涵

商场，也称为购物中心，是现代城市或郊区市镇中常见的建筑物，是结合购物、休闲、文化、娱乐、饮食、展示及资讯等设施于一体的商业设施。商场是繁荣市场、保障就业的重要渠道。2023年7月31日发布的《关于恢复和扩大消费的措施》提出，"加快传统消费数字化转型""发展即时零售、智慧商店等新零售业态"。当前，消费形式不断升级，消费结构不断优化，对商场提出了更高要求。紧跟需求步伐，各地不少商场主动拥抱互联网、大数据等数字技术，加快建设智慧商场，打造新场景、新业态，为消费者带来全新体验。智慧商场则是新零售变革大趋势下的产物，同时符合商场和新零售载体的定义。

智慧商场，是在传统商场和文化商城的基础上，运用信息技术、物联网、人工智能等先进科技手段，对商城进行智能化管理和服务。智慧商场建设依托一系列最新高科技、新技术，如云计算、物联网、大数据、高端软件等，为传统商城构建了智能网络、智能管理、智能物业、智能商业、智能监管和智能预警等全方位智能化服务。同时，智慧商场也孕育着众多新兴业态，尤其是高端信息服务业，如互动共享、数字商铺和专业资讯等，为商业发展注入了新的活力和创新。

#### 2. 智慧商场的基本特征

（1）全程无缝互联。利用物联网和云计算的先进技术，智慧商场实现全程电子商务的无缝运营，将线上线下的商业活动融为一体。

（2）数字贸易转型。在智慧商场的框架下，传统的商品交易得以升华。借助于互联网的强大功能和特性，整合商铺、商家、商铺资源，进行数字化拓展，从而实现数字化的贸易模式。

（3）云端数据共享。通过智能传感设备，将商场的各项设施连接成物联网，对商场运营的核心系统进行实时监测和数据收集，并通过云端技术实现数据的共享和应用。

（4）系统集成与融合。物联网与互联网系统的全面连接与深度融合，将各类数据整合成为商城核心系统的全景运行图，从而为智慧商场提供强大的基础设施支持。

（5）创新平台驱动。积极鼓励商铺和商家在智慧基础设施的基础上，进行科技和业务模式的创新应用，为智慧商场的持续进步注入源源不断的发展动力。

（6）高效协同运作。基于智慧的基础设施，智慧商城能够实现各个关键系统和参与者之间进行和谐高效协作，推动商城运营达到最佳状态。

## 7.1.2 智慧商场的创新特点

作为新零售的载体，智慧商场的主要内涵体现在满足个性化消费体验需求和维持这种新要求和管理手段，换句话说就是消费体验智能化和管理智能化（图7-2）。我国商务部将新零售归纳为具有"新角色、新理念、新关系、新形态、新内容"五大创新特点，并从这五个方面赋予智慧商场不同的含义。

图7-2 商场智慧化驱动因素：消费体验智能化和管理智能化

### 1. 新角色

在新零售时代，智慧商场不仅作为组织者，更担当着服务者的重要角色。传统零售企业，无论实体店铺还是电商，其运营核心都围绕"商品中介"展开，即通过将商品从供应商传递到消费者手中，从中赚取利润。虽然部分电商和实体店引入了互联网技术来销售商品，但这仅拓宽了销售渠道，并未改变其零售中介的本质。在我国常见的"商业地产模式"中，零售企业的经销功能被逐渐淡化，更多的是作为一个平台，让品牌商与消费者进行交流，同时向供应商收取费用。然而，在新零售领域，零售主体的角色发生了深刻变革。智慧商场不再仅仅是交易的场所或平台，而是全面参与并成为经营活动的组织者和全方位服务提供者。智慧商场需要深入消费者的日常生活，洞察消费者的个性化需求，个性化服务每位消费者。对于供应商而言，智慧商场则利用自身的数据和信息优势，精确捕捉市场动态，为供应商提供有价值的商品信息和市场策略。这样一来，组织商品完成交易只是一个开始，智慧商场会利用自身强大的大数据资源挖掘能力和分析处理能力，为消费者和供应商提供一体化服务。

### 2. 新理念

商场和商圈是城市商业体系的重要内容，也是促进流通创新、培育新兴消费的载体。很多实体店适应消费升级需求新变化，加快运用现代信息技术，建设智慧商店，创新消费场景。伴随市场供求关系的进一步发展，消费者逐渐掌握了主动权。新零售就是适应"消费者主权时代"的新理念、新模式，新零售的出发点是消费者的需求，无论是新技术的应用还是周边策略的调整都是为了更加了解消费者的生活方式，从而更了解消费者需求，为消费者不断提供更精准的服务，因此在智慧商场中，商业主体的价值组成从原始的销售价值向消费者主权价值扩张。

### 3. 新关系

传统零售活动中，各参与方的关系是对立的，供应商希望成本更低、卖价更高；零售企业希望进价更低、出售价格更高；消费者希望用更低的价格买到超出预期的产品，其根本原因源于参与各方互相不信任，各自的关系独立、单一。在智慧商场中，整个供应链上各方是互相信任、互相合作的关系，智慧商场是连接供应商与消费的纽带，在这个纽带上的交流和沟通是持续的，消费者得到的不光是商品，而是持续的服务，消费者的需求通过新零售企业这样的"代言人"直接到供应商处采购，智慧商场实现了从传统商场中"商品被'推'给消费者"向"商品主动'拉'动消费者"的转化。

### 4. 新形态

因为智慧商场的经营活动来自数据驱动，依赖通过大数据对消费者的需求、潜在需求的分析结果，所以智慧商场可以更加精准、全面地把握消费者需求，以此为核心可以形成更为复杂的经营形态。传统零售企业的组织经营形态是以商品为出发点进行的，经营活动的核心都围绕满足商品的展示、存储、运送、销售工作，而智慧商场以消费者需求为核心，这就要求智慧商场具备强大的可塑性，形成复合型、集成型的经营形态。

### 5. 新内容

智慧商场需要建立持续、互动的供应商与消费者之间的关系，要做到持续互动，满足消费者多场景的购物体验就成了必备的能力。传统零售企业的经营活动都是围绕"商品"的，通过低买高卖获取利润，核心是围绕在"商品"与"货币"之间。而在新零售中，智慧商场是一个跨时域和空域的全渠道生态系统，经营活动的核心围绕在"供应商"与"消费者"之间，线上、线下全渠道就成了智慧商场的标配，消费者能以任何方式、任何时间在任何地点与智慧商场发生关系，从而满足消费者多场景的购物体验。与此同时，消费者的意愿在智慧商场集中表达，通过数据能对每位消费者精确画像，为供应商提供精确的产品价值，这样不光使产品的生产周期更短，还使供应商以更低的成本、更低的库存、更高的资金效率运作。

## 7.1.3 智慧商场智能管理系统的现状

### 1. 智能商场管理系统的应用现状

智慧商场的智能管理系统是为提升商场运营效率、优化管理决策而设计和实施的管理系统。商务部办公厅印发的《智慧商店建设技术指南（试行）》提出，智慧商店是指运用现代信息技术（互联网、物联网、5G、大数据、人工智能、云计算等），对门店商品展示、促销、结算、管理、服务、客流、设施等场景及采购、物流、供应链等中后台支撑，实现全渠道、全场景的系统感知、数据分析、智能决策、及时处理等功能，推动线上线下融合、流通渠道重构优化，以更优商品、更高效率和更好体验满足顾客便利消费、品质消费、服务消费需求的商店。

目前，智慧商场智能管理系统常见如下：

数据集成与分析：智能管理系统通过物联网技术、传感器等手段，实现对商场内部设备、顾客流量、库存状态等数据的实时采集和集成。同时，系统利用大数据分析和人工智能技术，对数据进行深度挖掘和分析，以提供商场运营所需的决策支持。

实时监测和预警：智能管理系统具备实时监测功能，可以监控商场内部设备运行状态、顾客行为、安全情况等。系统能够通过预设的规则和算法，自动发出预警信息，及时解决设备故障、安全隐患等问题，保障商场正常运营。

财务和库存管理：智能管理系统能够对商场的财务状况和库存情况进行全面管理和监控。系统可以实时跟踪销售额、成本、利润等财务数据，并生成相应的报表和分析结果，帮助管理者进行财务决策和分析。同时，系统还可以监测库存水平，提供库存预警和补货建议，避免缺货和滞销的情况发生。

顾客管理与个性化服务：智能管理系统具备顾客管理功能，可以记录和分析顾客的购买历史、偏好和行为数据。系统通过个性化推荐和营销策略，向顾客提供个性化的优惠、促销和服务，提升顾客满意度和忠诚度。

运营决策支持：智能管理系统通过数据分析和预测模型，为商场运营决策提供支持。系统可以基于历史数据和市场趋势，预测需求量、销售趋势等，帮助管理者制定合理的进货计划、促销策略等，并进行实时调整。

与其他系统的集成：智能管理系统与其他关键系统的集成是一个重要特点。例如，系统可以与电子支付系统、电子标签系统、安防监控系统等进行集成，实现数据共享和信息交互，提高整体系统的协同效应。

需要指出的是，智慧商场智能管理系统目前仍处于不断发展和完善的过程。随着科技的进一步发展和商场需求的不断演变，智能管理系统将会更加智能化、个性化和自动化，为商场提供更高效、便捷、精细的管理和服务。

### 2. 二维码技术使用现状

二维码技术在智慧商场的应用能够提高商场的运营效率和服务质量，提升消费者体验，促进商业发展。二维码主要有两大核心应用：

（1）高效信息传递。从二维码图像表面而言，其仅仅是一张图像，但其图像的背后蕴藏着巨大的信息量，且编码范围也极为广泛。开发人员可以根据各种需求，灵活地为不同种类的文字、图像数据进行编码，从而极大地扩展了二维码技术的应用领域。这使得二维码能够存储的内容丰富多样，如常见的名片信息、网址链接等，均可轻松通过二维码进行分享和传递。

（2）便捷交易支付。二维码支付应用是近些年来最为广泛的应用方式。这种支付方式基于无线识别技术，商家可以根据需要将商品的价格、商户信息、收款账号等交易信息编码成二维码形式。当顾客购买商品后，只需使用指定的支付端扫描该二维码图像，即可快速完成支付交易，极大提升了交易的便捷性和效率。

## 7.2 智慧商场的系统方案

### 7.2.1 智慧商场管理系统分析

#### 1. 智慧商场管理系统的六大板块

（1）在线商场管理。构建在线商场并且上架线下门店的商品，结合线下资源让用户线上购物体验更加完美，想要购买的商品一键搜索就能买到。

（2）连锁加盟店铺管理。门店可以根据地区、级别进行划分，不同层级的门店有不同的管理方式，统一管理能减少问题。

（3）物流信息管理。在线购物物流动态管理占有重要位置，因此打通最后一公里的物流，能让消费者更加满意。

（4）利润管理。管理商场的利润，并根据不同的角色自动分配利润。分配的利润将直接到达每个账户，简化账务对账手续。

（5）会员管理。在线对会员进行分类管理，包括会员卡充值、活动优惠促销发送等内容。

（6）招商加盟。通过多种商圈、多种合作来推动整个行业的发展，给新零售商城创造更多的可能性，创造更多的商机。

#### 2. 智慧商场管理系统的核心能力

（1）一体化支付能力中心。通过向各使用方提供统一的支付接入服务，单点对接第三方金融机构，完成线上线下支付的全面集中管理，并对交易结果进行统一对账的能力集合，从而确保支付流程的顺畅与准确。

（2）全方位销售支持能力中心。包含销售支持流程和销售过程管理的各个方面，从捕捉商机和识别客户需求开始，经过完整的销售过程，最终和客户达成合同协议。主要服务对象为政企客户或特定个人客户，同时也高效响应从营销管理中产生的优质客户、关键客户等特定客户的需求。

（3）统一渠道工作支持能力中心。通过采用统一的数据模型、渠道编码、管理维护和存储共享机制，实现对渠道的视图管理、酬金考核管理和工作支持。这为渠道的差异化经营提供了坚实保障，并增强了渠道间的信息交互与协同能力。

（4）高效客户服务能力中心。主要负责记录来自客户的服务请求与问题申报，同时接收系统内部发现的问题报告，并据此生成服务请求单和问题申告单。其服务范围涵盖了服务请求处理及跟踪、投诉建议处理及跟踪、故障受理及跟踪以及客户QoS（客户服务质量）/SLA（服务水平协议）管理，旨在提供卓越的客户服务体验。

### 7.2.2 智慧商场管理系统层次架构分析

智能商场管理系统的实现是在系统需求分析和设计的基础上进行的。在进行智能商场管理系统开发的环节，为了确保系统的安全性、可靠性、实用性以及可扩展性等多方面的特性，智能商场管理系统采用了分层开发的方式，这体现了低耦合、高内聚的设计思想。智能商场管理系统通常包括异常管理层、日志管理层、安全及加密解密管理层、实体层、用户接口层、业务逻辑层以及数据库访问层等多个层次。

#### 1. 系统设计原则分析

在进行智能商场管理系统的设计时，需要遵循一些基本原则以确保系统的高效性。这些原则主要包括实用性原则、易维护性原则以及可扩展性原则。

（1）实用性原则。智能商场管理系统的实用性原则针对的是系统设计环节里能否按照用户的实际需求进行设计，而不能根据系统程序设计者们的思想设计系统，因为按照后者进行设计极有可能使得系统功能不符合用户的需求。

（2）易维护性原则。智能商场管理系统的易维护性原则针对的是系统的管理员进行设计的。系统在运行过程中难免会遇到需要维护的问题，如异常信息的处理、维护等。因此，在设计系统时应考虑到维护的便捷性，以确保系统的顺畅运行。

（3）可扩展性原则。智能商场管理系统的可扩展性原则考虑到系统投入使用后可能会遇到的用户需求变更或新增的情况。这就要求设计者在设计系统时预留出可扩展的空间，以便根据用户需求的变化对系统进行升级处理。

#### 2. 系统性能分析

在性能方面，智能商场管理系统需要特别关注数据信息的存储性能以及系统的响应时间等与时间相关的属性。系统在日常运行中需要处理大量数据，包括接收内部工作信息和外部数据等，因此在进行数据信息存取时需要进行速度和效率方面的优化。

当前，全国各地的商场纷纷应用5G、物联网、大数据、云计算、人工智能、虚拟现实等新技术，推动线上线下融合，实施全场景、全链条、全用户、全品类的数字化。这些新技术不仅有助于深挖信息数据分析、促进价值转化、改善门店经营、提升消费者体验，同时也为智能商场管理系统的设计和实现提供了更多的可能性和挑战。

综上所述，智能商场管理系统的设计和实现需要遵循一定的原则和要求，并考虑到系统的性能和用户需求的变化。只有这样，才能确保系统的高效性和实用性，从而满足现代商业运营的需求。

### 7.2.3 智慧商场管理系统功能需求分析

#### 1. 智慧商场基本信息维护管理功能

智慧商场管理系统中的基本信息维护管理模块，为商场提供了全面而灵活的信息管理解决方案。此模块包括四个核心部分：商场基本信息录入、部门数据管理、商场信息查询以及数据初始化。商场管理员可根据实际需求，轻松管理商场及部门数据，同时支持关键字查询以快速定位所需信息。此外，管理员还能根据商场的运营需求进行初始化参数设置。智慧商场基本信息维护管理部分的用例说明表见表7-1。

商场基本信息维护管理的用例说明表　　　　　　　　　　　表7-1

| 名称 | 功能描述 |
| --- | --- |
| 用例名称 | 商场基本信息维护管理用例 |
| 参与者 | 商场管理员 |
| 前置事件流 | 商场管理员通过浏览器等登录到系统admin页，并进入商场基本信息维护管理功能中 |
| 基本事件流 | ① 商场管理员使用商场基本信息录入部分，对商场的基本数据信息进行管理操作<br>② 商场管理员可以对商场中的相关部门进行业务管理等操作<br>③ 商场管理员可通过条件匹配来查询商场的基本数据信息<br>④ 商场管理员可通过初始化商场基本数据进行其他业务的操作 |
| 后置事件流 | 根据提交需求的内容，反馈对应的处理结果值 |
| 异常事件流 | 用户权限有误、提交参数有误、返回结果值不正确 |

### 2. 智能仓库数据管理功能

智能仓库数据管理功能为仓储人员提供了强有力的支持。该功能涵盖货品入库、库存盘点、货品出库以及货品信息查询四大环节。仓储人员可根据库存情况和下限值进行及时盘点，并通过货品编号实现精确或模糊查询，确保库存数据的准确性和高效性。智能商场管理系统的智能仓库数据管理的用例说明表见表7-2。

智能仓库数据管理的用例说明表　　　　　　　　　　　表7-2

| 名称 | 功能描述 |
| --- | --- |
| 用例名称 | 智能仓库数据管理的用例 |
| 参与者 | 仓储人员 |
| 前置事件流 | 仓储人员通过浏览器等登录到系统admin页，并进入智能仓库数据管理功能中 |
| 基本事件流 | ① 仓储人员登录到智能商场管理系统的智能仓库数据管理部分进行货品入库管理，对商城的商品入库部分进行管理<br>② 仓储人员登录到智能商场管理系统的智能仓库数据管理部分进行库存盘点管理，对商场中入库部分的所有商品进行数据信息的盘点操作，并对盘点信息与记录进行维护<br>③ 仓储人员登录到智能商场管理系统的智能仓库数据管理部分进行货品出库管理功能的使用，对商场中存在的商品进行出库管理，如出库的跟踪与维护<br>④ 仓储人员登录到智能商场运营管理系统的智能仓库数据管理部分进行货品信息查询管理操作，对商场中存在的商品进行数据信息的精准查询与模糊查询操作 |

续表

| 名称 | 功能描述 |
|---|---|
| 后置事件流 | 根据提交需求的内容，反馈对应的货品库存管理处理结果值，如盘点信息结果值、查询结果值、入库结果值与出库结果值 |
| 异常事件流 | 用户权限有误、提交参数有误、返回结果值不正确 |

### 3．智能购物管理功能

智能购物管理功能致力于提升客户的购物体验。通过分析用户的购买记录和偏好，系统能够在商品展示环节为用户推荐心仪的商品。此外，该功能还支持商品定位，引导客户快速找到实体店位置，从而实现线上线下无缝衔接的购物体验。同时，系统还提供扫描支付、购物车管理及费用合计等功能，简化购物流程。智能商场管理系统的智能购物管理主要分为商品信息展示、商品购买历史记录、扫描支付管理、购物车管理以及费用合计管理功能，智能购物管理用例说明表见表7-3。

智能购物管理用例说明表　　　　　　　　表7-3

| 名称 | 功能描述 |
|---|---|
| 用例名称 | 智能购物管理用例 |
| 参与者 | 客户 |
| 前置事件流 | 客户通过浏览器等登录到系统admin页，并进入智能购物管理功能中 |
| 基本事件流 | ① 客户登录到智能商场管理系统的智能购物管理功能，使用商品信息展示功能，通过用户操作界面展示商品的详细数据信息<br>② 客户登录到智能商场管理系统的智能购物管理功能，进行商品购买历史记录使用，展示对应商品的历史购买记录数据<br>③ 客户登录到智能商场管理系统的智能购物管理功能，进行扫描支付管理操作，用户通过手机扫描二维码的方式进行对应商品的购买操作<br>④ 客户进行购物车管理操作，通过购物车方式管理用户扫描过但未付款的商品，确保用户及时了解购物信息<br>⑤ 客户通过费用合计管理操作，计算用户购物车中的实际费用数据 |
| 后置事件流 | 根据提交需求的内容，反馈对应的处理购物相关的结果值 |
| 异常事件流 | 用户权限有误、提交参数有误、返回结果值不正确 |

### 4．智能查询与统计管理功能

智能查询与统计管理功能是智能商场管理系统的核心组成部分，可以显著提高用户操作效率。该功能支持商品购买数据统计、统计条件配置和销售分析管理。用户可通过多种条件进行查询和统计，并获得直观的销售分析结果。此外，该功能还支持二维码、图片和文本三种查询方式，满足用户多样化的查询需求。具体的智能商场管理系统的智能查询与统计管理功能用例说明表见表7-4。

智能查询与统计管理用例说明表　　　　　　　　　　　　表7-4

| 名称 | 功能描述 |
| --- | --- |
| 用例名称 | 智能查询与统计管理用例 |
| 参与者 | 商场管理员、客户、商场销售人员 |
| 前置事件流 | 商场管理员、客户或商场销售人员通过浏览器等登录到系统admin页，并进入智能查询与统计管理功能中 |
| 基本事件流 | ① 用户登录到智能商场管理系统的智能查询与统计管理功能，进行商品购买数据统计，根据配置条件统计用户的购物数据信息<br>② 用户登录到智能商场管理系统的智能查询与统计管理功能，利用统计条件配置，对查询与统计部分的数据信息进行条件配置<br>③ 用户登录到智能商场管理系统的智能查询与统计管理功能，利用销售分析管理功能，对用户的购买商品的数据进行销售数据的分析 |
| 后置事件流 | 根据提交需求的内容，反馈对应的处理结果值，具体反馈内容如下：① 反馈购物数据信息；② 反馈查询list结果值，统计结果值；③ 反馈销售分析结果值 |
| 异常事件流 | 用户权限有误、提交参数有误、返回结果值不正确 |

### 5．智能购物与结算管理功能

智能购物与结算管理功能旨在优化服务，提升消费体验。该功能包括商品推荐管理、支付结算参数配置和结算信息管理三个子模块。商场管理员可根据客户偏好进行精准的商品推荐，同时配置支付结算参数以适应不同的支付场景。财务人员和客户可便捷地管理结算信息，确保支付流程的顺畅进行。具体的智能商场管理系统的智能购物与结算管理用例说明表见表7-5。

智能购物与结算管理用例说明表　　　　　　　　　　　　表7-5

| 名称 | 功能描述 |
| --- | --- |
| 用例名称 | 智能购物与结算管理用例 |
| 参与者 | 财务人员、客户、商场销售人员 |
| 前置事件流 | 财务人员、客户或商场销售人员通过浏览器等登录到系统admin页，并进入智能购物与结算管理功能中 |
| 基本事件流 | ① 商场管理员登录到智能商场管理系统的智能购物与结算功能，使用商品推荐管理功能，根据客户偏好进行商品的精准推荐<br>② 商场管理员登录到智能商场管理系统智能购物与结算功能，使用支付结算参数配置功能，对使用者结算参数进行参数配置管理<br>③ 财务人员、客户或商场销售人员登录到智能商场管理系统的智能购物与结算功能，使用结算信息管理功能，对使用者的结算数据进行管理操作 |
| 后置事件流 | 根据提交需求的内容，反馈对应的支付处理结果值 |
| 异常事件流 | 用户权限有误、提交参数有误、返回结果值不正确 |

### 6．智能监控管理功能

智能监控管理功能为智能商场提供全面的视频监控服务。该功能包括用户位置定位、监控参数配置和监控数据分析管理三个子模块。通过LBS（Location Based Services，基于位置的服务）技术，系统可实现对人员、货物的精准定位和推荐处理。监控人员可轻松管理监控参数并分析监控数据，为商场的安全运营提供有力保障。具体的智能商场管理系统的智能监控管理用例说明表见表7-6。

智能监控管理用例说明表　　　　　　　　表 7-6

| 名称 | 功能描述 |
| --- | --- |
| 用例名称 | 智能监控管理用例 |
| 参与者 | 监控人员 |
| 前置事件流 | 监控人员通过浏览器等登录到系统admin页，并进入监控管理功能中 |
| 基本事件流 | ① 监控人员登录到智能商场管理系统的智能监控管理功能，使用用户位置定位功能，通过位置服务技术进行用户的定位数据的管理 |
|  | ② 监控人员登录到智能商场管理系统的智能监控管理功能，使用监控参数配置功能，对监控数据的参数部分进行配置管理 |
|  | ③ 监控人员登录到智能商场管理系统的智能监控管理功能，使用监控数据分析管理功能，对后台的监控数据进行分析管理 |
| 后置事件流 | 根据提交需求的内容，反馈对应的支付处理结果值 |
| 异常事件流 | 用户权限有误、提交参数有误、返回结果值不正确 |

## 7.3　智慧商场的建设模式与策略

### 7.3.1　智慧商场的规划与建设

在智慧商场的规划与建设过程中，实现产业的转型与升级是关键。规划与建设智慧商场不仅涉及简单的物联网系统构建，更需要关注如何有效地推动传统商业地产进行转型、升级和发展。换言之，需要关注传统商城发展路径的转变，商城网络化方式的革新，以及商城整体如何实现质的飞跃，从而获取新的竞争优势。

目前，我国商业地产行业正面临"产能过剩"的挑战，具体表现在规划、定位、招商和运营等方面的困难，各产业发展动力不足，以及传统商城管理日益复杂等问题。同时，实体零售业也承受着经营成本上升、消费需求结构调整和网络零售迅速崛起等多重压力。然而，在我国特定的市场背景下，实体店仍拥有充满希望的前景。与线上购物相比，商场具有独特的优势。

1. 智慧商场的规划和定位

智慧商场的规划和定位应重视两方面的内容：

（1）以智慧商铺、智能物业、智慧商家为代表的商城应用领域。这些领域与商城的建设水平、运营能力和服务质量紧密相连，是推动传统商城持续发展的重要力量。

（2）商业地产产业发展领域。这包括智慧商场的产业发展，传统商业地产的改造与升级，以及选择、引进、培育和发展物联网核心产业和相关产业。应充分利用物联网技术来改造和提升传统商业地产产业，同时促进各产业之间的互动与协作。

#### 2. 智慧商场的建设

在智慧商场的建设过程中，我们需要将商城应用与产业发展有机结合，制定科学合理的智慧商场产业决策，并有效利用传统商业地产产业资源。

（1）应从更高起点和总体架构的角度进行商城智能化基础设施的建设，从而避免商业地产产业规划中的重复建设问题以及建设即落后的问题。

（2）应重视新兴智慧商场产业的选择与培育。在精选的基础上进行壮大，并通过其辐射效应带动其他产业的发展。

（3）应关注对传统商业地产产业的智慧化改造。通过营造智慧化的商城经营环境以及智能化的企业和商业服务体系，提升传统产业的竞争力。

智慧商场的建设应该突破单纯的技术主导路线，实施涵盖投资、开发、建设、定位、招商、运营和管理等方面的一揽子解决方案是关键所在。这样才能更好地推进智慧商场的总体发展，为商业地产行业的未来注入新的活力与希望。

### 7.3.2 智慧商场的建设模式

#### 1. 智慧商场的建设体系

智慧商场的建设体系可以从以下三个层面进行分析：

（1）底层侧重于感知和检测功能，这主要体现在商城范围内的无线与有线传感网、物联网以及泛在网的建设上。这一层级的建设旨在实现商场内外环境的全面感知，通过实时的数据收集和分析，为商场的高效运营提供强大的数据支撑。

（2）顶层侧重于智慧商场的体系架构，尤其侧重于商城智能决策平台的研究和建设。在这一层级，要解决智慧商城在认知、学习、成长、创新、决策以及调控能力等方面的核心问题，通过构建高效的智能决策系统，实现商场运营的智能化和自主化。

（3）用户层则侧重于提供个性化和智能化的服务和应用，以满足不同行业用户的需求。通过终端设备，用户可以轻松享受到智慧商场所提供的各种便捷服务，从而大大提升用户的购物体验和满意度。

在智慧商场的建设中，不仅强调智能硬件的应用，更注重智慧的注入。加快实现"百兆进户、千兆进楼、T级出口"网络能力全覆盖，为用户提供极速的网络体验。同时，在无线网络方面，推进5G、Wi-Fi、WLAN实现无缝切换，确保用户在商场内任何角落都能享受到稳定、高速的网络服务。智慧商场强调通过广泛采用物联网、云计算、人工智能、数据挖掘、知识管理等技术，提高传统商城规划、建设、管理、服务的智能化水平，打造一个更高效、更便捷、更文明、更低碳的商场运营新模式，为消费者提供更美好的购物体验，为商家创造更大的商业价值。

### 2. 智慧商场的建设模式

智慧商场的建设模式有以下四种：

（1）"供应链、采购链、网贸链"三链融合。通过整合和优化供应链、采购链和网络贸易链，智慧商场能够实现更高效、更灵活的运营和贸易活动。

（2）"信息流、商品流、资金流"三流合一。智慧商场通过集成信息流、商品流和资金流，实现信息的实时共享、商品的快速流通和资金的高效管理。

（3）"网络化、智能化、数字化"三化协同。智慧商场借助网络技术实现互联互通，运用智能技术提升运营效率，并通过数字化技术实现精细化管理。

（4）打造智能的、数字的、网络的、集成的新一代双模智能云终端主题智慧商场。

新一代：主要是结合新一代信息技术的应用以及云计算、物联网和下一代互联网以及移动电子商务，在实体商城中创新应用；

双模：产业化逆向整合和网络化数字贸易，旨在通过消费终端逆向整合供应链和生产企业，构建生产与消费终端的最短流程，并利用实体商城开展全程电子商务新模式；

智能：运用智能商业软件系统，打造Wi-Fi、EI等商业智能商城管理和运营体系；

云终端：将分散的多家商铺和商家按照云终端的管理模式，进行数据化共享和数字化贸易；

主题商城：围绕产品主题，打造时尚、创意、网络和品牌并重的主题商城，实现智慧商场的全面升级。

### 7.3.3 智慧商场的建设策略

#### 1. 智慧商场运营管理的转变

（1）场景转变。在新零售时代，智慧商场的运营正在经历从传统的单一销售模式向智慧零售的多样性销售场景的重大转变。在传统零售的购物模式之下，零售流程是在线下需要先到店、再拿货，然后进行货款支付；传统零售购物线上模式是通过浏览网页、选择购物车，然后进行货款支付，传统零售购物中心在场景上是单一的。在新零售时代下，零售的时间与空间都发生了变化，促使消费场景发生了转变，新零售的销售场景趋向于多样化。数据技术的普遍应用使得实体与虚拟能够深度结合，在新零售模式下，传统零售客户和货物以及场景空间以及时间维度等得到了拓展，打破了传统区域和时间以及场所的限制。在新零售时代下，销售场景日益多样化，时间和空间的限制被打破，商品和消费者体验都不再受物理形态的限制。

（2）数据转变。在新的零售环境下，智慧商场的数据收集和分析方式也发生了深刻变化。传统的方式往往繁琐且效率低下，而在智慧零售模式下，大数据和云计算等技术的运用使得数据的收集和分析变得更为精准和高效。这不仅提高了数据的数量和质量，更能够深度挖掘数据的价值，为商场的运营决策提供强有力的支持。

（3）渠道转变。随着新零售的发展，智慧商场的销售渠道也在发生变革。传统的单一渠道销售模式正在被多渠道营销模式所取代，线上线下的销售渠道被打通，形成了全渠道的销售网络。这不仅增加了销售的触点，也使得消费者能够在不同的场景下享受到一致性的购物体验。

（4）价值转变。在新零售时代，购物中心的价值也在发生变化。从传统的以商品为中心的销售模式转变为以消费者体验和服务为中心的模式。这不仅提升了消费者的购物体验，也使得商场能够通过提供个性化的服务来增加其附加值。

**2. 智慧商场运营管理的策略**

（1）以营销为中心向以服务为中心转移。新零售时代下，购物中心智慧运营，需要以营销为中心向服务为中心转移。电商的崛起和新零售模式的发展，促使消费场景发生很大变化，传统零售时代以产品销售为主导的模式，在场景转换之后已无法适应，线上模式必须向以线上的服务为中心转移，围绕用户需求，围绕对用户服务的优化整合全景化的销售，必须完成以产品为中心，向以客户为中心的转移，进行有效的消费升级。新零售时代购物中心智慧运营实现，则需要打通线上和线下的数据，做好平台构建、数据收集、数据分析，从而有效提升购物中心的实际运营效率。

传统零售模式下，购物中心管理体系繁杂，包括租户管理、物业管理、市场营销、会员管理等，每个模块的管理要素相互独立，数据无法互联互通，在这种模式之下，数据的搜集与分析对支持决策无法体现整体性。此外，传统模式下，场景是重叠的，满足消费者需求的同时，要完成商户的盈利目标。智慧运营赋予购物中心数据功能的同时，还能够增加一些额外的智能化服务，例如协助流量用户智能停车等，更多的消费体验让用户更方便，例如，手机号、会员登录、线上推广和线下推送以及智能支付，通过对这些触点数据的分析，能有效实施全景化，从而对购物力进行有效的升级。

（2）大数据分析对客户进行聚类分析。通过使用大数据对客户进行分类和分析，智慧商场可以更精准地理解消费者的需求和行为模式。智慧运营模式下，可以利用海量数据，对用户按照年龄阶段、男女比例、消费层次、消费水平以及消费内容等进行分类。建立积累和识别用户系统的智慧支持，进行客户识别，将不同的年龄和性别的消费者通过特定路径进行分类分析，对消费者购买行为进行分类，并作出推送和下一步的消费预期预判。购物中心通过聚类分析的数据可以看到商户销售发生的变化以及人流、客流变化，还能够根据这些信息作出优化的业态匹配。新零售时代的购物中心智慧运营整体系统也应该涵盖全方位的模块系统，例如收银支付体系、租户管理和商家管理系统、消费者分析系统、客流统计系统、车流系统、CRM系统（客户关系管理系统）和MIS系统（管理信息系统）。

这些系统能从不同方向提供数据，对购物中心数据的使用和挖掘有着重要作用。聚类分割下，大数据不但对分析客户需求有帮助，而且有利于店铺管理，通过对店铺营运情况的统计、租金、客流以及盈利能力的关系分析，作出更具有创建性的决策。

（3）实施O2O全渠道营销线上线下推广。包括建立线上平台、完善智慧运营配置、提供线上线下一致性的客户体验等。首先，需要根据商场发展实际情况，建立线上平台并对基本的智慧运营配置进行完善。通过APP、网站、微信端口以及电子会员等功能的构建，促使平台能够形成多触点全面覆盖。构建平台的主要目的是为客户提供链接到购物中心的入口，形成多触点。此外，也是为了更方便服务客户，增加更多的用户体验。数据的挖掘和线上线下节点的打通，对全渠道营销和精准化营销都具有重要意义，及时向用户推送其需要的购物信息，有利于营收的增加。购物中心的智慧运营系统还可以向客户提供更为精准的推送，及时了解商户销售实际情况和现实的市场状况。通过实施O2O全渠道营销，建立线上对客户的消费引导，并增加更多客户体验，支持线上体验、线下下单；同时，还可以线下消费、在线支付，实现线上和线下相结合的模式。

（4）利用蓝牙建立客户感知系统。智慧商场通过Wi-Fi与蓝牙热点的建立对用户进行定位，建立客户感知系统。商场附近用户的地理坐标以及商场内部客户聚集的区域对了解客户购物习惯、引流客户、服务客户以及店铺管理与业态管理有重要数据参考作用。通过数据内部节点与外部数据源识别客户，基于购物对客户进行更为详尽的了解，充分认识客户购物习惯与消费倾向，并且可以有效了解客户所在年龄阶段和人生阶段的需求方向。通过用户信息分类，为客户"贴标签"分类，从而做好品牌推送以及服务和活动策划，从而让流量向存量客户转化。

（5）智慧停车提高客户整体购物体验。通过智慧停车等服务的提供，可以大大提升客户的购物体验。这不仅可以增加流量客户，还可以通过优质的服务提升品牌形象和客户忠诚度。智慧商场运营系统模块当中可以增设智能停车管理的系统，不但能为购物中心降低人工使用的成本，而且对服务体验的增加有着很大帮助，让车主体会到贴心服务。利用新技术不但可以成为提升用户体验的一种服务方式，而且通过大数据、物联网以及平台智能系统的技术运用，为智慧商场建立更立体直观的运营模式，形成智慧运营的跨越和升级，创造更多的商机和更多的消费客户。

## 7.4 智慧商场的应用场景

### 7.4.1 智慧商场的智能化场景

智能化主要是指事务在网络环境下、大数据环境下以及人工智能相关技术支持下,可自动化、智能化地满足人们的各类需求,而智能商场管理系统的智能化就需要通过先进的技术方案为商场相关工作人员、客户提供自动化、智能化的服务。常见的智慧化应用场景有:

(1)智能定位场景:由于智能商场管理系统采用了LBS技术,因而可通过无线通信网络和定位技术为商场内的移动用户提供位置方面的服务,如某品牌店、某商品的定位等。同时LBS可以为顾客提供路线查询、位置锁定、定位搜索等服务,用户通过移动终端可以搜索最近的商户等。

(2)智能推荐场景:将LBS技术引入智能购物模块中的个性化推荐领域,从用户兴趣建模、推荐机制设计、信息资源组织等角度研究基于LBS情景信息的智能购物模块个性化推荐解决方案。因而可以智能化地、自动化地为客户推荐其喜好的商品信息、店铺信息。

(3)智能支付场景:智能支付功能是现阶段最为热点的服务,其可以关联微信与支付宝,改变了商场传统的支付方式,这也是智能商场管理系统最为智能化特点的体现。

(4)智能导购场景:对商品的电子价签、广告推行、追溯查询、智能导购业务进行管理。

(5)智能管理场景:智能商场管理系统采用二维码技术,二维码实际是一种信息存储的媒介,因而可通过二维码来存储商品、店铺、人员的各类信息,然后通过识别二维码来实现智能化的信息传递。

(6)智能监控场景:通过视频监控方式对商场的整体环境进行监控,如发生紧急情况,可进行智能化的异常识别,自动化的报警处理。同时借助LBS的紧急呼叫可以使地理位置信息发出去后,第一时间得到救助。

### 7.4.2 智慧商场的一站式服务

#### 1. 顾客随时下单,配送快捷

从门店端、用户端及供应链端三大方面开始入手进行设计,顾客在线下逛商场时候可以实现线上扫码购,随时买单不用排队。顾客在家也可以直接通过小程序自动显示附近的任意连锁门店,线上下单,然后系统将直接由附近的门店和前置仓履单配送到家。

#### 2. 库存实时监控,提高库存利用空间

新零售系统通过对商品进、销、存、出四大环节的"全链路"数字化,预测某个商品的销售量,并根据销售情况实时反馈供应链,进行按需生产及订货,以控制生鲜食材的损耗率,从而降低仓储库存风险等。

#### 3. 会员数据库,实现个性化营销

在平台顾客端,依托新零售大数据,门店可以获得店内顾客的消费喜好、任意商品的实时销量数据,从而获得"货"的优化,使商品更加匹配用户需求,门店也可以做到"千店千面",以满足用户个性化需求。后期,当不同用户被分到

线上各个微信社群中时，店员可以通过不同社群"人"的数据洞察，进行日常运营，以提升拉新、复购和留存率。

## 7.5 案例：某智慧商场运营管理的实践

某智慧商场已成为高品质城市生活新标志，给商业地产界带来了诸多的创新和颠覆，在全国多个城市建立了系列商场项目。与其他的商业地产相比较，该商业地产在对商业地产和零售业务充分理解和创新的基础上，让信息技术成为商业地产变革的核心力量。要发挥智慧商圈、智慧商店的平台作用，发展新业态、新模式、新场景，满足居民品质化、多样化消费需求。

### 1. 大数据掌握销售规律

该智慧商场数据来源主要有三个：POS机系统、CRM系统及消费者调研。任何一笔收入都进入POS机系统，而CRM系统主要是与人关联，便于对客户进行研究。通过海量调研问卷及定期的小组座谈、尝试访谈，来开展消费者调研。

该智慧商场以人脸识别系统为基础，用来识别捕获不同年龄、性别的消费者的行动路径以及购买行为。针对这个巨大的数据，进行了长达半年的研究后，求出了当消费者在购物中心里面临一个岔路口时的行走选择模式，以及任何两个品牌相邻时，销售的相互影响趋势。

该智慧商场八大系统：收银系统、CRM系统、MIS系统、租户管理、现场管理、消费者调研、客流统计、车流统计。客流统计目前已经可以统计购物中心每个时段客户男女比例、年龄范围等，准确率可达到90%；在八大系统下的支持下，该智慧商场主要进行数据挖掘工作。每个商场配备6～10名数据分析员，通过收集统计数据，分析店铺经营能力、租金升降等，这些都大大提高了决策的准确性与高效性。

### 2. 线上推广策略

建立广泛的线上平台，完善基本配置。建立APP、微信端、官网等渠道，电子会员卡功能，完成平台的全覆盖。

在线上的基础上，该智慧商场启动了名为"购物篮计划"的精准营销，将会员分为21个层级，为每一个层级推送完全不同但与之相应的信息。通过"综合云数据中心"为客户提供更加精准的个性化营销，管理层也能及时掌握每家商户的销售业绩以及市场状况。要积极顺应消费需求变化，不断提高商业质量，健全面向消费者、商业企业、运营机构和政府部门的智慧应用，打造线上线下一体化的智慧消费生态体系，改善居民购物休闲体验，促进消费提质扩容。各示范商店要充分运用现代信息技术，持续优化智慧设施、智慧服务、智慧场景和智慧管理，引领行业创新转型。

会员从一开始办卡到使用，每月的消费额不同，购买商品差异，通过大数据可以分析出会员的行为习惯，从而在某一时间推送给会员某品牌的优惠券、O2O

活动或者艺术沙龙等精准信息，从而实现大数据背后的精准化营销。

### 3．O2O战略

线上客流引导、线下商品体验；线下消费下单、在线支付体验。该智慧商场与集团内部的购物平台合作，将购物平台植入商场中，通过流量导入、会员共享以及物流配送等方面资源的结合，实现合作互赢。餐饮行业O2O沟通，通过O2O模式的线上流量优势资源，增加线下餐饮的翻台率；通过线下的就餐体验，增强线上餐饮品牌的传播力度。

### 4．建立客户感知系统

客户感知系统主要通过339个Wi-Fi布点和近3000个蓝牙热点实时定位用户。例如，位于北京西单的商场项目通过客户感知系统，可以适时看到其覆盖全北京城地图的用户分布情况，适时查看附近所有用户的适时地理位置，看到内部现场的顾客都聚集在哪儿，是从哪个店铺出来，又到了哪个品牌。如该西单商场项目整个系统捕捉到的一年的客流量是5000万，记录了500亿条用户购物习惯。客户识别系统则通过13个内部数据结点和7个外部数据源，可以准确得知消费者是谁、来自哪儿、有没有车、有没有房、是不是有孩子、是不是刚成为妈妈等信息。不但可以认知每一个客户的消费偏好，还可以认知每一个客户现在所处的人生经历和人生阶段。获取用户所有的信息后，内部数据系统会给用户打上292个标签，从这些标签里甄选出不同消费者的偏好，推送消费者喜欢的品牌和优惠券，留下存量客流。此外，该内部数据系统还通过超级APP联盟，与外部APP打通，吸引增量客流消费，最终形成近端和远端的闭环。在以上系统之上，该商场项目的体验中心可以做到排号点餐、电子会员、智慧车场等功能。

该智慧商场建立了一套客流系统，将商场、消费者、商户的B2C2B的逻辑通过O2O连接起来，同时把线上券和销售全部打通后，信息进行回流，这样实现将客人引到线上和线下。在整个过程中，最核心的关键因素是把CRM与所有的数据打通，比如POS机等，这样可以为店铺端实现拉新和销售以及团购服务等功能。搭建会员体系后，该智慧商场又进一步从互联网或者移动互联网获得流量，再把流量转化为线下的到店率，然后将到店率转化为提袋率，再通过移动支付的方式打通线上线下，最后引导消费者可以将购物的经历与评价分享出去，最终形成一个良好的消费者闭环。打通会员网络后，该智慧商场布局更远，开始以互联网思维打造的O2O会员体验中心，由APP线上商城和线下实体店组成，线上吸引粉丝登录APP积分消费，引流至线下领取商品参与体验成为忠实会员，形成O2O闭环。这样，将意味着可运营的大量客流和客户大数据，也将成为支持该智慧商场加速扩张的基础之一。

## 本章小结

互联网技术和物联网技术的普遍运用，为智慧商场集中展示产品功能和特点提供了极大的方便，新品内部场景与外部环境也会得到更优的结合，智慧商场多元化、智慧运营能赋予商场多元化的风格，科技创新也会通过智慧商场的多样化风格体现出来。智慧商场未来发展，主要看能否通过智慧运营更好掌握消费者的消费心理和消费倾向。新零售时代，购物中心需要从以营销为中心向以服务为中心转移；通过大数据运用，对客户进行聚类分割；实施O2O全渠道营销线上线下推广模式；建立客户感知系统；通过智慧停车等服务提高客户整体购物体验，从而有效促进购物中心的发展。

## 思考题

1. 简述智慧商场的概念和特征。
2. 请举例说明智慧商场的应用场景。
3. 简述智慧商场系统方案的核心能力。

思考题
解题思路

# 8 智慧园区的运营管理

【 本章重点难点 】

　　了解智慧园区核心架构层面中的展示层、应用层、平台层和基础层这四大层面在智慧园区系统中的功能；掌握智慧园区网格化平台运营管理的建设基础和应用基础对智慧园区的主要作用；熟悉智慧园区企业服务平台运营管理的构成组件和核心要素对智慧园区的意义。

【本章导读】

　　智慧园区的运营管理需要基于科学、有效的系统架构。为了使智慧园区的运营管理技术适应未来时代科技创新发展的要求，企业迫切需要提高运营管理技术，而智慧园区的网格化平台运营和企业服务平台运营有效地稳定了园区的良性运作。本章旨在通过对智慧园区系统结构和运营管理技术进行叙述以提高智慧园区工作效率。首先，梳理智慧园区的发展历程，并在此基础上介绍智慧园区的系统架构。其次，详细分析智慧园区的网络化平台运营管理和企业服务平台运营管理。最后，通过经典案例总结出智慧园区的运营管理技术对智慧园区发展的意义。本章的逻辑框架如图8-1所示。

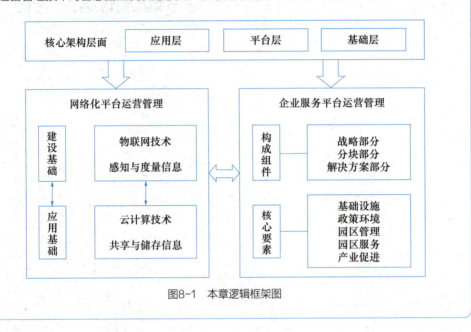

图8-1　本章逻辑框架图

## 8.1　智慧园区的发展历程

　　智慧园区是智慧城市的重要组成部分，它对智慧城市的建设起到了重要的支撑作用。智慧园区（Smart Park）的概念来自智慧城市，它是指一个技术先进、互联互通的区域，这一区域旨在为企业、员工和访客创造一个互联、可持续和用户友好的环境。这一区域利用最新的数字创新技术来提高效率、可持续性和用户体验，因此它集成了各种智能技术，如物联网传感器、数据分析和人工智能，以优化能源消耗、交通流量、安全和整体运营。伴随着IT技术的快速发展，产业园区逐渐向高科技园区过渡，新的经济增长模式下园区更注重生产、生活及生态的协调；园区入驻的企业由传统制造型向高新技术企业转变，更加注重通过技术创新占领产业链中的高附加值环节；园区的管理体制也逐渐向智能化、人性化、完善化方向转变。

### 8.1.1 国内智慧园区建设的阶段

#### 1. 从单一型向科技型转化

信息技术发展带来的产业革命促使智慧园区的产业由传统向第三产业和高端制造业转变。随着计算机网络技术、互联网、通信技术等快速发展，产业园区逐步从单一的农业经济和工业经济向知识服务型经济转变。我国的产业园区也逐步从传统的、单一的、智慧化水平较低的工业园区向科技型的智慧园区过渡，呈现出从低级向高级、从单一向综合的发展态势。在对当代青年进行培育过程中，应加强青年对信息技术发展的认识，提高其思考能力、学习能力、创新能力，从而为新时代发展趋势朝向智能化、数字化储备高科技人才。

#### 2. 由传统化向智慧化发展

随着大数据、物联网、云计算等技术应用在更多的领域，更多园区从信息化逐步朝着数字化、智慧化发展。2023年3月，国务院新闻办公室举行"权威部门话开局"系列主题新闻发布会，工业和信息化部部长在会上表示将加快发展数字经济核心产业，即加快人工智能、大数据、区块链、云计算、网络安全等新兴数字产业发展，通过引导及支持企业加大研发投入来提升通信设备、核心电子元器件、超高清显示等产业水平。当前新型工业园区以移动通信网络、多媒体终端等园区基础设施为依托，整合利用云计算、互联网＋、物联网等信息数据来实现园区生产管理、信息服务、在线监测、应急救援及日常服务的智能化与科技化，并通过明确园区投运后的需求实现可持续发展、良性循环的智慧化服务。

### 8.1.2 智慧园区的发展趋势

#### 1. 网络全覆盖化

网络全覆盖在智慧园区信息化建设中是最基础最重要的一环。智慧园区要实现这一目标，须通过完善基础设施建设（包括有线与无线融合、多种接入方式的高宽带网络技术等）来完成。这一环境下的计算机能通过设备实现无障碍地享用计算能力和信息资源。

#### 2. 平台集约化

云平台的大平台集约实现了数据的集中共享，促使园区分散化管理和经营向着集约化转变。平台集约包括：① 横向部分，即将分散在各个部门的管理系统对接来实现数据共享；② 纵向部分，即将园区内部系统与政府部门相关系统对接形成向企业提供一站式服务的大平台。

#### 3. 应用智慧化

物联网的规模应用将促进信息应用的智慧化和深度化，这将被引入园区大规模区域的管理中。这一技术利用传感技术采集数据，将使得环境监测、安全监控等的效率和准确度大幅提升。

### 4. 运营社会化

越来越细化的社会分工使得信息化运营主体和运营模式越来越多样化，整体运营单依靠管委会或是运营商将很难完成，因此须创建政府、运营商及第三方共同运营的关系。

## 8.2 智慧园区的系统架构

构建智慧园区的核心架构应考虑以下几个方面：

（1）园区的效能建设，主要包括协同办公管理系统、物业管理系统、政务管理系统及智控管理中心平台等模块。

（2）园区的可靠性建设，主要包括土地规划管理系统、规划管理系统、基础建设管理系统、市政设施智能管理及智慧交通系统等模块。

（3）园区的实力建设，主要包括招商管理系统、物流管理、企业公共服务平台、企业生产制造及企业质量监督平台等系统。

（4）园区的环境建设，主要包括智慧水务管理系统、环卫管理系统、绿化管理系统及智慧生态环境管理系统等模块。

（5）园区的安全建设，主要包括安全生产管理系统、防灾减灾管理平台、消防安全管理平台及公共安全管理系统等。

（6）园区的文化建设，主要包括智慧民生服务平台、智慧社区管理与保障系统等。

### 8.2.1 智慧园区核心架构层面

智慧园区核心架构包括四个层面，即展示层、应用层、平台层、基础层。展示层是平台与用户之间的界面，有信息输入和输出功能；应用层对智慧园区各个领域进行综合、融合应用；平台层提供数据及公共信息服务；基础层是整个智慧园区功能实现的最基础的部分，整合了基础设施层、智能感知层、网络通信层三个层次的内容。智慧园区的系统架构如图8-2所示。

#### 1. 展示层

展示层是智慧建设围绕园区主体需求，为园区及园区入驻企业提供便捷的交互方式，实现园区智慧化管理的门户，是园区与企业、园区与公众之间实现交互，最终实现信息共享、高效协同工作以及科学决策的支撑。从展示层传递来的请求首先会传递到应用层，然后传递到基础层，最后才传递到平台层，数据不能直接从展示层传递到数据库层，不能把写入数据库的操作也写在展示层代码里。展示层并不需要关心怎样得到用户数据，它只需在屏幕上以特定的格式展示信息。

#### 2. 应用层（五大入口）

应用层包括企业主、企业员工、物业管理员、来访者、系统管理者五大入口，应用层的服务对象涵盖所有人员，为公共服务门户。

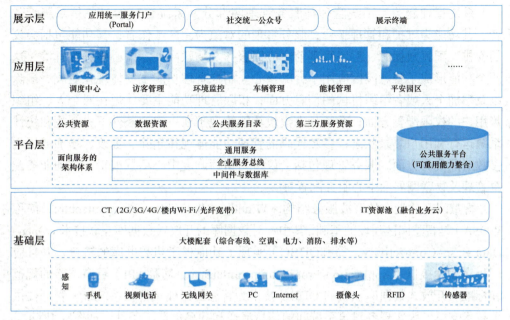

图8-2　智慧园区的系统架构

园区内针对企业人员的服务有：访客预约、会议室申请、信息发布与订阅及一卡通信息等；园区业主和物业管理人员可以享受如各项资源的消耗状况、设备监控、数据监控等更高级的服务。管理信息发布和信息接收是指园区物业管理者通过PC端或者是移动设备向所有用户群发、选择性接收或者自主订阅发布信息。信息的具体内容包括能源预警、安防报警、班车、代办事务等，还包括设备故障等信息。除此之外，针对园区管理及物业人员的应用服务还包括能源管理、设备监控、安防应急指挥及应用场景配置服务，如图8-3所示。

图8-3　园区应用管理

系统管理涵盖了系统管理与服务管理两部分。系统管理的对象是系统管理者，其功能为维护和管理平台；服务管理的对象为园区工作者，其功能包括会议的安排、配置数据源、配置管理前台应用服务及物联网展示中心服务配置等，这两个功能形成了智慧园区应用平台的核心。用户管理功能主要体现在更改、删除以及增加个人或者组织机构的信息方面；权限管理功能主要体现在对个人、组织等用户的权限配置方面；系统日志模块功能体现于在一定的条件下去查找和统计系统运行和用户登录状态；参数代码的管理功能体现在删除、更改、增加或绑定参数对照代码方面；服务管理包括会议室与指挥调度中心场景编辑、联动业务配置管理及物联网展示中心服务配置等。

智慧园区建设中的开放服务结构（Windows Open Services Architecture，简称WOSA）是智慧园区建设的基础，其中针对数据库的开放式数据库互联技术（Open-Data Base-Connectivity，简称ODBC）实现了其他程序与数据库的链接，并且应用程序编程接口（Application Programming Interface，简称API）具有严格的规范和标准。开放式数据库互联的ODBC技术为智慧园区建筑群的系统统一管理提供了技术支撑，为实现各建筑系统间的信息流通和共享创造了条件，如图8-4所示。

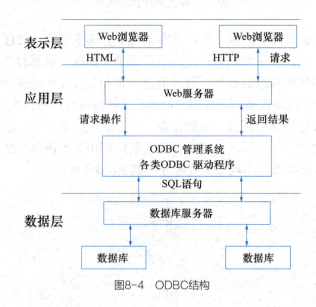

图8-4　ODBC结构

### 3. 平台层（一大平台）

（1）平台层建设原则

智慧园区的建设强调"开放平台，市场选择，应用导向，超前规划"，因此开放性是平台层的基础。

（2）平台层建设目标

平台层建设的主要目标是便利和安全，用户（包括内容提供商和应用服务商）在使用过程中享受开放、便捷、高效且具有安全保障的服务。这需要对园区内外网络进行改造升级，满足园区内设备及人员随时随地接入网络的需求。

（3）平台层建设方案

平台建设需满足信息化服务要求，一是需要实现对各方面的监控、管理及广播以及对紧急事件进行处理等功能；二是需要实现访问门户的统一、服务控制的统一、应用子系统以及终端系统的采集四个方面的信息化系统架构。图8-5为M2M平台集成模式，M2M代表机器对机器（Machine to Machine）、人对机器（Man to Machine）、机器对人（Machine to Man）、移动网络对机器（Mobile to Machine）之间的连接与通信，它涵盖了所有实现在人、机器、系统之间建立通信连接的技术和手段。M2M功能包括提供统一的终端接入口、统一的安全认证、统一的数据交换平台、统一的应用基础运行平台、统一的门户支撑平台、支持多种平台服务的端口，这一平台集成模式提供物联网各行业应用对接层、通信层及行业应用基础层的通用解决方案（图8-5）。

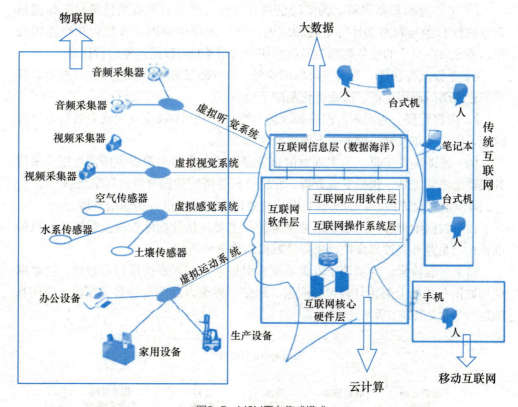

图8-5　M2M平台集成模式

模块化设计中涉及的功能组件具体如下：

1）物联网应用数据与系统运行平台的对接，即实现对基础数据的无缝衔接。智慧园区公共管理服务平台包括：① 数据中心区，即以云计算平台为中心搭载实现各相关业务的基础设施；② 核心交换区，此区域系统的主要设计为层次化网络设计；③ 网站访问区。

2）统一的身份认证系。为保障认证平台的高集成统一性，在用户信息和系统权限下集成各业务系统认证信息。

3）统一的数据应用集成中心。为保证相关业务协调统一性，针对各相关业务异构系统、数据源以及中间件的连接采用应用集成技术。

4）业务基础框架。为保证数据统一性，采用B/S结构J2EE表现层界面库，B/S结构是一种网络架构模式，而J2EE则是支持这种网络架构的一种开发平台和技术框架。在B/S结构的应用系统中，J2EE技术可以被用于开发、部署和管理系统的服务器端组件，从而帮助实现系统的各项功能。

5）门户支撑平台。为保证信息充分共享，信息门户中各内部业务基础信息实现直接管理。

6）开发工具：为了实现内置实用功能，以应用基础运行平台为基础搭载综合Java开发工具（studio）。

7）工作流和规则引擎。为实现信息、文件与参与者的有效传递，工作流结合流程针对参与者对文件等进行相应的操作；规则引擎以业务规则执行逻辑操作，将加载在引擎的业务规则与当前操作交由引擎Java数据对象进行比对。

8）业务流程管理。为实现跨部门业务，以Web服务技术和应用集成技术为基础搭建跨部门流程重组、流程优化基础平台。

9）内容管理。为实现对网站的维护和管理，利用Web交互模式对各行业平台内容、信息发布及网络维护等方面进行管理。

10）辅助决策工具。为实现对信息的提炼及为各项决策提供所需数据，采用各类辅助决策工具，包括专业分析、联机分析等搭建数据分析及共享机制。

11）信息交流中心。为实现数据的有效传输，应提供各种通信支持。

12）数据维护。一是系统级数据维护，主要包括数据库管理及数据监控机的维护；二是业务级数据维护，主要是数据的检查和清理。

13）智能检索。为实现千万级数据索引检索，接入系统运行平台后，物联网应用数据在功能上需要具备包括变量、通信、界面以及脚本等多个模块。应用基础运行平台如图8-6所示。

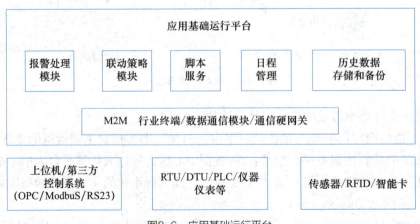

图8-6 应用基础运行平台

4. 基础层（N种硬件基础）

随着物联网技术的加入，当前的智慧园区基础层包含了三个内容，即基础设施层、智能感知层和网络通信层。

（1）基础设施层：是智慧园区信息化建设的硬件基础层，具体包括地块驻地网、无线局域网、通信机房、地块信息化管理中心等重要设施。

（2）智能感知层：主要实现园区数据采集、自动化控制，所涉及的系统如园区环境监控系统、智能交通系统、智能会展系统、智能卡管理系统、楼宇自控制系统以及紧急广播系统等。智能感知层核心元素如下：

1）感知对象。感知对象的主体为园区内楼宇建筑中的各项设施、设备，还包括智慧园区内车辆运行情况、道路以及楼宇建筑内设备运行状态等。

2）感知单元。感知单元即通过RFID、传感器、二维码及实时定位设备等对园区内感知对象产生的事件、数据或设备进行数据采集。

3）传输网关。传输网关由传感设备（智慧园区内的每一感知设备都需具备寻址功能，且满足通信及可控等条件）构成。

4）接入网关。即借助于协议、数据的有效转换实现感知层与智慧园区网络层的接入。智能感知层功能如图8-7所示。

图8-7 智能感知层功能

（3）网络通信层：主要涉及数据传输和交换层，包括信息传输网络、管理信息网络等。物联网网络层分为汇聚网、接入网、承载网三部分。

汇聚网主要依靠短距离通信技术，包括ZigBee、蓝牙以及UWB等。接入网将汇聚网与承载网进行连接，则主要以6Lo WPAN、M2M或全IP融合架构。承载网指各类核心承载网络，包括GSM、GPRS、WLAN等。接入网层确保园区各部门与园区数据中心服务器、云计算中心等重要设施的连接，是整个园区网络层的核心；承载网层中心核心交换机可实现包括电信、移动、联通不同网络提供商数据的接入；汇聚网层以实现大量网络接入的带宽汇聚以及线路汇聚为目的，将园区网络接入层与核心层进行有序的连接。

### 8.2.2 智慧园区系统架构分析

智慧园区建设的主要目标是通过以感知技术为核心的智慧化途径来获取园区的管理信息，为用户提供高效、便捷、舒适、生态和谐的居住环境。智慧园区的系统设计中采用物联网、SOA、云计算、无线网络、VR/AR、AI、数据挖掘、应用控制等各种技术，既实现智慧园区的共性服务与需求，又兼具满足园区个体的服务和需求。园区系统主要包括基础设施层、平台管理层、业务应用层与展示层四个方面。

基础设施层是为了满足用户能及时查询相关的信息，包括：① 采集园区的建筑物、车辆、生产场地、环境、安防信息；② 封装、调度相应的数据；③ 提供数据的采集能力、系统设备的控制信息；④ 将数据实时地发送、传输到安全控制中心（通过2G、3G、4G网络等），从而达到为用户提供信息接入服务的目的。

平台管理层主要通过整合、挖掘、分析与处理基础设施层的数据信息实现集约共享、信息整合功能，包括：① 加工与处理基础层的数据；② 实现各种设备间的信息互联互通；③ 扩展第三方业务；④ 构建面向用户服务的架构（SOA技术）；⑤ 提供公共数据服务信息（运用流引擎、目录服务、中间件与服务器等技术）；⑥ 融合各种信息数据实现系统数据的处理与共享，实现平台各组件的精细化管理。

业务应用层主要是对平台层的数据进行智能分析与挖掘处理以丰富智慧园区管理与服务功能，包括：① 对各种主题进行分类（根据管理的需要）；② 分析各主题内在感知数据的关联（结合用户的需求）；③ 开发智慧化信息服务（及时为用户提供类似办公自动化、信息推送、云桌面、智慧园区导航、智慧停车控制、公众号服务等个性化的支持服务）。

展示层通过统一门户信息管理系统实现智慧园区的集中统一管理服务。汇总园区的个性化特征，通过电视与广播、公众号、社会媒体等终端系统提供各种"微型化"的管理服务。

## 8.3 智慧园区的网格化平台运营管理

产业的升级和转型促使园区企业的核心竞争优势转向高科技、创意及敏捷生产，其生产和经营也转向研发和创新，因此企业对园区的需求也转向园区能够提供更多IT技术服务以支撑企业的成长和发展上。

## 8.3.1 智慧园区的网格化平台运营管理内容

智慧园区的网格化平台运营管理是站在园区设施设备的全生命周期角度，基于云计算和物联网技术，结合最新的地理信息系统（GIS）、建筑信息模型（BIM）、边缘计算、人脸识别、数据分析等技术，为园区管理者、入驻的企业及员工提供一站式物业、商管、资产服务的综合管理系统。2022年，工业和信息化部在工业互联网一体化进园区活动中提出，基础电信企业一要通过提升外网能力完善园区5G网络覆盖，为园区提供灵活、可靠、安全、定制化网络服务；二要利用5G、TSN等新兴技术和适用技术推动园区网络及企业内网的升级改造；三要通过园区数据和业务中台的建立推动园区信息化、智能化系统与云服务以及物联网的结合；四要通过云服务（提供强大的生物识别、AI算法等）、大数据等为物联网提供智能设备的访问以及创建统一的智能设备物联平台。智慧园区系统的整体架构如图8-8所示。

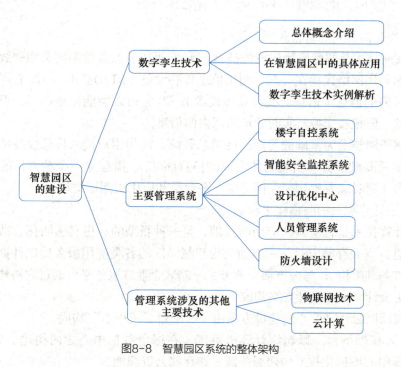

图8-8 智慧园区系统的整体架构

## 8.3.2 智慧园区的网格化平台运营关键技术现状

### 1. 物联网技术目前发展现状

物联网是一个超大规模的智能化网络系统，它利用各种传感器设备、无线短距网络等（包括学习、工作、生活、各环节中用到的），通过Access Netbook与Internet的融合形成。物联网的主要目的是实现所有物品与网络的有效连接（如M2M、物与人等）以达到各端口的识别查看、快捷控制及有效管理等。当前的物联网主要涉及传感、网络化、信息化处理技术三方面的核心技术。

#### 2. 云计算技术目前发展现状

云计算是物联网中一个关键技术与核心。最初的云计算是一种弹性的、非静态的、依托互联网提供的一种虚拟化的IT资源。我国现阶段的云计算主要关注云计算的技术实现与应用模式。

#### 3. 无人机的使用

无人机凭借空中全局视野的优势，被应用于园区的巡查和管理，作为传统智慧园区的空中移动节点，是传统地面监测系统向三维立体空间的延展，利用园区现有的中控大屏幕及网络设施，可以方便快捷地构建空地结合、三维立体的园区巡查系统；突发情况下可作为空中应急平台，实时回传现场画面，为决策提供有效支撑。无人机作为智慧园区的空中节点，助力园区管理立体升维发展，空地结合构建新型智慧园区管理模式。

### 8.3.3 智慧园区的网格化平台运营关键技术分析

#### 1. 物联网加入的网格化平台运营

物联网技术是智慧园区建设的基础：① 它可以获取各种不同类型的数据信息并将数据利用网络连接在一起（利用信息传感设备、RFID技术）；② 它可以控制智慧园区内的信息（信息交换与处理技术）；③ 它可以智能化地加工、识别、定位、跟踪、监控、交换与实时管理园区内的信息。

以物联网技术为基础的智慧园区信息系统，需为用户接入传感设备（物联网技术中的最基础部分即实现物体之间的信息感知）；需建立一个全方位的智能化服务平台（通过完善感知层、网络层、平台层和应用层四层结构）。

#### 2. 云计算加入的网格化平台运营

云计算技术是智慧园区应用的基础，是一种新型的、更具透明化、精确性特点的信息共享和存储方式。一方面它为智慧园区的各类应用服务提供计算和存储资源（IT基础架构）；另一方面全业务、一站式企业IT服务平台通过它搭建。

（1）云计算中心设计方案构成

智慧园区云计算中心的建设方案由"一平台、三中心"构成。

1）云基础平台。以超级计算机系统（在绿色数据中心之内构建）为基础，通过数据中心虚拟化技术构建服务器云和存储云资源池。

2）云管理中心。即对虚拟数据中心统一管理。

3）云安全中心。确保数据中心的安全性。

4）云交付/运营中心。根据智慧园区客户需求，实现IT资源的交付（供客户将交付的资源运用到电子政务、数据挖掘等各个方面）。

（2）云计算管理系统

1）云计算的体系结构

数据中心是云计算体系的核心。包括虚拟化组件（数据中心的虚拟化技术输出保障)、数据中心和部署管理软件。

2) 云计算管理系统的关键技术

云计算是数据密集型超级计算技术,包括数据管理、数据存储、虚拟化计算方式和云计算平台服务模式的运用。

3) 分布存储技术

分布存储技术是一种将数据分散存储在多个独立的节点或存储设备上的技术。这种技术通过将数据分割成较小的片段或副本,并将它们分散到网络中的不同位置,以实现数据的高可用性、容错性、可扩展性和性能提升。

4) 数据管理技术。

依托BT(Big Table)数据管理技术,云计算系统能对大规模数据进行有效地管理和分析。

5) 虚拟化技术

虚拟化技术的实质是实现硬件与软件的有效隔离,它能高效地整合及利用存储资源和计算,将物理设备资源转化为逻辑可管理的资源。

## 8.4 智慧园区企业服务平台运营管理

### 8.4.1 智慧园区企业服务管理的内容

智慧园区向企业提供服务并开展管理的内核在于"智慧",这包含两方面的涵义。一方面需要提升园区内部运营和管理能力(利用网上虚拟园区和各类信息系统等工具,同时注重综合应用网络技术资源);另一方面需要增强园区管理单位、入驻企业等各方面的资源整合能力(通过智慧园区智慧化的运营管理模式)。

### 8.4.2 国内智慧园区企业服务管理内容

如图8-9所示,智慧园区企业服务平台旨在建设一个各个产业园区之间易于部署、拓展和数据集中的企业公共服务平台,使得园区内各类服务信息均通过该平台统一发布、受理,各个企业可实时跟踪业务办理情况、查询业务办理历史。具体内容如下:

1. 服务中心

服务中心是智慧园区企业公共服务平台的核心业务,它将对园区内生活工作的企业和个人提供的长期服务划分为:生活基础、企业运营、人才服务、企业孵化和技术网络这五大服务模块,提供个人和企业7×24h自助服务。

2. 生活中心

生活中心是为园区生活的个人和企业提供商业服务的功能,其中,很大一部分服务来自商业中心,还有一部分是各个园区的食堂、超市和小卖部等生活服务点。

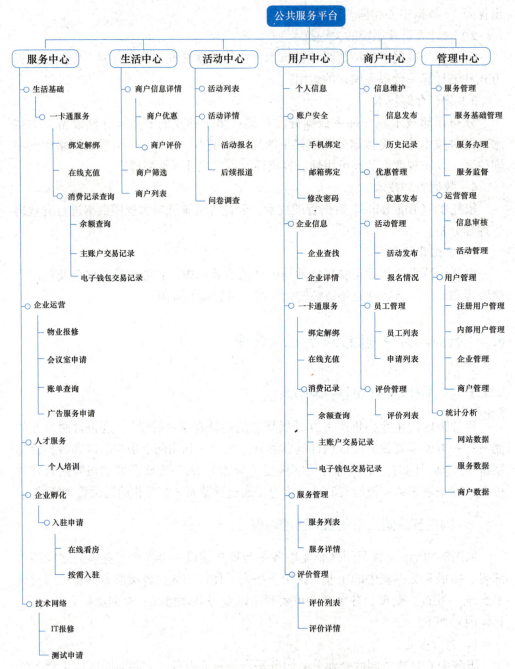

图8-9 智慧园区企业服务管理平台模块图

### 3. 活动中心
活动中心是发布活动的版块，它提供活动的浏览、在线报名和活动后续报道，同时活动中心还支持在线问卷调查功能。

### 4. 用户中心
用户中心是用户注册、登录、认证、查看服务进程和评价的通道。在智慧园区企业服务平台中，有个人用户、企业用户、商户用户和管理用户四种权限类型。

**5．商户中心**

商户中心是指对商业中心的入驻商户、园区入驻商户和第三方服务提供商开放的管理端口，商户可以对自身的信息、优惠的活动进行发布和管理。

**6．管理中心**

管理中心是智慧园区企业服务平台服务管理的核心，它提供各种服务的处理、监督、提醒，同时还有用户信息和互动发布、第三方信息和活动的审核。

### 8.4.3 园区智慧化企业服务管理的组成构件

园区智慧化企业服务管理的组成构件分为战略、分块和解决方案三个部分。战略部分为智慧化服务管理模式的顶层设计（设计秉承需求导向、蓝图引导、技术前瞻和方法支撑的原则）；分块部分细化实现系统蓝图的分架构（包括业务、数据、应用和技术四部分架构，目的是使服务管理的制定和实施具有可操作性）；解决方案部分是对分块部分的查缺补漏（通过制度等软因素的制定对服务管理的实施提供保障）。表8-1为智慧园区企业服务管理的组成构件表。

智慧园区企业服务管理的组成构件表　　　　表8-1

| 方案组成构件 | 内容 | 功能 |
| --- | --- | --- |
| 战略部分 | 主要目标、建设数据库、建设智慧应用系统、推进智慧产业发展、推进机制建设、强调大数据思维、遵循用户思维和跨界思维、盈利模式互联网化等内容，使项目具有可行性和可持续发展性 | 明确智慧园区发展蓝图（未来发展方向），发现适合智慧园区有利的、最新的战略机制 |
| 分块部分 | 业务架构（业务的运营模式、流程体系、组织结构、地域分布等内容） | 梳理智慧园区所包含的业务，描述业务现状架构；基于业务目标，开发业务架构；描述业务环境和服务战略的各个方面；分析目标业务和基础业务架构的差距；选择并开发相关架构视点；展示利益相关者的关注点；选择相关的技巧和工具 |
| | 数据架构（定义组织级数据的逻辑架构和物理结构，使数据资产化，实现各应用间的自由流动，从而达到信息交互和共享的目的） | 支持业务 |
| | 应用架构（研究支持组织运作需要的应用系统框架，并从应用层次等视角进行描述） | 支持业务和处理数据的需要，定义主类型应用系统 |
| | 技术架构（规划运行数据、业务、应用架构所需的IT基础设施） | 得到组织内配置在技术平台里的硬件和软件（定义技术组合的现状和目标视图、详细地面向目标架构的路线图及识别路线图中关键的工作包） |
| 解决方案部分 | 规划园区的保障体系（包括其制度、标准、组织以及智慧园区的实施项目及其进度） | 明确园区的标准、制度和组织（对园区项目实施的描述分段化，使其更加清晰准确，并对园区项目实施进度进行跟踪） |

### 8.4.4 智慧园区企业服务管理的核心要素

**1. 基础设施要素**

智慧园区基础设施包括信息基础设施、物联网应用程度、信息资源和信息安全三个组成部分。信息基础设施是基础保障，其智慧化的核心和难点是实现网络资源共享。物联网应用程度决定了产业园区实现智慧化的程度，本质是将产业园区各部分片段化的、分散的、割裂的信息与园区内的资源要素进行有机结合，应用信息系统提供的数据进行处理，进而实现资源的深度链接。信息资源与信息安全需要无线网络的接入安全、高速、稳定、便捷，使得园区内的用户可以切换使用选择最佳服务。

**2. 政策环境要素**

政策环境包括人、规制和资金三个方面。"人"要素反映园区配备的管理者的专业能力及愿景操守与园区定位及未来发展规划的匹配情况；"规制"要素由"人"要素决定，表明对园区的运营管理内容；"资金"要素反映投入园区建设管理的费用预算。

**3. 园区管理要素**

园区管理要素包括：① 横向部分，即统筹管理涉外的各种资源和园区要素（包括水电、物业等）；② 纵向部分，即依托信息系统组建优化管理流程和架构以提升园区各种资源的管理效率。

**4. 园区服务要素**

智能化的应用能降低企业成本，提高企业运营效率，推动企业转型升级。园区服务输出智慧化的程度可通过产业、公共、政务三个方面的服务质量来评价。

**5. 产业促进要素**

产业促进要素有三个方面内容，包括：① 经济效益，直接反映的是智慧化为园区带来的收益变化（包括劳动效率、收入和服务口碑变化）；② 产业集聚效益，指入驻园区内的企业通过园区智慧化建设输出的服务和管理；③ 园区竞争力，即园区的智慧化对园区竞争力的影响。

## 8.5 案例：武汉某人工智能园建设项目

### 8.5.1 智慧园区产品概况及建设背景

本案例以武汉某人工智能园为例。该项目是武汉市首批"创谷计划"示范项目，重点关注人工智能和"互联网+"创新产业集群发展，重点引入人工智能、智能制造、移动互联网、电子信息等战略性新兴产业，引领智能产业未来发展。

**1. 业务分析**

园区指政府集中统一规划指定区域，区域内专门设置某类特定行业、形态的企业、公司等进行统一管理。常见的园区类型有工业园区、科技园区、自贸园区、文化创意产业园区、物流园区、农业产业园区。智慧园区场景包括智能运营、安防管理、设施管理、能效管理、环境空间、高效办公、安全应急、环境保护等，该项目主要以安全应急为主线的智慧工业园区业务方向，如图8-10所示。

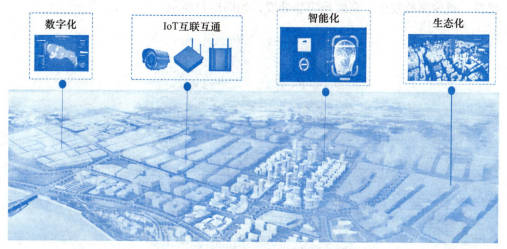

图8-10　智慧园区业务分析图

### 2．智慧园区建设重点

（1）安全监管

园区地域大，风险点、危险源多；监督检查工作量大、监管难度高；预警防控不及时、治理措施不到位等都会导致发生安全事故，财产损失甚至于人员伤亡。

（2）环境保护

超标排气排水、偷排漏排、工业危废物处置不合理等会导致环境污染，恢复治理成本大，甚至生命、健康受到严重危害。

（3）能源监控

过度用水、电、天然气，会影响生产；能源浪费成本增加，会导致财务损失。

（4）消防安全

不安全动火行为、安全通道堵塞、消防设施不到位等，会导致火灾事故。

## 8.5.2　产品规划

### 1．设计思路

2021年国家发布《智慧化工园区建设指南》标准文件，针对园区建设在信息基础设施、支撑平台、安全生产管控、环境管理、应急管理、封闭化管理、运输车辆管理、能源管理、办公管理、公共服务和保障体系等建设内容方面均给出了规范性的综合评定要求和建设技术要求。

## 2. 产品目标

以"园企协作、数据建档、全面监管、准确预警、预防为主、快速处置"为目标，构建以"安监、应急、环保、能源、消防"五位一体的园区安全保障体系，全面降低园区安全风险，用科技为园区安全保驾护航，主要包括：安全指数提升、减少事故发生、高效地应急处置，如图8-11所示。

图8-11 智慧园区产品目标

## 3. 整体架构

智慧园区平台以信息与通信技术为支撑，围绕安全生产、应急管理、安防管理、环境管理、消防管理、能源管理等领域，通过数据整合与信息平台建设实现智慧化管理与高效运行的园区，如图8-12所示。

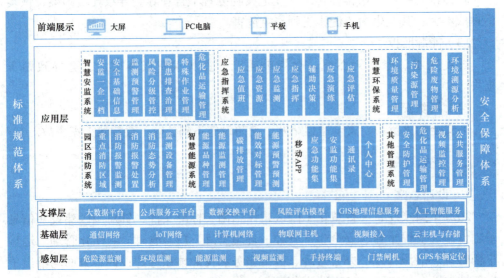

图8-12 智慧园区的整体架构

### 8.5.3 产品介绍

#### 1. 综合监管

智慧园区的综合监管如图8-13所示。

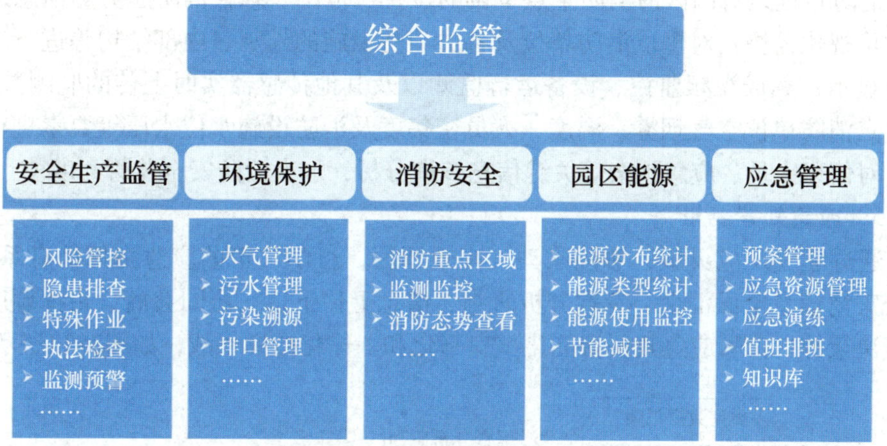

```
                        综合监管
    ┌──────────┬──────────┬──────────┬──────────┬──────────┐
    │安全生产监管│ 环境保护 │ 消防安全 │ 园区能源 │ 应急管理 │
    ├──────────┼──────────┼──────────┼──────────┼──────────┤
    │▷风险管控 │▷大气管理 │▷消防重点区域│▷能源分布统计│▷预案管理 │
    │▷隐患排查 │▷污水管理 │▷监测监控 │▷能源类型统计│▷应急资源管理│
    │▷特殊作业 │▷污染溯源 │▷消防态势查看│▷能源使用监控│▷应急演练 │
    │▷执法检查 │▷排口管理 │……        │▷节能减排 │▷值班排班 │
    │▷监测预警 │……        │          │          │▷知识库   │
    │……        │          │          │          │……        │
    └──────────┴──────────┴──────────┴──────────┴──────────┘
```

图8-13 智慧园区的综合监管

#### 2. 安全监管

园区安全监管一张图以整个园区安全工作的角度结合GIS地图的形式来展示各式重要数据，向用户传递整个园区的安全态势：

（1）企业、行业的分布数据，以及企业的整体风险四色图；

（2）园区各种不安全因素的数据，包括特殊作业、报警数据、风险数据、危险源数据等；

（3）对整个园区的安全态势进行量化评估，给出风险等级。

企业安全监管一张图更加直观地展示企业厂区平面图，场所及厂房分布情况；企业内各类安全相关的数据，包括：特殊作业、报警数据、风险数据、危险源数据等；各类分析统计数据，准确掌握该企业的实际安全生产情况。

（1）风险隐患双重预防体系：在园区安全生产过程中有两道保护屏障，隐患排查治理和风险分级管控共同构建起预防事故发生的双重机制。

（2）特殊作业：特殊作业是指容易发生人员伤亡事故或造成重大危害的作业。直接从事特种作业的人员称为特殊作业人员，采用人脸识别技术对特殊作业人员进行比对，对特殊作业人员行为进行识别分析，对于不合规的行为自动触发报警。

（3）监测预警：采用物联网手段，接入各类传感器数据对园区的安全状态进行监控，是目前常用的监管手段。

（4）环境保护：具体措施包括建立环保档案、实现污水和大气监测预警、对园区内固危废存放和治理进行管理和监控、对污染事件进行辅助溯源。

#### 3. 能源管理

能源管理大屏是智慧园区可视化大屏系统中的一个模块。帮助园区在线监测园区整体用能情况、分析能耗相关数据,清晰掌握园区内企业的耗能状况和用能水平,并能通过能效分析诊断企业的能耗问题和明确节能方向,辅助园区完善能源管理体系,优化能源管理模式和机制。

**4. 消防管理**

消防管理是对园区内消防重点单位的位置、范围、综合消防态势等信息进行实时可视化监测;对重点消防单位及各类消防设施的外观、内部结构等进行三维仿真显示;集成视频监控、设备运行监测以及其他传感器实时上传的监测数据,对重点消防单位空气烟雾、温度、人员密集度及消防设施水位水压等要素进行监控,对值班人员、应急预案等关键信息查询分析,加大消防安全监管力度。

**5. 应急处置场景**

通过建立反应灵敏、协同联动、高效调度、科学决策的应急指挥信息系统,实现灾情信息全面汇聚、专题分析研判、信息上传下达、协同会商、指挥调度和智能决策等,保障应急救援智能化、扁平化和一体化指挥作战,如图8-14所示。

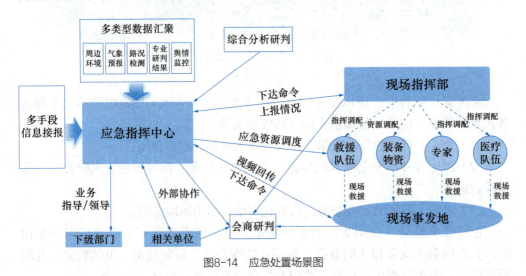

图8-14 应急处置场景图

**6. 信息接报**

采用多种方式实现对信息的接报,基于地图实现事件接报信息的快速定位,提高政府应急办对突发事件信息的接报及相关分析与处理能力。根据应急业务提供标准化报送流程,根据国家标准《应急信息交互协议》提供规范化报送要素。

**7. 预案管理**

以文本预案为基础,对应急预案内容与流程进行数字化、结构化、预案活化管理,对下级政府和相关部门上报的应急预案进行备案管理,为综合研判分析、辅助决策提供技术支撑。

结构化:将预案内容按照章节和目录进行分解存储方便后期使用;

数字化:依据突发事件类型及响应等级,对预案响应标准、措施及相关人员进行分解与量化;

预案活化：将预案的处置流程图形化、形象化，在事件处置时按照预案处置流程进行事件处置。

### 8．应急处置

应急处置用应急处置一张图服务，并结合各种技术手段为应急处置与救援提供指导和建议：

（1）启动响应：按照已操作化的应急预案，启动事件响应，对事件进行处置；

（2）指挥调度：利用网络、通信等多种手段，实现任务和资源的快速部署；

（3）辅助决策：结合预案利用智能辅助决策技术有效提高应急方案的科学性、有效性，辅助应急决策人员快速制定出针对性强、操作性强的处置方案；

（4）资源调度：进行风险资源分析，快速识别风险、调集资源进行应急处置。

### 9．协同会商

协同会商是指自动将与事件相关的人员建立群组进行沟通和联系。支持短信、文字、语音、视频等多种方式进行事件处置沟通；以视频会议连线的形式连线指挥成员和专家进行事件的处置会商；在会议的基础上，提供协同标绘的功能，以共享屏幕和地图标绘方式向所有与会人员沟通具体指挥方案。

## 8.5.4 模型算法

### 1．火灾模型

危化企业经常使用大型立式储罐存储原油、汽油、苯等高热值燃料，针对这类储罐罐顶失效后的火灾事故，模型基于储罐基础信息、气象信息和物质属性，计算储罐火焰的高度、持续时间、热辐射影响范围、沸溢时间等事故关键数据，得出热辐射对人员、设备和设施的影响范围、最小灭火施救安全距离及周围储罐失效风险等，为事故救援决策提供权威可靠的数据支撑。结合国家标准规范，模型还可推算消防灭火过程中需要的灭火剂选型、泡沫液需求量、冷却用水需求量等数据，辅助现场消防救援处置工作。

### 2．爆炸模型

大量溢出的可燃气体或泄漏后迅速蒸发汽化的可燃液体与空气形成可燃气团，随着大气扩散集聚在拥挤的空间、建筑物、隧道、下水道系统等空间。蒸汽云爆炸是石化行业生产中最常见的爆炸事故，其伤害形式主要是冲击波超压，同时伴有剧烈的火光和燃烧，并容易引起连环爆炸、多米诺效应。模型结果可用于确定爆炸影响范围，对人员伤害、建筑物破坏进行定量评估。

### 3．气体扩散模型

因危险化学品本身的毒性、易燃易爆性等危险性，发生扩散的物质极易引起人员中毒、火灾和爆炸等衍生事件。模型可针对0～200km范围内可挥发的液体和气体危化品，模拟预测有毒物质在大气中扩散蔓延的趋势和浓度分布，提供事故现场应急处置辅助决策信息评估、现场伤亡情况，推荐人员疏散区，处置救援分区指导现场救援，精确计算目标点详细灾损信息。模型可用于指导现场侦检、灾情评估、现场等级防护、演练培训、化工园区等危化品储存生产场所的选址以及日常的风险评估工作。

### 4．模型应用场景

（1）风险评估：可为企业、政府等安全监管部门提供日常的定量风险评估。

（2）影响分析：可在火灾事故、爆炸事故、有害气体扩散事故发生后为应急主管领导提供灾损研判、警戒隔离、指挥作战等辅助决策信息。

（3）模拟演练：可模拟大型储罐火灾场景、爆炸场景、气体扩散场景，为石化企业员工、救援队伍等提供大型储罐火灾事故情景推演和模拟演练。

（4）处置方案：可在火灾事故、爆炸事故、有害气体扩散事故发生后为现场消防队伍估算灭火物资需求，部署灭火、冷却、稀释、疏散方案。

## 本章小结

  智慧园区是智慧城市的重要组成部分，智慧园区的成功建设为智慧城市的建设提供了重要支撑。智慧园区朝着网络全覆盖化、平台集约化、应用智慧化、运营社会化、创新化、生态化方向发展，其核心架构的构建要考虑效能性、可靠性、实力性、美丽性、平安性和幸福性。其建设的主要目的是为用户提供高效、便捷、舒适、生态和谐的居住环境。根据智慧园区建设的需要，智慧园区系统主要包括展示层、应用层、平台层与基础层四个层面。园区智慧化企业服务管理的组成构件包括相当于智慧化服务管理模式顶层设计的战略部分、细化实现系统蓝图的分架构的分块部分和对分块部分的查缺补漏的解决方案部分。

> 思考题
>
> 1．智慧园区的核心架构层各层对整个智慧园区的贡献是怎样的？
> 2．网格化平台运营管理主要要解决什么问题？
> 3．怎么理解智慧园区企业服务运营的核心要素与智慧园区运营目标的关系？
>
>
>
> 思考题
> 解题思路

# 9 面向智慧的地产更新

【本章重点难点】

了解智慧技术、智慧城市和地产更新的概念；了解城市地产更新对于智慧城市的作用；了解面向智慧技术的地产更新的相关技术和运用领域。

【本章导读】

　　智慧地产建设以物联网、云计算等技术为核心，是未来地产行业的新模式。智慧城市的实施和城市信息化建设对于提升城市的管理效率、提高居民生活质量、推动可持续发展具有重要意义。本章旨在通过对智慧地产更新运用的主要技术进行梳理以提高智慧城市综合竞争力。首先，明确了智慧技术、智慧城市及地产更新的概念，在此基础上介绍了三者的关系内涵。其次，介绍了智慧技术与地产更新相结合的发展及以此为基础的智慧城市智慧内容构建。最后，通过一个案例反映面向智慧技术的居住地产更新在现实智慧城市建设中的应用。本章的逻辑框架如图9-1所示。

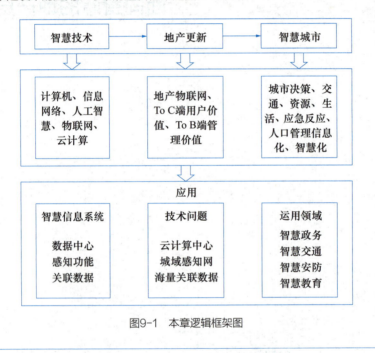

图9-1　本章逻辑框架图

## 9.1　智慧技术、智慧城市及地产更新

　　21世纪早期IBM公司就提出"智慧的地球"（Smarter Planet，简称SP）概念，旨在利用智能技术来改善地球的各个领域。随之智慧城市（Smarter City，简称SC）作为其体现形式应运而生。智慧技术（Smarter Technology）（包括物联网、大数据、人工智能等）与智慧城市密不可分，其快速的发展为智慧城市提供了技术支持和创新应用的可能性。《数字中国建设整体布局规划》指出："建设数字中国是数字时代推进中国式现代化的重要引擎，是构筑国家竞争新优势的有力支撑。加快数字中国建设，对全面建设社会主义现代化国家、全面推进中华民族伟大复兴具有重要意义和深远影响。"智慧城市建设是数字中国最直接的

体现，其表现在：① 以智慧技术实现城市管理智慧化（交通管理、社会治安管理、市长决策支持、城市应急反应及社区建设等方面提升城市管理水平）；② 以智慧技术推动城市经济的新一轮发展（包括升级工业化发展、改造信息产业的内部结构及提升服务业的效率和速度等）；③ 智慧技术带动以城市为中心的信息化建设。

地产更新（Real Estate Renewal）是一种将城市中已经不适应现代化城市社会生活的地区作必要的、有计划的改建活动。城市更新对解决城市房屋建筑破旧、设施环境落后及扩张受限等问题有积极作用，已成为带动城市经济发展和转型、提升城市效率的主要驱动力。

为实现智慧城市，当前的地产必须朝着构建智慧城市的方向进行更新，亦即在进行地产更新中需要将实现各种智慧城市中的智慧功能纳入其中，将智慧城市所需智慧技术引入地产应成为当前地产更新的目标。

## 9.2 智慧技术与地产更新

### 9.2.1 面向智慧技术的地产更新类型

根据城市中不同的地产类型，城市更新分为城市工业地产更新、城市居住地产更新、城市商业地产更新三类，这三种类型的地产更新都需要借助智慧技术来实现更高效、智能的发展。

1. 城市工业地产更新

城市工业地产更新中，人工智能技术可以应用于工业数据分析和预测，帮助企业优化生产计划和资源配置，智慧能源技术可实现能源的高效利用和节约以减少环境污染。

2. 城市居住地产更新

城市居住地产更新方面，智能建筑设计可优化建筑结构和布局，实现智能化的家居控制和管理，智慧社区技术可提供便捷的社区服务和管理以提升居民的生活质量及社区整体管理水平。

3. 城市商业地产更新

智能零售技术可提供个性化的购物体验和智能化的商品管理，智能物流技术可实现高效的物流配送和仓储管理，提升供应链的效率和可靠性。

### 9.2.2 与地产更新相关的智慧技术

智慧技术是指将计算机、信息网络、人工智能、物联网、云计算等技术融合在一起，以形成机器"智慧"的综合技术。智慧技术的核心是用计算机（云计算）来模拟人在各个过程中的智力活动（如分析、推理、判断、构思和决策），从而扩大、延伸和部分替代人类的脑力劳动，实现知识密集型生产和决策自动化。智慧技术分成：① 符号智慧（传统人工智慧），即以知识为基础通过推理进行问题求解；② 计算智慧，即以数据为基础（通过训练建立联系）进行问题求解。

智慧地产建设以物联网、云计算等技术为核心，是未来地产行业的新模式。本教材介绍与地产发展相关的主要智慧技术——物联网及智慧信息系统（云计算等）。

### 1. 物联网

地产行业的转型促使物联网与地产融合。首先，地产行业逐渐从开发制造转向地产服务运营，需要借助物联网实现创新服务及智慧运营（依靠物联网提供精细化运营和创新型服务）；其次，房地产行业从增量销售向存量运营转型，促使房地产引入智能家居、智慧社区、智慧办公和智慧园区等技术来创新房地产附加价值，智能化的物业服务也增强了业主的体验感和满意度，这些都需要物联网技术来支撑；最后，数据资产成为不动产价值的重要组成部分，物联网汇聚、联通、整理和分析地产及建筑产生的数据以此提供更好的服务体验，为房企带来运营增值。

（1）互联网企业的加入

为了给消费者提供更完善的智能体验和服务，打造面向未来的生活模式，头部企业将构建智慧办公、智能家居、智慧社区及智慧园区等行业标准作为布局目标，加强了物联网前沿技术与地产行业之间的紧密联系，见表9-1。

头部互联网企业布局物联网产业事件及领域　　　　表9-1

| 互联网企业 | 时间 | 事件 | 布局领域 |
| --- | --- | --- | --- |
| A公司 | 2019年1月 | 2019数字地产峰会：A公司发布了一系列新品与升级，包括支持便捷开发的边缘网关产品、支持全球化的智能单品平台、分布式语音方案、智能单品等 | AI与物联网生态 |
| B公司 | 2019年11月 | B公司首次明确其在IoT品类上的战略：1+4+X，其中1是手机，4包括电视、智能音箱、路由器和笔记本，X则由生态链和合作企业来提供 | 智能家居与物联网生态 |
| C公司 | 2019年11月 | 在TOP 100全球软件案例研究峰会中，C公司总设计师从华为IT数字化变革谈起，深入数字化转型的痛点，提出构建数字化转型之路、协同生态合作发展之路，分享了其集成平台在智慧园区场景中的实践经验 | 智慧园区与物联网生态 |

（2）头部房企先行探索

头部房企积极探索高科技产业，智能家居和智慧社区是最先被建设的业态，见表9-2。

（3）全场景互联、多业态融合

打造以人为中心、以物为起点的多场景、多业态的智慧地产成为房地产建设目标。"物联网+房地产"的智能化建设从"单品智能"走向"智能互联"，房企建设业态拓宽到智慧地产建设的方方面面。

头部房企在物联网建设的投入及建设成果　　　　　表 9-2

| 房企 | 启动物联网 | 投入总人力/人 | 建设成果 |
| --- | --- | --- | --- |
| A公司 | 2014年 | 300+ | 制定物联网认证标准，输出标准化通行产品，包括黑猫一号、二号、智能家居、抄表、梯控等场景应用 |
| B公司 | 2017年 | 50+ | 物联网接入标准规范、科技小镇产业城市、平台标准、平台上层服务应用、物业AI凤凰墨盒 |
| C公司 | 2018年 | 120+ | 社区：X-MIND物联网大数据平台、设备设施运维平台；家居：小区家庭解决方案 |
| D公司 | 2014年 | 240+ | 人脸识别门禁、智能车管、楼宇对讲、云对讲 |
| E公司 | 2017年 | 30+ | 广州科学城——RH科技园（智慧物联产业园） |
| F公司 | 2018年 | 30+ | 落地杭州建研中心，输出标准化停车应用服务并对部分服务进行改造 |
| G公司 | 2015年 | 200+ | 完成约200+社区门禁、车场改造，形成家居场景解决方案，落地样板间，拥有智慧社区平台及智能HOME云平台 |
| H公司 | 2015年 | 200+ | 已形成面向"府"产品的标准智能化产品模型 |
| I公司 | 2016年 | 120+ | 建立大数据赋能体系，构建"金智慧家"六大智能板块 |
| J公司 | 2017年 | 10～20 | 家居解决方案、平台应用 |

（4）物联网的应用价值

从To C端用户方面，更便捷的园区生活提升了业主的归属感；对To B端物业管理而言，管理流程的重塑拓展了运营服务范围，并提升了管理效率（增值创收）。

1）To C端用户价值

物联网等创新科技赋能地产和物业公司（服务水平及效率的提升、行业智能化的升级），业主将享受到更便捷的体验（通行、办公等）、更专业的物业服务和安全保障。

2）To B端管理价值

物联网的建设投入可优化传统的人工管理物业过程，通过设备自动上报数据来改善物业管理流程，即设备远程在线。这一改变在实际物业管理中得到延伸，传统的报修流程存在滞后性和不确定性，而物联网技术的应用可通过设备的传感器自动检测设备异常并生成报警和工单，实现全程自动化。对于集团管理而言，物联网技术的应用可解决人工滞后性上报、信息传输不及时和质量不高的问题。

**2. 智慧信息系统**

信息化实质是用计算机替代人的脑力劳动，而智慧技术则是融合计算机、信息网络、物联网、人工智能、云计算等技术以实现机器的综合智能。智慧地产通过利用计算机技术模拟人类智力活动，实现自动化的知识密集型生产和决策。信息的控制和利用能力是智慧地产的基础，它综合运用多种技术，如地理信息系统、全球定位系统、遥感系统、宽带网络、物联网和云计算等，对城市基础设施进行信息采集、监管和决策支持。智慧信息系统的基础是3S技术——RS（遥感系统）、GIS（地理信息系统）和GPS（全球定位系统）。遥感技术（RS）是通过电磁波探测地球表面物体信息，完成远距离物体识别；地理信息系统（GIS）是利用现代计算机图形技术和数据库技术的地理资料系统；全球定位系统（GPS）是利用卫星来确定地表物体的位置，提供导航服务。如大数据分析通过收集和分析大量的数据，可以获得对城市工业、居住和商业活动的深入洞察，这些数据可以用于预测市场需求、优化供应链、改进城市规划和提供个性化服务。

智慧信息化体系主要包括以光纤光缆为主体的管线基础设施、以固定形状为主体的计算机硬件、以简单文字处理和一般工作流程管理为主的软件、以电子邮件新闻阅读和简单搜索为主的网络应用、以物联网和3G通信为主的智慧网络连接等。新的智慧化信息技术构架包括以无线网络为主体的基础设施、以无界面计算机为主体的硬件、以信息分析和决策支持为主的软件、以功能实现为主的网络应用、以云计算为主的数据处理和决策分析。这种新的信息化基础设施将以实现"三无"为目标，即无线网络、无界面计算机和无键盘输入。

（1）信息系统的发展现状

1）数据中心

云计算管理数据的主要挑战在于需要公用的信息模型。信息模型需要集成各类数据源的数据以确保智慧城市基础设施和服务管理时实现端到端的可视化。实现城市的全局活动情景图就需要创建统一的信息模型。

管理空间技术和城市实体需要地理信息系统及其相关的数据库和映射工具，包括静态数据（如拓扑、土地应用、建筑环境）和动态信息（如服务传送、资源消耗、人的活动、车辆和货物）。

隐私、安全和访问控制。为了阻止未经授权的数据访问，管理者须设计隐私政策。访问控制机制要确保数据可视化，以便分析及保证建模应用的合理使用。

标准化与互操作。有些工业部门已经有一系列标准，但有些部门没有。例如Municipal信息系统协会开发的Municipal Reference Model（这一模型在城市架构和服务中整合各利益相关者的需求），在开放的工业化过程中需要持续地开发和完善更多这样的模型。

2）感知功能

建筑中使用各种传感器、智能水电表、移动设备等收集数据，甚至人本身也可以成为传感器。在感知城市和居民方面，技术挑战在于平衡质量和代价，同时确保隐私和信息安全。

3）关联数据

大数据分析与处理技术旨在从海量、复杂、实时的大数据中发现知识、提升智能、创造价值。海量的感知信息要求实时和批量分析跨域异构数据。语义处理技术是发展数据知识产业的关键技术手段，包括自然语言处理、图像视频语义生成、语音识别和语义互联网；更深入将发展到知识与情感理解、智能互联网、综合理解、多目标决策等研究。

（2）面临的技术问题

1）云计算中心的关键技术问题

主要问题是硬件计算资源无法得到高效地利用（现有信息系统单独部署的方式导致），因此不能满足未来信息系统的拓展、海量数据分析与处理要求。解决方案是通过构建信息系统模型实现对信息的高效存储与管理（包括分配与管理硬件资源虚拟化及资源动态、分布式文件系统、分布式存储系统及分布式计算模型）。

2）城域感知网关键技术问题

主要问题是如何实现各种通信标准的互联互通以及不同数据格式的转换，需对数据分类管理实现数据共享与融合产生新知识及制定城市传感网信息标准来解决。

3）海量关联数据的关键技术问题

主要问题是如何将异构数据转换成关联数据，并建立起相互间的链接，需要研究高质量关联数据生成技术，实现数据间的良好互联，深挖数据间的潜在信息来解决。

面向智慧技术的地产建设将助力以下智慧城市的智慧内容建构。

## 9.3 智慧城市的智慧内容

智慧城市是把城市培养成一个具备监控、学习、反应、调整和适应能力的有机体。智慧城市的基础是信息的控制和利用能力，技术层面上"智慧城市"是以网络信息为基础的城市信息体系（综合运用地理信息系统、全球定位系统、遥感系统、宽带网络、多媒体、虚拟仿真及物联网和云计算等技术），它会自动采集城市的基础设施及功能机制信息，动态监管和辅助决策服务的技术系统。

城市智慧化的水平体现在城市决策的智慧化、城市交通的智慧管理与控制、城市资源的监测与可持续利用、城市应急反应和灾难的预防治理、城市人口管理、城市生活的网络化和智慧化等方面。

要发展智慧城市，就要将城市视为由多个互联、互通的子系统构成的单一体系。建设智慧城市需要满足智慧地感知、互联、处理和协调居民生活工作、企业经营发展和政府行使职能过程中的相关活动与需求，这些需求基于对城市管理、产业经济、社会民生、资源环境、基础设施各个领域情况的考虑，并利用物联网、互联网、云计算等智能科学新兴技术手段实现。

### 9.3.1 智慧城市构建内容

智慧城市的网格管理、医疗、教育、安全等都是智慧城市的重要组成部分。

比如，在公共安全事故发生后，要对人员流动、水文、气象等信息进行动态控制，才能提高安保效果。目前较成熟的应用领域有以下几个方面：

### 1. 智慧政务

智慧城市强调政府信息的智慧化处理和建设信息共享平台，以构建高效的城市行政管理系统。智慧政府技术先进、结构灵活、系统灵活，通过公共信息共享平台整合各种信息资源，提高市民服务效率与质量。建立健全的评价体系，公众可以对政府服务进行监督和评价，提高服务效率。通过智慧化的政务信息处理，使整个行政体系得到最大程度的优化，从而打破技术上的局限，实现向服务型政府转变的智慧城市理念。

### 2. 智慧交通

集成计算机、物联网、大数据、云计算和人工智能等技术，智慧交通调度系统实现对道路交通的动态控制与协调。利用云计算、人工智能和物联网等技术加强政府各部门资源整合和使用，构建高效行政体制。智慧交通利用数据挖掘和处理技术构建智慧交通数据模型，提供实时的交通数据服务，实现对道路交通和公交车辆的有效控制。通过图像监控、实时数据传输和数据挖掘等技术，城市交通主管部门可建立交通数据模型，解决交通拥堵问题，为人们的出行提供方便。

### 3. 智慧安防

基于物联网和互联网技术，智慧保安系统实现了城市的智慧感知，通过先进的技术构建了完整的城市视频监控系统。利用各种网络建立起城市治安管理平台，利用云计算技术对大量的城市视频进行存储、分析、报警和记录。

### 4. 智慧教育

引进先进信息技术，构建智慧教育平台，充分利用教育信息化资源，推动教育和教学管理深刻变革。通过云技术手段建设教育云平台和公共服务平台，通过统一的门户网站实现教育公共服务。随着智慧教育的发展，可以建立一个统一的教学资源库，将不同的教学资源和软件资源整合在一起，实现对教育资源的全方位服务，突破教育信息化的界限。科技教育和创新实践活动对培养青少年的科技素养和创新能力、培养青少年的社会责任感有重要的作用。

## 9.3.2 智慧城市管理系统建设

### 1. 市长决策支持系统

城市是政治、经济和文化集中地，城市运营和管理是一项复杂的工作，需实时掌握各方面信息，市长决策支持系统（其中智慧技术是关键）就是针对这一目标进行设计的。这一系统的建设包括以下几个方面：

（1）组建政府信息中心

政府信息中心负责收集、整理和发布城市信息，并实现政府部门间的信息整合共享，某种程度上扮演市政府CIO的角色（市领导可通过中心提供的信息进行决策）。

（2）建立市级数据仓库

实时连接的数据仓库将各部门的数据统一到一个平台上，一方面建立分类整理和提炼（便于查找和调用），另一方面组建信息分析队伍（进行数据挖掘和分析），为市长决策提供支持。

（3）智慧信息报表

智慧信息报表是一种根据数据库中的数据自动生成报表的技术，它将常用的上报内容设计成特定格式，定期自动发送到使用者的计算机桌面或电子邮箱中，在各级政府和政府各部门之间的信息上报和互通中有着重要作用。

2．智慧交通管理

智慧交通是指利用交通信息系统、通信网络、定位系统和智能化分析与选线的交通系统的总称。智慧交通体系包括：① 交通信息采集。可从地下、路面和空间三位一体的方式来实现，包括通过在主要道路和交通要道口的地下埋设感应器实现地下采集，自动记录、车辆流量、流通间隔、堵塞等车辆经过情况；通过运用交通路口的指示灯系统进行路上交通信息采集；运用全球定位系统（GPS）进行空间交通信息采集实时监测全市交通情况，包括车辆堵塞、道路畅通情况以及车辆流量分布等。② 交通信息发布。将经过整理的交通信息及分析后的预测及时通过无线通信、有线广播、电子显示屏、互联网、车载器等方式向出行者及驾驶员发布。③ 车辆定位和交通指挥。利用GPS和电子地图实时显示出车辆的实际位置以定位和跟踪车辆，实现紧急救援、事故排除等。

3．智慧城市人口、土地资源管理

智慧化人口管理包括建立跨越公安、社保、人口计生委和金融等领域的统一人口数据中心；建立人口信息自动采集系统；建立人口数据分析挖掘系统；建立人口信息报告和展示系统。

智慧化的土地资源管理信息系统指实现自动采集、存储、分析和展示土地资源的信息系统。这需要两项技术：一是遥感技术（通过卫星拍摄土地资源信息并形成图形图像，传送到服务器并统一存储在能用特定软件分析的图像数据库中）；二是地理信息系统（将具体地理位置与各种社会经济信息结合并形成可视化的地理信息查找及展示系统）。

4．智慧社区建设

智慧社区建设是指利用4C技术（即计算机、通信与网络、自控、IC卡），通过有效的传输网络将多项信息服务于物业管理与社区安防，实现快捷高效的社区服务。

5．智慧治安建设

智慧治安建设是指在城市的主要路段和街道设立探视设备和卫星拍摄装置。这些技术能及时记录犯罪情况、人流汇集情况、异常人群聚集等并定时将城市的情况通过拍摄的照片传递给监控中心。

## 9.4 案例：深圳AI可视化全域物联网智慧社区的建设

### 9.4.1 建设背景

#### 1. 建设背景

2023年，《住房城乡建设部关于扎实有序推进城市更新工作的通知》指出"坚持目标导向，以产城融合、职住平衡、生态宜居等为目标，查找影响城市竞争力、承载力和可持续发展的短板弱项。坚持结果导向，把城市体检发现的问题短板作为城市更新的重点，一体化推进城市体检和城市更新工作。"智慧社区是居住地产更新的目标，是智慧城市的基础。本案例以深圳市某公司的AI可视化全域物联网智慧社区为例，从中看到智慧技术在当前城市居住地产更新中的应用。

该公司的战略实施路径为：将智慧社区作为智慧城市数据枢纽，向周边辐射形成智慧生态圈，向上为智慧城市提供鲜活数据源，向下为居民提供智慧服务打造政府、社区、服务、企业全方位大数据智能化综合服务信息平台，如图9-2所示。

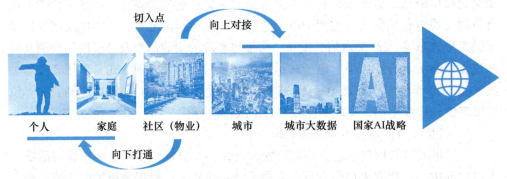

图9-2 建设背景

#### 2. 建设目标

该公司旨在塑造"物联、数联、智联"三位一体的新型社区物联环境：

（1）全面：AI可视化"一屏全感知"，打造社区全生命周期管理体系。紧扣多元主体需求，利用社区密切相关物联感知设备组建社区物联网，建设社区全面物联感知体系，为社区全生命周期管理提供数据支撑和展示平台。

（2）互通：整合不同层级的独立物联平台，打造深度感知的链接体系（物联）。建设物联感知平台，将不同领域在城区、社区两个层次的独立物联平台打通，打造深度感知的连接体系。

（3）开放：累积社区数据资产池，构建数据开放体系，促进基层共建、共治、共享（数联）。将社区各主体建设的感知设备数据接入，创新机制，保障数据开放共享，促进社区共治，社区全员共享建设成果。

（4）智能：赋能社区通用能力，智能化支撑基层治理与服务优化（智联）。融合视频、物联等多维感知技术，涵盖人、地、房、车、设施（如电梯、消防门、二次供水、单元门、井盖等)、事件等多类对象,以及空中、楼栋、地面、地下等立体空间范围,构建立体化、智能化社区感知网络。

3. 建设原则

(1)控制资源与成本:将现有设备及系统充分利用;搭建开放物联生态;高频需求内容先期启动。

(2)创新技术和模式:共建政府推动市场运作的可持续建管模式;支撑业务流程再造;累积并变现社区数据资产价值。

4. 社区物联网感知设施

(1)分布式(图9-3)。

图9-3 分布式

(2)集中式(图9-4)。

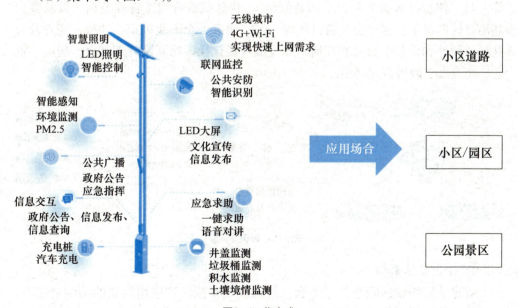

图9-4 集中式

## 9.4.2 整体解决方案

### 1. 智慧社区定义

该AI可视化全域物联网智慧社区整体解决方案是基于人工智能技术,充分利用人脸识别、视频分析、人工智能、物联网、大数据分析、云计算、移动互联网等前沿技术,为居民、社区街道、公安综治构建一个安全和谐、便捷高效的AI可视化全域数字社区。其目的是让人、物、环境具有全域感知、全域互联、全域可视化,从而提高安全、和谐、高效、便捷、可持续性、深度智慧协调的功能环境。社区是城市建设的基础单元,AI可视化全域数字社区是社区的进一步扩展与提升,是社区的更高级形态。

### 2. 解决方案整体思路

解决方案采用"1+1+$N$"的整体架构,建立一个AI可视化全域物联网智慧社区平台,应用1套行为识别核心技术,融会贯通$N$个业务系统,充分运用人工智能、视频分析技术、物联网技术,以监控、管理为手段,以控制、优化为目的,通过平台对安防应用及安防硬件状态等重要数据进行集中监控管理,并植入大数据及AI能力,使得小区或安全防范管理从传统的单一、被动和低效的方式逐步转变为统一、主动和高效的智慧安防管理模式,降低"人防"带来的风险,快速建立"物防+技防"的环境,进而达到从报警升级至预警、预防的能力,实现小区人身及财产安全及地产、物业品牌的同步提升,创造智慧、平安小区,如图9-5所示。

### 3. 解决方案整体构成

将AI可视化社区物联网平台(行为数据)作为核心,运用大数据、AI助手等工具,使得社区服务平台(运营数据)、智慧城市管理(管理数据)以及多元共治社区四级平台相结合,将社区内小区、园区、企事业单位、学校、商户及公共环境硬件和设备全面互联互通,建设成可视化社区物联网管理平台,居民、物业、街道办、政府多元共治。

图9-5 解决方案

### 4. 平台总体架构

搭建全域物联网智慧社区平台,打通从设备接入到应用展现的端到端能力,实现社区数据从采集、流转到可视化展现。

(1) 展示层：实现社区可视化管理，集中监控应对社区突发状况。

(2) 应用层：降低物联网应用的开发门槛，推动社区物联网生态。

(3) 平台层：汇聚社区全域物联网实时数据，为城市/社区综合管理提供实时决策支撑依据。

(4) 网络层：提供统一的物联网应用和设备接入标准，规避物联网应用接入碎片化问题。

(5) 感知层：高安全性、高性能的物联网平台。

平台总体架构如图9-6所示。

| 展示层<br>Command Layer | 实现社区可视化管理，集中监控应对社区突发状况 | | | | | | |
|---|---|---|---|---|---|---|---|
| 应用层<br>Application Layer | 智能安防 | 物业管理 | 智能家居 | 环境监测 | 消防监控 | 公共设施 | 老幼关爱 | 环境安全 |
| 平台层<br>Platform Layer | 社区数据云 | | | | 社区物联云 | | |
| 网络层<br>Communication Layer | 有线：RJ45、光纤、电缆 | | | | 无线：NB-lot3G、Lte等 | | |
| 感知层<br>Sensor/Device Layer | 社区全域物联监测、监控终端设备 | | | | | | |

图9-6 平台总体架构

### 5. AI可视化全域物联网智慧社区平台

借助遍布社区的各类物联感知设备，获取社区运行的全面、实时的数据化图景。借助光纤极速网络，实现视频、物联等感知信息高速汇聚。在云端，构建以数据分析处理为核心的智慧社区大脑，并最终为社区提供"公共安全、精准治理、惠民服务"三大领域服务。

(1) AI增强的视频监控构建全方位的社区安全防护，如图9-7所示。

(2) 多种AI算法将带来更多的服务场景，在云上可以持续快速地创新，如图9-8所示。

(3) 平台融合能力

增强现实视频实景地图，实时视频地图配合增强现实标签，如同身临其境；全方位立体监控，高点统观全局，联动低点，形成高低交错、远近结合的全方位立体监控体系；全局联动，快速布控，低点人脸识别、多目标识别、车辆识别与后台特征库实时比对，当出现黑名单或异常情况，自动联动低点摄像头，方便指挥调度；实时数据可视化，后台实时同步平台数据、人脸识别数据、多目标识别数据，进行物联网数据动态可视化展示；整合资源，融合数据，可直接接入公司内部智能硬件设备，提取众多平台数据进行分析，可视化展示，省时高效。

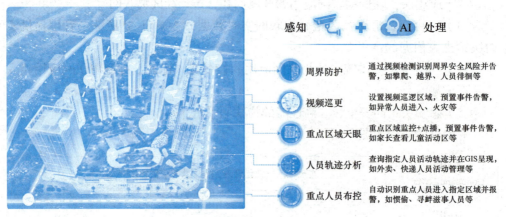

图9-7 社区安全防护

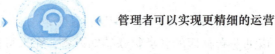

图9-8 AI服务场景

（4）AI图像能力

人脸识别：实现了图像或视频中人脸的检测、分析和比对，包括人脸检测定位和人脸比对等独立服务模块。

图像识别：对图片内容进行分析、审核，识别出图片中的信息是否含有敏感成分信息。

视频技术：实现对视频内容的分析处理，包括运动检测等模块。

数据分析：对收集的数据进行分析，提取有用信息，对数据加以研究和概括总结而形成结论。

图像处理：实现图像处理基本操作，包括图像增强、图像去雾等操作。

（5）人工智能

社区物联网应用平台作为城市最小单元，在社区边缘节点对数据进行初步加工，可以减少商家大平台计算、存储、访问等压力，如图9-9所示。

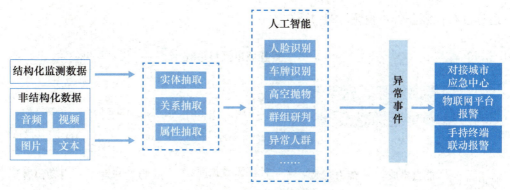

图9-9 社区物联网应用平台

（6）数据交换能力

智慧物联网平台实现多系统数据共享，提高数据利用率，成为进行信息化建设的基本目标，保证分布异构系统之间互联互通，建立中心数据库，实现数据抽取、加载和展现，促进数据分析和交换。

（7）事件联动处置能力，如图9-10所示。

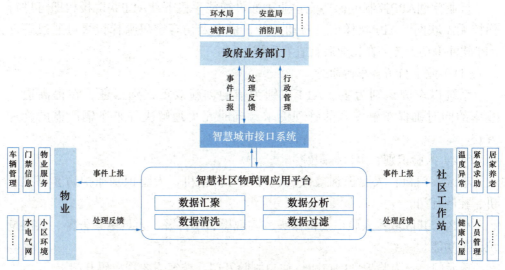

图9-10 事件联动处置能力

（8）平台接口开放，如图9-11所示。

智慧社区物联网平台支持设备接入、数据存储和分析，同时将各种能力进行封装（设备管理、数据解析、数据分析等），并提供开放能力给第三方应用系统。

（9）云门禁、云可视对讲

无需重新布线，施工简单；手机APP可视对讲、远程开锁；管理中心在线管理机，监测单元门口开关；住户APP/电话批量授权管理；出入口行为信息实时上传云端，进行大数据统计分析，可对接公安局系统；云对讲终端支持人脸识别；

远程发布社区公告、视频/图片广告。

图9-11 平台接口开放

（10）云电梯控制

行业首创APP控制电梯功能：业主通过智能手机下载APP获取授权即可进行梯控无需联网；APP乘梯记录自动上传，刷卡及访客密码乘梯记录可通过管理APP软件手动上传，在物业后台查看乘梯记录。

（11）业主与访客车辆通行

系统以车牌识别为主、APP识别为辅的创新双重识别认证，在提高通行效率的同时确保车辆安全的管理诉求，同时完美地解决外来车辆严谨的管理方式。

（12）人脸识别、多目标跟踪

小区大门口：人脸识别摄像机、可视对讲主机，人脸识别抓拍访客可视对讲，控制开门。

小区公共区域：人脸识别摄像头，实现黑名单告警、人员聚集告警、人流量统计等功能。

单元门口：人脸识别门口机，住户刷脸开门，访客需要授权码开门。

多目标跟踪：系统可同时跟踪多个人脸目标，进行识别验证。

（13）云立体防控

云立体防控是为物联网和视频监控系统设计的，具有高点无死角监控、监控联动安防硬件、异常预警、远景和近景切换、增强现实等功能。

（14）边界防护

首先，周界智能入侵检测＋视频调阅确认降低误报率，避免人力浪费。系统通过周界摄像头和智能视频入侵检测技术自动侦测人员入侵并产生告警。其次，联动调阅监控视频，查看告警前15s和后15s的视频，确认告警是否误报。最后，现场处置，若属实，指挥人员一键调拨安保人员进行协同指挥。

（15）智能消防监控

基于社区各单位场所部署的物联监测设备，利用物联网技术"感、传、知、用"的特点，综合运用无线传感、视频分析、云计算和大数据等技术，实现对消防设施设备和环境状态的智能感知和实时监测，快速分析火灾隐患并进行预警，如图9-12所示。

图9-12　智能家居统一平台八大应用场景

### 6. 物业运营管理平台

（1）Web端介绍：后勤物业管理平台（含物业中心、车场系统、门禁系统、对讲系统和管理系统）；实现管理人员与各种基础设施基于移动端的在线监管（公告、报修、投诉、缴费、评论、投票、活动等）；基于移动互联的统一的智能硬件管理。

（2）"物业＋"管理端APP介绍，如图9-13所示。

（3）"物业＋"车场管理端APP介绍，如图9-14所示。

（4）"物业＋"业主端APP介绍，如图9-15所示。

图9-13　"物业＋"管理端APP介绍图

车辆管理信息查询　　访客车主业主确认　　移动端通道管理　　我的-详情

图9-14 "物业＋"车辆管理端APP介绍图

APP移动端快速报修　　物业报修进度可查　　物业缴费方便快捷

图9-15 "物业＋"业主端APP介绍图

### 7. 智慧社区服务平台

（1）智慧养老。秉承"政府主导、政策扶持、社会参与、市场推动"的理念，结合政策，为老年人提供智慧养老服务，包括人工和系统两种服务方式。

（2）智慧电商。线上线下互联互通，业主个性需求和周边服务紧密结合，服务商业生态闭环。

（3）特殊人群关怀。及时获取儿童、老人的活动信息。大数据分析儿童、老人出入时间记录，当超过固定时刻未检测到目标即可发出预警通知。视频结构化以图搜图，预防儿童、老人走失。

（4）邻里互动，如图9-16所示。

图9-16　智慧社区服务平台其他功能图

### 9.4.3　智慧社区价值体现

1. 集中管控

（1）集中接入各物业场所智能化系统和物联网系统；
（2）监控中心一块大屏可检索物业场所所有情况；
（3）系统智能分析，主动推送各种突发和告警信息；
（4）智能联动各物业场所流动岗，快速定位并通知到场处理；
（5）系统级联，各级领导能快速知晓各分支机构的情况；
（6）物业内部管理，维修、服务等岗位绩效考核；
（7）系统数据加密处理，集中存储在云端，高效安全；
（8）系统复用性高，应用模式可快速复制到同类型场景。

2. 助力智慧城市建设

（1）夯实智慧城市建设基础，完善城市政务服务、公共服务等子系统功能；
（2）采集海量的活性数据，优化城市管理；
（3）以社区为单位，以点带面实现城市智能化升级改造；
（4）推动和谐社会建设，提升政府执政形象和效率；
（5）彻底提高民生安全，提升居民生活质量，减轻政府施政民生负担。

3. 社会价值

（1）对居民而言：提升获得感、幸福感、安全感，使其生活更便捷；
（2）对物业而言：降本提升管理增效；
（3）对公安而言：智慧警务，一标三实，刑侦研判；
（4）对政法而言：标本兼治，提高预防能力；
（5）对政府而言：有益于打造社区大数据智慧城市。

## 本章小结

为实现智慧城市,当前的地产必须朝着构建智慧城市的方向进行更新,亦即在进行地产更新中需要将实现各种智慧城市中的智慧功能纳入更新目标中。地产与物联网发展结合是大势所趋,通过物联网赋能地产,实现创新服务和智慧运营,这也是地产更新的重要内容。同时,城市建设和发展将利用现代信息系统来改善城市管理体系,提升城市服务功能,也为地产面向城市所需智慧功能或服务提出了挑战,地产只有基于智慧城市建设去构建更新目标才有发展的意义。

> **思考题**
>
> 1. 智慧技术是通过解决地产行业的哪些问题融入现代地产行业的?
> 2. 面向智慧技术的地产更新,在城市建设中是通过解决城市中的哪些问题达成城市管理目的的?
> 3. 实现现代房地产更新的关键技术和核心是什么?
>
>
>
> 思考题
> 解题思路

# 参 考 文 献

［1］秦凌，李梦垚，王维，等．新基建背景下详规层面的智慧城市专项规划路径探讨［J］．智能建筑与智慧城市，2021（12）：35-37.

［2］李临娜．探讨政府在构建智慧城市过程中遇到的问题及应对策略［J］．智能建筑与智慧城市，2021（12）：38-39.

［3］SMART度假地产专家委员会．SMART智慧平台——成功度假地产攻略［M］．上海：同济大学出版社，2014.

［4］杨慧，邹琳华．智慧城市时代的智慧房地产发展研究［J］．中国房地产，2021（12）：7-34.

［5］李如财．5G构建智慧地产发展新模式［J］．经营与管理，2020（12）：150-152.

［6］尚宝麒．基于物联网技术的企业智慧园区建设［J］．中国管理信息化，2021：97-98.

［7］何茵錡，王坷馨，林志朋．基于物联网技术和数字孪生技术的智慧园区构架分析［J］．无线互联科技，2022，19（9）：41-43.

［8］张俊．智慧园区云计算服务建设和运管模式研究［J］．产业创新研究，2022（20）：31-33.

［9］高洁，任媛．"互联网＋"时代背景下的房地产企业经营管理创新研究［M］．长春：吉林人民出版社，2020.

［10］马智萍．大数据时代移动营销创新研究［M］．北京：中国轻工业出版社，2016.

［11］王飞球，何祥平，等．基于BIM的高铁连续梁桥施工过程可视化管理技术研究［J］．建筑科学与工程学报，2021（10）：111-118.

［12］雒炯岗．BIM技术在建筑工程施工管理中的运用分析［J］．住宅与房地产，2021（21）：165-166.

［13］吴广朝，吴鹏．基于BIM技术的体育馆钢结构智慧化施工管理研究［J］．住宅与房地产，2020（36）：153-154.

［14］林莉，刘向．品类差异下消费者购物价值与新零售业实践形式研究［J］．商业经济研究，2020，793（6）：33-36.

［15］王铁铮．浅析用户视角下智慧商场的数智化场景应用［J］．数字通信世界，2022，207（3）：78-80.

［16］郑毅超．智慧商场物联网系统的设计［D］．长春：吉林大学，2021.

［17］陈彬．智慧商场大数据系统规划及建设研究［D］．昆明：昆明理工大学，2018.

［18］陈立龙，宋建文，周伟，等．大型商场智慧购物系统研究［J］．系统仿真学报，2016，28（12）：2966-2972.

［19］刘秋雁．房地产投资分析［M］．6版．大连：东北财经大学出版社，2020.

［20］丁波涛．智慧社区建设的资金投入模式比较——基于上海社区调研的分析［J］．上海城

市管理，2020，29（2）：4-10.

[21] 全国信标委智慧城市标准工作组（智慧园区专题组）. 智慧园区优秀案例集（2022）[R]. 2023.

[22] 江国雄，杨辉，张为华，等. 越秀地产数字化打造地产企业新竞争力[J]. 创新世界周刊，2023（6）：78-87.

[23] 金生英，徐斌，黄佳敏，等. 基于大数据下的地产园林数字化管理平台建设[J]. 智能城市，2021，7（22）：94-96.

[24] 高凡. 标准化助力智慧地产[J]. 中国建设信息化，2019（16）：41.

[25] 潘永堂. 智能家居——智慧地产新风口[J]. 城市开发，2019（14）：38-39.

[26] 徐智邦，周亮，蓝婷，等. 基于POI数据的巨型城市消防站空间优化——以北京市五环内区域为例[J]. 地理科学进展，2018，37（4）：535-546.

[27] 张文明. 浅谈住宅小区的物业管理者[J]. 中国房地产，2014（21）：78-79.

[28] 孙成林. 谈住宅小区物业管理的基本特点与基本内容中的精神文明建设[J]. 科技创新导报，2013（21）：186.

[29] 贺松兰，张增勇. 前期物业管理法律问题研究[J]. 物流工程与管理，2013，35（11）：136-137.

[30] 中物研协，碧桂园服务. 2021中国新物业服务发展白皮书[R]. 2022.

[31] 高瑜. 智慧住区服务助力智慧城市建设[J]. 中国物业管理，2019（12）：46-47.

[32] 付熙. "互联网+"物业服务模式创新研究[D]. 北京：北京交通大学，2017.

[33] 王建廷，葛晨. 绿色建筑物业管理模式探索[J]. 中国房地产，2013（20）：75-80.

[34] 王雁. 智慧住区物业管理系统[D]. 济南：山东建筑大学，2020.

[35] 王伟. 新零售时代下的购物中心智慧运营[J]. 商场现代化，2020（8）：13-14.